现代企业卓越管理方法丛书

QUANBIAN GUANLI
YIBIANYINGBIAN DE QIYE GUANLI XINZHAO

权变管理

以变应变的企业管理新招

主编⊙舒天戈 邱卫东
本册主编⊙周德田

四川大学出版社

特约编辑：傅　奕
责任编辑：楼　晓
责任校对：陈　丹
封面设计：刘建波
责任印制：王　炜

图书在版编目(CIP)数据

权变管理：以变应变的企业管理新招 / 舒天戈，邱卫东主编. —成都：四川大学出版社，2015.7
（现代企业卓越管理方法）
ISBN 978-7-5614-8747-1

Ⅰ.①权… Ⅱ.①舒… ②邱… Ⅲ.①企业创新－创新管理 Ⅳ.①F270

中国版本图书馆 CIP 数据核字（2015）第 163002 号

书名	权变管理——以变应变的企业管理新招
主　编	舒天戈　邱卫东
出　版	四川大学出版社
地　址	成都市一环路南一段24号(610065)
发　行	四川大学出版社
书　号	ISBN 978-7-5614-8747-1
印　刷	三河市天润建兴印务有限公司
成品尺寸	170 mm×240 mm
印　张	16.25
字　数	263 千字
版　次	2016年1月第1版
印　次	2016年1月第1次印刷
定　价	42.00 元

◆读者邮购本书，请与本社发行科联系。
电话:(028)85408408/(028)85401670/
(028)85408023　邮政编码:610065

◆本社图书如有印装质量问题，请寄回出版社调换。

◆网址:http://www.scup.cn

版权所有◆侵权必究

前言
Preface

新的时代呼唤创新的管理科学，需要管理的新思维、新观念、新谋略与新方法。权变管理于是便应运而生。

权变即权宜而变。权变管理是指管理要根据企业组织内外条件的变化而做出相应的调整。权变管理的核心理念认为，管理无定式，管理需要因地、因时、因人而异，应当依据企业内外环境的变化而确定最有效的管理理念与管理方法。

权变管理融入了东西方管理思想的精华，既有东方古老的"兵无常势，水无常形"、"因时而变"、"顺天成事"的哲学根基，又包含西方现代管理思想中的变革求新、以变应变、随机管理、需求决定一切的科学内容。这些经营管理思想的合理内核，与今天的企业管理实践相结合，便形成了用以提高企业应对变化能力、使企业在形势变化中立于不败之地的权变管理新招。

必须看到，处在今天这样一个大变革的时代，任何企业不是在创新中生存发展，便是在变革中遭到淘汰。在复杂多变的市场环境下，不知权变者无疑前途凶险，而善于权变者将会在应变中找到最适宜的生存之道，发现最成功的制胜途径。作为企业管理人员，需要正确地认清形势，科学地制定战略，从权变中谋发展，以权变求制胜。

在中国经济社会不断深化改革、加速发展的今天,每个企业都正面临着巨大的挑战。迎接挑战,闯过难关,在变化中突围,在竞争中取胜,就需要学习企业管理的前沿知识、创新方法和与时俱进的管理新招。《权变管理——以变应变的企业管理新招》一书,就将在中外企业流行的、被实践证明有效的现代企业管理方法呈现在广大企业管理者面前。

本书从组织权变、决策权变、人事权变、资本权变、规模权变、技术权变、营销权变等诸多方面,阐述了企业如何面对急剧变化的经营环境和日趋激烈的市场竞争,介绍了企业如何把握战略控制、怎样进行有效决策、如何选择经营规模、怎样实现营销的预期目标。书中包含着企业管理的前沿理论、实际案例和实用有效的管理知识,以期提高广大企业管理者在复杂多变的环境下进行管理创新的能力。

管理是人类文明的创造,现代管理随时代的进步而不断更新、丰富和发展。希望本书能为广大读者学习应用现代管理提供有益的帮助。

编 者

2014 年 10 月

目 录
CONTENTS

导论 以变求奇，经营以奇制胜

一、并蒂花开，东西方权变管理有共识

1. 西方管理思想发展的历史沿革 …………………………… (2)
2. 以中国为代表的东方管理思想的发展 …………………… (5)

二、内外环境：影响企业经营的因素

1. 新技术应用对企业管理的影响 …………………………… (6)
2. 中国改革开放的大环境对企业管理的影响 ……………… (7)
3. 企业的内部组织结构对企业管理的影响 ………………… (8)

三、头痛医脚，权变管理也讲系统理念

1. 权变管理需要系统化 ……………………………………… (11)
2. 管理中的权变不是表象 …………………………………… (12)
3. 权变需要创新和改革 ……………………………………… (14)
4. 权变谋机，生搬硬套不可取 ……………………………… (15)
5. 权变辨机，谋定后动握胜券 ……………………………… (17)

第一章 思想新潮：奇正权变识时务

一、无正不立，无奇不胜

1. 奇正相合：权变管理的合理内核……………………（20）
2. 正合奇胜，商战沙场任驰骋……………………………（21）
3. 权变识机，善于把握各种机遇…………………………（22）

二、转变经营观念，确立多重目标

1. 转变观念，适应经营目标的变化………………………（23）
2. 多重追求，目标围绕效益最大化………………………（25）

三、人非同人，经营方式应当因人而异

1. 根据管理对象的差异性而选择管理方式………………（28）
2. 因人而异，经营者选择不同的领导方式………………（31）

四、认识自己，不断提高自身素质

1. 经营者要全面认识自己…………………………………（35）
2. 经营者要不断提高自身素质……………………………（36）

第二章 着眼全局：认清未来定战略

一、经营战略：企业发展的航标

1. 企业经营战略的内涵与特征……………………………（40）
2. 企业经营战略的四要素…………………………………（42）

二、理性分析，学会战略思考

1. 运用协同学原理进行战略思考……………………………（47）
2. 根据产品生命周期进行战略谋划……………………………（48）
3. 统筹兼顾，以双赢战略获得共荣……………………………（51）

三、高瞻远瞩，向未来投出一票

1. 谋划长远，以未来为战略方向………………………………（53）
2. 善用方法，科学地进行战略分析……………………………（54）
3. 不断地调整脚步，进行战略控制……………………………（57）

第三章 组织权变：避开无效的陷阱

一、建立新型组织，众人划桨开大船

1. 企业将成为以信息为基础的新型组织………………………（62）
2. 团队建立一个分工合作、互相配合的团队…………………（64）

二、实行柔性管理，调动人的积极性

1. 以人为核心的柔性管理………………………………………（65）
2. 柔性管理的具体形式…………………………………………（67）

三、进行动态调整，组织跟着战略走

1. 组织结构必须适应战略要求及时调整………………………（69）
2. 选择好关键人物，进行组织机构的调整……………………（71）
3. 进行动态变迁，组织结构贵在创新…………………………（72）

四、自我更新，挖掘企业组织发展的潜力

1. 现代企业应当是善于自我更新的组织……………………（74）
2. 精心组合，将各类模式融为一体……………………（75）
3. 选择领导者，组织发展需要领航者……………………（78）

第四章　决策权变：审时度势精于谋划

一、权变决策：变革时代的科学化决策

1. 风云变幻，决策呈现新特点……………………（82）
2. 知己知彼，决策谋划需要审时度势……………………（83）
3. 掌握程序化与非程序化的决策方法……………………（85）

二、集思广益，实行团体协助决策

1. 权衡选择团体协助决策……………………（88）
2. 作必要的权变考虑……………………（89）

三、相较择优，决策需要互斥方案

1. 有针对性地提出目标并谋划实现目标……………………（92）
2. 提出可行性方案，精心设计方案……………………（93）
3. 评价、比较和选择方案……………………（94）
4. 组织落实方案与控制反馈……………………（96）

四、提高决策水平，保证决策的有效性

1. 不做太多的决策……………………（98）

2. 做有明确观念的创造性决策 …………………………（99）

3. 不做无"边界条件"的决策 …………………………（100）

4. 在不同意见的争论中决策 …………………………（101）

第五章　人事权变：善用巧用各类人才

一、善用人才，"企"字无人便是"止"

1. 人才是企业的第一资本 …………………………（104）

2. 广开门路，招贤纳士 ………………………………（105）

3. 用好的作风选拔作风好的人 ………………………（107）

4. 合理用人，充分发挥个人的聪明才智 ……………（108）

二、权变用人，因人而异地施展各种招数

1. 因人而异，善用不同特点的人才 …………………（109）

2. 春风化雨，对人才进行有效的激励 ………………（111）

3. 点"才"成金，充分发挥有成就欲者的才能 ………（113）

4. 深挖人才潜质，给人才施压重任 …………………（114）

5. 因人而"御"，区别性地管理不同的人才 …………（115）

6. 唯才是举，走出亲朋或家族小圈子 ………………（117）

三、巧用偏长，对特殊人才的特殊任用

1. 为什么要选用偏长人才 ……………………………（119）

2. 科学判断偏长的能级和能质 ………………………（120）

3. 活用"能耐人"：宽容与约束并重 …………………（121）

4. 要能容人所短，而不要求全责备 …………………………………… (122)

第六章 经营规模权变：企业大与小的抉择

一、理性地认识企业的经营规模

1. 认识规模的经济性和不经济性 ……………………………………… (126)
2. 产生规模经济性的原因 ……………………………………………… (127)
3. 产生规模不经济性的原因 …………………………………………… (130)
4. 大批量生产所带来的技术规模的经济性 …………………………… (131)
5. 大企业所产生的管理规模的经济性 ………………………………… (132)
6. "大"的代价：大企业病的出现 …………………………………… (133)
7. 企业需要确定合适的规模 …………………………………………… (135)

二、企业经营规模的权变

1. 企业规模权变策略之一："双向协调"发展 ……………………… (139)
2. 企业规模权变策略之二：以"收益"定"规模" ………………… (144)
3. 企业规模权变策略之三：围绕增长的主题而变化 ………………… (145)

第七章 技术权变：企业的技术创新

一、技术创新：企业腾飞的羽翼

1. 技术创新的本质与特征 ……………………………………………… (148)
2. 实施技术创新的战略意义 …………………………………………… (149)
3. 影响企业技术创新成败的因素 ……………………………………… (150)

二、企业技术创新的机制与模式

1. 企业技术创新的机制 …………………………………… (151)
2. 技术创新的主要模式 …………………………………… (154)

第八章 资本权变：实施资本运营

一、全面深刻地认识资本的本质

1. 资本是生产经营的基本要素 …………………………… (160)
2. 资本具有增值性、运动性等特征 ……………………… (160)
3. 资本可以实现生产力的转化 …………………………… (161)

二、实施资本运营，让企业产生裂变

1. 资本运营的内涵与特征 ………………………………… (163)
2. 企业并购：资本运营的重要形式 ……………………… (166)
3. 控股经营，企业迅速壮大的经营方式 ………………… (172)
4. 资产重组：盘活企业的资产与资源 …………………… (174)
5. 运筹股市，发行股票以放大资本 ……………………… (175)
6. 发行债券，借他人的"鸡"来生自己的"蛋" ………… (178)
7. 进行期货投机，长期保值或获利 ……………………… (179)

第九章 产品权变：企业的产品创新

一、产品创新：企业生存与发展的根本

1. 产品创新的重要意义 ……………………………………（184）
　　2. 新产品研究与开发的新趋势 ……………………………（186）

二、工业设计与新产品开发策略和技巧

　　1. 工业设计：商品高附加值开发 …………………………（189）
　　2. 工业设计的设计要点 ……………………………………（193）
　　3. 新产品开发中工业设计的基本要求 ……………………（194）

三、新产品开发的策略、方法与技巧

　　1. 新产品开发的两种策略 …………………………………（198）
　　2. 激发产品创新的方法 ……………………………………（200）
　　3. 新产品开发创新手段与技巧 ……………………………（201）

四、产品创新的未来方向

　　1. 开发绿色产品，适应环保时代的要求 …………………（205）
　　2. 开发智能性产品，以智慧作为产品的附加值 …………（206）

第十章　营销权变：实现惊险的跳跃

一、对市场进行统筹规划

　　1. 实行市场细分，抢占市场"奶酪" ………………………（212）
　　2. 精细评估市场，选准细分市场 …………………………（217）
　　3. 制定并实施市场定位战略 ………………………………（220）

二、在不同的产品周期采用不同的营销策略

1. 产品引入阶段的营销策略 …………………………（221）
2. 产品成长阶段的营销策略 …………………………（223）
3. 产品成熟阶段的营销策略 …………………………（224）
4. 产品衰退阶段的营销策略 …………………………（226）

三、掌握营销诀窍，有效开拓市场

1. 创新思维，不断地开拓市场 ………………………（227）
2. 运用好感性营销这一商战新武器 …………………（229）
3. 广而告之，好货还得巧吆喝 ………………………（231）

四、合作双赢，打造完美的供应链

1. 与供应商"同偕白首" ……………………………（235）
2. 让经销商成为最佳赚钱伙伴 ………………………（236）
3. 把顾客视作自己人 …………………………………（237）

五、整合营销，实现营销一体化

1. 整合营销的基本含义及主要思路 …………………（239）
2. 开展整合营销的对策与措施 ………………………（241）

导 论
以变求奇，经营以奇制胜

美国经济学家托马斯·彼得斯指出："我们生活的这个世界正处于空前的变幻之中，可以说乾坤颠倒，一切都在流动，一切都在消长和变化之中。"新的时代呼唤着管理科学的创新，呼唤着管理的新思维、新观念、新谋略与新方法。

为了适应市场多变的环境条件，现代企业需要权变管理。权变者，权而变也，即根据环境条件的不同而有所变化。在企业管理中，依据不同的管理环境和管理对象而相应地选择和采取不同的管理方式和手段，这是企业高效率运行的重要保证。

一、并蒂花开，东西方权变管理有共识

管理科学是人类社会的发明，东西方国家的学者和实践者为此共同做出了贡献。在变化发展的 21 世纪，管理科学需要与时俱进，需要不断地在扬弃的基础上变革、创新。权变管理思想就是现代管理科学进步与发展的成果之一。

1. 西方管理思想发展的历史沿革

管理是人类社会的标志之一。管理思想随着人类社会的发展而萌芽、产生。然而管理真正成为一门科学则是在 19 世纪末 20 世纪初，这也是社会环境变迁的产物与社会发展的见证。回顾企业管理的发展史，我们可以看到它的风风雨雨。诸多理论家根据其过程特点将之划为经验管理时代、科学管理时代、行为科学理论、管理的丛林等阶段，名家之言，固然言之有理。但是我们若从投入产出要素的视角来对这一问题作更为深入的探讨的话，那么，我们可清晰地看到企业经营发展有区别于上述划分的三个阶段，即：生产经营阶段、管理阶段和战略管理阶段。

古典管理理论的代表是泰罗制，它形成于 19 世纪末期和 20 世纪初期，源于弗里德里克·温斯洛·泰罗的几部著作：如 1895 年的《计件工资》，1903 年的《车间管理》和 1911 年的《科学管理原理》等。在这些著作里，泰罗根据自身长期从事技术、管理工作的实践提出了有效组织的基本标准，认为解决当时工人们普遍"磨洋工"问题的最好办法，是以科学管理代替传统的经验管理。他所说的科学管理是以动作研究和时间研究为基础而分析生产过程的每一阶段并为每一阶段制订标准作业程序的精确管理。泰罗认为，**最好的管理是一门以定义明确的定律、规定和原理为基础的真正的科学，这些定律构成一种可以理解、可以预见、可以检查的制度**。无论什么岗位，无论任务多么简单，最有能力完成这一任务的工人也不能理解这一任务的科学性，只有具有探索普遍规则或标准之科学倾向的经理，才能理解真正的劳动科学。

泰罗的理论受到了当时的自然科学，特别是以牛顿定律为中心的物理学的深刻影响。牛顿的三大定律以及19世纪后期的热力学原理，使人们通过对力和热的精确分析，计算出机器运转的最高效率并预测出任何复杂物质系统在遥远未来的变化趋势。因此，在泰罗以及当时的大多数人看来，只要依靠若干定律、规定和原理便能解决劳动中的组织和人所组成的复杂系统的所有问题。

然而，现实世界是复杂而深刻的，随着物理学的新发展——爱因斯坦的相对论和量子力学的出现，科学家们认识到了牛顿力学定律的局限性，越来越多的管理实践也证明泰罗"科学管理"的局限性和其效力的逐渐丢失。自然界里的物质系统和社会中的管理系统不仅不像时钟那样可以预见，而且像掷骰子碰运气一样具有偶然性，未来的发展像在黑暗中一样混沌不清。

现实管理问题的复杂多变和矛盾不仅在管理实践中直接表现出来，而且在各种揭示管理规律的学说和理论中也充分地体现出来。早期管理理论虽有古典学派、行为学派、管理科学学派之分，但从实质上来看，管理理论基本上是沿着两个方向发展：一是以把人看作是"经济人"或"机械人"为基础的学说，如泰罗的"科学管理"、法约尔的"组织管理论"等等。这类学说强调组织和技术的作用，侧重于采用等级制和专制式的管理方式，强调正式组织的作用，强调专业化、明确的分工、权力路线、职责范围、纪律和服从等，以组织技术手段，对人们的活动进行计划组织和控制，以达到组织目标。二是强调人的行为，把人看成是"社会人"的学说，如"人群关系论"、马斯洛的"需求层次论"等等。这些学说强调人群关系和工作集体等的影响，侧重于采用参与制的民主管理方式，重视非正式组织的作用，强调自主，满足职工的需求、欲望，以激励、激发职工的创造性和积极性，从而达到组织目标。从20世纪50年代以后，管理理论在上述发展的基础上趋于多样化，人们从不同的方向、不同的角度，采用不同的方法对管理问题进行研究，形成了各种各样的管理学说，美国管理学家哈罗德·孔茨和西里尔·奥唐奈把这种情况形容为"热带的丛林"。

现实中的管理矛盾和"丛林"般的管理学说或理论，使经营者变得无所适从。万能主义要求提出一种最合理的管理原理、管理模式，以便在一切情况下保证提高管理效率。这是从古典派的法约尔开始的。然而，其所提出的管理原则和模式在解决现实企业面临瞬息万变的外部环境所遇到的问题时却变得无能为力。正是看到这一点，经验主义学派主张以案例研究的形式，推广成功企业的经验。系统学说虽然改变了管理思考问题的方法，侧重于认识组织及其管理的总的方面，属于对组织及管理的较高概括，但还是难以应用于解决管理实践中更为具体的问题。实际上各种理论在解决不同时期特定环境中的管理问题时都曾有效或正在有效，只要能在特定的环境下应用相应的理论就会有成效，这实际上就是权变理论最基本的观点。**权变理论的目的在于针对不同的具体条件探求最适合它的管理方案、模式和办法，并通过这种思路以寻求创立统一的管理理论，从而走出管理理论的丛林。**

最早运用权变思想研究管理问题的是英国的学者伯恩斯和斯托克。他们对生产电子设备、机械产品和人造丝等不同产品的 20 个企业进行了调查，经过研究得出了以下的结论：企业按照目标、任务、工艺以及外部环境等活动条件的不同，可以分为"稳定型"和"变化型"两大基本类型。"稳定型"的企业适宜于采用"机械式"的组织形式。它的特征是：有严格规定的组织结构；有很明确的任务、方法、责任和与各个职能作用相一致的权力；管理系统内部的相互作用是上、下级垂直的命令等级；在组织活动中，具有重要意义的是职务的权力和责任，而不是工作人员的技能和经验。如果是"变化型"的企业，那么采用"有机式"的组织模式较为适宜。它的特点是：有相当灵活的结构，可以不断调整每个人的任务；系统内部的相互关系是网络形的，而不是等级控制；强调横向的联系而不是垂直的领导；在组织活动中，技能与经验居于优先地位，权力的分散以技术业务专业为基础，而不是以等级职位为基础等等。他们两人认为，这两种组织模式可以同时存在，甚至在同一个企业内部的不同部门中也可并存。它们在不同的条件下都有效率。他们反对把"机械式"看作是陈旧的模式，把"有机式"看作是最进步的和现代的模式。当前采用"有机式"组织结构的企业增多，这是由于企业活动条件不稳定性的增加和它们渴望适应新需要的反应，不能说"机械式"的组织结构已经过时。1961 年他们合作出版了《革新的管理》，1967 年又发表了《机械式和有机式的系统》，专门论述了上述观点。

组织结构的最主要的特点是分散化和整体化。分散化就是把组织系统划分为各种分系统,每个分系统根据与它相适应的外部环境所提出的要求,发展其特有的性质。与此相适应,整体化是努力使各个分系统在完成组织任务时达到统一的过程。这种组织任务至少包括某些产品和劳务的计划、生产、分配的输入—转化—输出的完整的周期。而组织的外部环境的不确定性程度是从以下几方面进行估计的:从外部环境获得的信息的清晰程度;对于组织所采取的行动的反馈时间;组织活动条件的计划性程度。由这几方面所形成的外部环境是决定组织结构分散化还是整体化的主要因素。

2. 以中国为代表的东方管理思想的发展

东方人特别是中国人在几千年的历史中,创造了光辉灿烂的文化。他们很早就已积累了大量的管理方面的经验,为后人们留下了珍贵的历史遗产。

在古代社会乃至近代社会,由于生产力水平低下,管理思想还不能系统化,更不能成为独立的管理理论。它都是作为某个人或某集团的单一的管理思想体现出来的。从内容来讲,主要有行政管理、经济管理、军事管理、社会管理、文化管理等宏观管理思想,也有农业管理、手工业管理、商业管理等微观管理思想,形成独特的东方传统管理思想。

中国最早的管理思想在《尚书》、《周易》中就有所反映,而系统的经济管理思想在战国时期就已出现。把发展国民经济、增加社会财富作为治国之本。这些思想及政策措施至今对现代管理仍有很大启示。

权变的思想同样源远流长,东方人自古论变的思想学说不绝于书。现代权变的思想不仅运用于政治,在企业管理中也得到了广泛的应用。它为现代企业创新提供了理论依据,为企业的腾飞插上了翅膀。企业要求得生存与发展,管理人员务必善于运筹谋划,从权变中谋发展,以谋略取胜为上策。企业应当以此为鉴,把制定经营战略作为管理的要则。怎样正确地制定经营战略,《孙子兵法》认为"知己知彼,百战不殆",就是要从"道、天、地、将、法"五个方面进行分析研究,从"主孰有道,将孰有能,天地孰得,法令孰行,兵众孰强,士卒孰练,赏罚孰明"等七个方面对比敌我双方的优劣，在"知己知彼"的基础上来确定经营目标，制定经营战略，做出战略决策。同时，由于"兵无常势，水无常形"，企业的经营战略一定要随主客观条件的变化及时调整，以提高应变能力，使企业立于不败之地。

由上可见，**东西方传统管理思想源远流长、内容丰富、影响深远，是现代经营智慧的源泉。**现代企业若要进行经营创新，是不能脱离传统文化的精华的。然而，传统文化的气息又不利于经营的现代化，毕竟与当代社会的科学技术、现代化有一定距离。所以，现代企业管理应当汲取东方传统经营思想中合理的内核，学习西方现代经营思想与方法，同今天企业的具体管理实践相结合，方为真正的"权变管理"之路。

二、内外环境：影响企业经营的因素

任何事物的变化都是有原因的，管理者选择管理方式的变化也不例外。一般情况下，影响经营方法改变的因素包括企业环境、企业目标、企业员工及企业经营者自身。权变管理首先要从对环境的研究入手。

企业的环境包括外部环境和内部环境。外部环境是指国际的和国内的影响企业生存和发展的各种因素；内部环境是指企业的组织结构。企业内外环境对企业的经营工作都起着重要的作用。

1. 新技术应用对企业管理的影响

人类在经历了农业革命、工业革命两次文明的浪潮之后，一个依靠全新的技术，开发新的能源和新的材料的"第三次浪潮"，将冲击旧的生产方式和社会系统。在20世纪末、21世纪初，将要突破的新技术运用于生产，将带来社会生产力的新发展，相应地会带来社会生活的新变化。以下是正在发生而且还会继续下去的新世界的变化特征，这些特征会对企业的管理工作产生重大影响。

①整个世界的紧张局势、整个社会的不稳定连同发达的通信设备和强大的生产能力，将使各方面频繁变化的速度得以持续下去。对企业来说，能够适应就能生存下去，取得成功的关键是能够预测未来的变化。

②随着高精尖技术的进一步发展，新产品问世的步伐加快。高精尖的技术，如微电子技术、生物技术及超导的研究等等，正在导致传统工业界限的崩溃以及新形式竞争的出现。

③随着资源匮乏的日益加剧，各国对外国供给的依赖性增大，这就必然导致一些公司因为占有资源而兴旺，而另一些公司因为受资源的制约而衰退。

④社会公众对企业的管理效果有更大的希望，他们要求企业能保护环境，贡献于社会福利事业，提供各种就业机会，甚至有时政府通过行政和法律手段给工商企业施加越来越大的压力。

⑤企业为社会提供产品和服务的有效性，与社会文化有着密切的关系。文化的因素愈来愈影响着社会大众对于产品和企业的认识及评判标准，企业越来越成为社会大众支配的对象，**即企业越来越以社会大众的需要作为其行动的出发点**。

⑥技术的日新月异、信息的膨胀与信息传递的加速化等使企业不得不更密切地关注它自身所处的位置和周围的环境。消费者的信息、竞争者的信息、原材料供应商的信息等必须为企业所精确把握和了解，忽视信息的收集和分析工作，企业将会失去竞争力，企业适应环境的能力也就会越来越差。

⑦在整个社会更加注重人才开发和利用的大趋势下，企业的管理工作也应走到以人为本的轨道上来。企业要想在竞争中取胜，就应充分地发挥自己的人才优势，市场的竞争归根到底是人才的竞争。

2. 中国改革开放的大环境对企业管理的影响

对于管理对象是中国人的中国企业而言，中国改革开放和发展的大环境作为一种变化的环境因素影响着企业的管理工作。这种影响主要表现在以下几个方面。

①随着中国社会主义市场经济体制的建立和逐步发展，企业不再成为政府的附属体，企业的主体地位逐渐形成和加强，企业在自负盈亏的原则下更加重视自己的利益。**企业对自身利益的重视促使企业不断改善和加强管理工作，提高管理工作的效率。**

②中国的民营经济成分和民营股份经济成分在国民经济中所占的比例越来越大。它一方面使市场竞争日趋激烈，另一方面使企业的利益更加密切地与个人的利益联系在一起，这两方面都迫使企业努力追求利益最大化，对利益的追求必然迫使企业经营者采取有效的管理措施去开展企业的管理工作。

③随着社会保障体系的建立和劳动力市场的完善，企业对劳动力的选择更自由、更灵活。企业与劳动者的关系不再是一种稳固的隶属关系，而是一种双向选择、唯才是用的最佳搭配关系，这就使得企业有可能去择优选择、录用人才，同时企业也更加珍惜自己的人才，重视人才的培养。

④在改革开放大趋势的影响下，企业经营者直接或间接地学习和借鉴到国外许多优秀的管理方法和管理经验，是一味地照搬照抄，还是全盘地否定藐视，或者是弃糟取精，是经营者在选取管理方式时遇到的大问题。**多种管理观念和文化传统的交融与并存是中国经济改革开放带给企业的现实状况，经营者如何去面对与选择，是尤为值得企业经营者所深思和把握的大问题。**

⑤中国经济的迅速发展导致价值观念上的巨变。无论是企业员工、企业经营者、企业股东，还是置身于企业之外的其他人，其思想观念都在慢慢地发生转变，其结果必然会对企业的管理工作带来巨大的影响。因而，今日中国企业的经营者显然不再与昨日中国企业的经营者相同，他们在思想观念、领导方式、管理手段诸方面都较之于以前有着重大而显著的变化。

3. 企业的内部组织结构对企业管理的影响

除了外部的环境对企业管理工作产生着重大影响之外，企业的内部组织结构的变化也影响着企业的管理工作。不同的企业组织结构应该与不同的管理方式相适应。一般而言，企业的组织结构有如下类型。

(1) 简单型组织结构

在这种组织结构中，最高经营者掌握决策权，集权程度高，不强调工作专业化，强调对工人的直接监督，组织形式是平坦式。一般积极扩展形成的小企业单位，大企业下属的新兴小工厂，政府新建立的部门等较年轻的单位都采用这种组织结构形式。

(2) 机械行政型组织结构

这种组织结构形式的专业化和标准化程度高，实行有限的分权，专家技术人员受到重视。一般历史较长，处在稳定环境中的企业公司，如钢铁企业和汽车制造企业等多采用这种组织结构形式。

(3) 专业行政型组织结构

在这种结构内，专业技能标准化程度高，并以此作为协调活动的主要形式；分权程度高，中层管理人员较少，专业人员是整个组织的重要方面；专业人员更关心的是自己的业务，而不是组织。这种组织结构的协调方面往往会出现问题。一般的大学、医院和会计事务所多采用这种组织结构。

(4) 部门化结构

在这种组织结构中，产品标准化程度高，中层管理人员是关键；最高层对"垂直"线组织实行有限的分权，往往把权力下放到中层组织，而各中层经营者对下则往往实行集权制。一般以生产为主的企业单位，为对付复杂的市场挑战，多采用这种组织结构。

(5) 特别委员会组织结构

利用特别委员会的形式来调整相互间的协调合作，参谋人员起着重要的作用。在组织内实行有选择的分权形式，没有专门化、形式化和统一化的监督指挥，国外如美国宇航局和波音公司就采用这种形式。

不同的组织结构要求有不同的管理方式，即使是相同的组织结构，管理方式也应该随组织规模的大小、组织所处的社会环境、组织成员的成熟度等影响因素的变化而变化。

早在1916年，随着联合汽车公司并入"通用"，阿尔弗雷德·斯隆出任通用副总裁。斯隆很快发现通用管理上存在的问题。他先后写了3份分析通用内部管理弱点的报告。

他分析了"通用"公司的弊病，指出公司过去将领导权完全集中在少数高级领导人身上,他们事无巨细,反而事与愿违,造成了公司各部门失去控制的局面。他认为,大公司较为完善的组织管理体制,应以集中管理与分散经营二者之间的协调为基础。只有在这两种显然相互冲突的原则之间取得平衡,把两者的优点结合起来,才能获得最好的效果。由此他认为,通用公司应采取"分散经营、协调控制"的组织体制。根据这一思想,斯隆提出了改组通用公司的组织机构的计划,并第一次提出了事业部制的概念。

1920年12月30日,斯隆的计划得到公司董事会的一致同意。次年1月3日,这个计划开始在通用公司推行。

斯隆在以后的10年中,改组了通用汽车公司。斯隆将管理部门分成参谋部和前线工作部(前者是在总部进行工作,后者负责各个方面的经营活动)的做法为人们相当熟悉,这种分组在19世纪较大的铁路公司里已经成形。现代军队特别是普鲁士军队也率先使用了这种组织形式。斯隆也确实用过军事方面的例子来说明他要在通用汽车公司里做什么。

斯隆在通用汽车公司创造了一个多部门的结构,将力量最强的汽车制造单位集中成几个部门。这种战略现在人们已经很熟悉,但在当时是第一流的主意,并且出色地执行了。

每个不同牌子的汽车都有自己的管理人员。每个单位的总经理相互之间不得不进行合作和竞争。这意味着生产别克牌的部门与生产奥尔兹莫比尔牌的部门都要生产零件,但价格和式样有重叠之处。这样,许多买别克牌的主顾可能对奥尔兹莫比尔牌也感兴趣,反之亦然。这样,斯隆希望在保留竞争的有利之处的同时,也享有规模经济的成果。零件、卡车、金融和通用汽车公司的其他单位差不多都有较大程度的自主权,其领导人成功则获奖赏,失败则让位。通用汽车公司后来成为一架巨大的机器,但斯隆力图使它确实保有较小公司所具有的激情和活力。

斯隆的战略及其实施产生了效果。1921年,通用汽车公司生产了21.5万辆汽车,占国内销售的7%;到1926年底,斯隆将小汽车和卡车的产量增加到120万辆。通用汽车公司已拥有40%以上的汽车市场。1940年该公司产车180万辆,已达该年全国总销量的一半。相反,福特公司的市场占有份额1921年是56%,而1940年是19%,不仅远远落后于通用汽车公司，而且次于克莱斯勒公司居第三位，后者在1921年时甚至还不曾出现。这是美国商业史上最戏剧性的沉浮升降之一。

到21世纪初，其间90多年中，通用汽车公司对于自己的管理组织机构作过多次调整。然而，把现在通用汽车公司的组织体制与20世纪20年代整改时所建立的管理体制加以比较，就可以看出：90多年来，通用汽车公司的管理组织机构虽然经常变动，但它所依据的分散经营、协调控制这一原则，却没有什么重大变化。无非是有时分散经营多些，有时集中管理多些。一般来说，在经济繁荣、发展迅速时，公司各事业部的分散经营要多一些。反之，在经济萧条、市场不景气、生产下降之际，总公司的集中管理就多一些。美国企业界和管理专家一致认为，**通用汽车公司之所以数十年来迅速成长，主要原因之一就是该公司能根据实际情况不断改进和完善自己的组织机构，竭力保证斯隆创新的核心地位。**

三、头痛医脚，权变管理也讲系统理念

权变理论给出了一个新的思考和解决经营问题的方法。面对千变万化的管理世界，一个经营者应该树立起权变意识，用权变策略进行有效的经营。要做到这一点，必须全面地、系统地处理管理中出现的各种问题。

1. 权变管理需要系统化

权变绝不是"头痛医头，脚痛医脚"，经营者应该注意的是要有系统的观念，从事物的全局和整体出发考虑问题。

系统论告诉我们，**一个企业是一个统一的有目的、各部分相联系的系统，这个系统又是外界的较大系统的一个子系统。**

法国系统论研究人员见进昂认为系统运作的基本原理如下：

- 整体是基本的，而部分是派生的；
- 一体化是一种事物的各个部分相互联系的状况；
- 各个部分组成一个不能分解的整体，以致没有一个部分能够在不影响其他部分的情况下而受到影响；

- 各部分是按照整体的目的发挥它们的作用的；
- 部分的性质和它的职能是由它在整体中的地位而确定的，它的行为是受整体和部分的关系规定的；
- 整体是一种能的系统，不管多么复杂，它如同单个部件一样地运转；
- 一切事物应该从整体出发，这是前提。

这些原理给管理人员提供一种思想方法，即首先要强调整体，强调子系统之间和它们与整体之间的相互关系和相互作用。管理就是把本来相互之间没有关系的人、财、物等要素集合起来，在一个目标下形成一个整体系统，通过组织、协调和综合使系统正常运转。

因此，**企业在不同的特定条件下的权变管理的要求，必须是一个整体的要求，只有这样才能达到权变管理的效果。**

整体协调产生着良好效果。系统论中有一个可靠性理论。一个大的系统可能有几十万至上百万个零件，如美国的阿波罗登月计划研制零件是 700 万个，如果有一个零件可靠性差，就可能造成整个系统的性能降低，甚至失灵。以串联关系相连接的零件，总体可靠性等于各零件可靠性的乘积。即 $R_s = R_1 \times R_2 \times R_3 \cdots \times R_n$。如果一个零件的可靠性为 99%，单个可靠性不错，而 10 个可靠性为 99% 的零件串联起来，其总体可靠性为 $(0.99)^{10} = 0.904$；100 个可靠性为 99% 的零件串联起来，其总体可靠性降为 $(0.99)^{100} = 0.336$。如果成千上万个零件串联起来，可靠性将会是零。

2. 管理中的权变不是表象

经营者应该注意的是权变绝不是表面现象。如果仅从权变的字面意义来理解，会把权变管理看成是一种紊乱的"凭感官判断"的管理，其实并非如此。权变不是仅凭感觉来对现实进行主观判断，而是通过周密细致的调查研究和分析，把握独立的环境变量同从属的管理变量之间的关系实质。**因此权变管理的首要工作就是要正确地认识和把握环境变量。**

环境变量可以分为内部的和外部的两个方面，包含的内容十分庞杂。并且许多环境都是处在不断的变化之中。例如，从 20 世纪以来企业外部环境的变化大致经历了以下几个阶段：20世纪初期企业数量少，市场属于卖方市场，这样环境中的企业，会把提高产量作为主要目标，从传统管理向科学管理过渡，采用科学管理方法提高劳动生产效率；40年代至50年代初，企业数量增多，由于大量生产，产品在市场上遇到了较多的竞争对手，企业的目标是提高产品竞争力，因此，企业开始重视人的作用，注意应用行为科学，提高企业整体素质；现代企业所面临的环境是科技水平高度发展，科技进步日新月异，环境因素变化加快，生产的专业化、国际化程度大大增强，市场竞争更加激烈，企业需要迅速自我调整和变革，以适应环境变化。总之，随着社会的发展，企业所处的环境由小变大，影响因素由少变多，影响作用由弱变强，变化速度由慢变快，把握环境难度越来越大，但是也越来越重要。

权变管理的任务之一是认识环境，加强管理，适应环境。

20世纪80年代，中国与国外合作勘探开发渤海石油，把渤海石油公司推向了优胜劣汰的国际竞争环境。"渤海8号"钻井船首次投入对外承包就吃了败仗，英国BP公司雇佣他们到南黄海打两口资料井，由于技术素质差、管理混乱等原因，在8个月的时间内，由英国人提出48份措辞尖锐的"备忘录"而被辞。物探船队也在竞争中落马，因为质量不符合国际规范的要求，多次投标不中，被逼到出卖或转让固定资产的地步。整个渤海石油公司3 000多人没活干，5 000人员窝工。公司的决策者通宵达旦地研究讨论对策，他们决心利用国际竞争环境，把企业的活力"逼"出来，把队伍的水平"逼"上去，争回承包权。"渤海8号"被拖回大沽口整顿，大刀阔斧进行改革，重新开出作业，速度和质量都达到了要求，在竞争中站稳了脚跟，物探公司背水一战，在一项任务中高质量地提前完成，改变了自己的形象，赢得了信誉，甚至还准备把他们的物探船开出中国海域，到世界海洋物探市场去开拓。

权变管理的又一重要任务是正确地把握经营变量，并确定权变关系的实质。现代管理科学已发展出了多种理论、方法和技术，以适于解决不同的管理问题。尽管现实中理论和问题很难恰好对应，但只要有正确的思维方式和创新意识，经营者依然可以大有作为，关键是要把握好这些理论和问题的内在对应关系，而不是凭想当然。因此，要认真全面分析某种被实践证实了的权变关系所需要的基本条件和适应情况,并与现实问题所处的环境进行比较,才能正确运用理论来解决实际问题。**去粗取精,去伪存真,可以说是权变管理的根本要求。**

3. 权变需要创新和改革

现实中的管理对应关系明显增加,这也决定了权变管理的复杂性。即使有些关系在一个地方被证明是对应而有效的,但在另外一个地方的效果却不尽相同,这很可能是权变关系的内在本质发生了变化。因此,权变管理不能形而上学,生搬硬套,而应结合不同的具体情况进行创造性应用。因此,权变管理经常和企业改革联系在一起。一般说来,企业环境是在不断变化的,当环境出现实质性变迁时,企业必须及时实现管理权变。而现实中企业所处的具体环境及环境的变化对不同的企业都是不一样的,即使是应用同一管理原理和方法其做法也不尽相同。况且现实中被证实有效的管理变量毕竟有限,管理变量也需要创新,只有这样才会取得好的效果。

创新和改革自然会遇到阻力,因为支持维持现状的势力往往是很大的,这些阻力可能来自个人、小组或整个企业。因此,权变管理需要克服这些阻力。

三步变迁模式对克服权变阻力很有意义。三个步骤是:对现行行为和方式的"解冻",建立和实行新的行为方式,巩固或加强新的行为方式。

● "解冻"是改变认识,使个人、小组或企业都清楚地看到改变是必需的,都愿意接受改革。要改革,就必须提出新的主张,用新的资料进行新旧对比,指出目前的状况与生产目标为何会有差距,为何效益不高,因此,必须改革。一般地说,"解冻"是在问题得不到解决,原有行为模式无效的环境下最起作用。

● 在开发新的模式中,改革者能起到特别作用,他同企业其他成员一起负责创造新的环境以及适合于这种新环境的新价值观、新态度、新行为,树立新的典范,并使企业成员通过鉴别和适应,确认它的价值。

● 按新办法行事的个人、小组和组织一旦能从中得到好处,新模型就巩固下来了,企业的奖励、报酬等也能起巩固作用。新办法能更有效益,能取得更高的业绩，自然就巩固下来，成为新的规范和价值。

尽管做了周密细致的准备工作，权变关系的确定往往也不是一次成功的。既然有创新和改革，也就会有失败。不论如何，权变管理应鼓励创新和改革，否则权变的想法再好，也不会有成效。当然，对创新和改革的成功与否应该有一定的把握。

英国经济管理学者格里奇用一个形象化的"公式"来帮助经营者预测改革是否成功。这个公式是：

$$C = (A, B, D) > X$$

在这个"公式"中，C 表示改革收益，A 表示对现行体制的不满程度，B 表示认定清楚的理想体制，D 表示走向理想的第一步，X 表示改革的开支。这个公式表示，A，B，D 几个要素决定改革能走多远和改革的步子所需的开支多大。只有在对现行体制的不满程度（A）非常大，对理想体制（B）的要求十分清楚，走向希望体制的第一步（D）已经成功的条件下，开支才能小一点。**总之，改革带来的稳定收入必须大于改革增加的支出。**

使用上述公式时，可以研究这三种条件中哪些最不具备，哪些可以着手运用。假如每个人都不满现状，但是对于如何改变，大家又没有具体、明确的概念，就应先寻找理想的改革方式，这就是经营变量。

4. 权变谋机，生搬硬套不可取

从经营过程来看，**权变是一个完整的思想，如果割裂、曲解、生搬硬套，势必事与愿违**。结果会导致一场形式主义的泛滥。权变管理一定要避开这一点，因地、因时、因人而变。

1991年AM公司经营不善，董事会聘任了罗依·阿什，要求他把公司由一个不景气的老产品工厂变成可与国际商用机器公司和施乐复印机公司相抗衡的高科技企业。阿什被认为是这个职位上的最佳人选，事实上，他也确实是最有才能、最诚实和最肯干的企业领导人之一。阿什对于这项艰巨的工作很感兴趣。为了把公司转型成高科技企业，他着手收购前景良好的新公司，好像一位假日里到哈罗德超级市场疯狂抢购的沙特阿拉伯酋长。当阿什发现手下的管理人员不知道卡罗尔·多达公司的硅胶铜移植产品"硅谷"牌电脑时，他便解雇了80%的人员。他只注意开除和雇用员工，却忽视了生产、销售这两个基础环节。结果，计算机还没有调试好，便上了市场。由于忽视了老产品的生产，新产品的生产也就失去了根基。阿什在被免职时，留给继任者的是一个亏损严重的公司。销售额仅8.6亿美元，亏损却高达2.5亿美元。一位曾在该公司工作过的人调侃说："阿什被拖出企业主管的办公室时还在喊着：'只要员工没有积极性，就应该开除。'"

如同许多企业的传闻一样，AM公司失败的原因可以从多个角度去总结。一些观察家把全部责任归咎于董事会，因为它没有给阿什足够的时间去制定战略计划。不过，最根本的原因恐怕还是这位企业主管急于求成而不顾企业实际所致。在这方面由于脱离自己的专长而导致失败的例子在企业史上比比皆是。

一个企业能否成功，从某种意义上讲，就是看其能否灵活运用权变管理将各种资源变成社会所需要的产品和服务。

第二次世界大战后，经过了三十年的短短时间，日本这个原来相对落后、资源匮乏并饱受战争摧毁的岛国就创造了令世界震惊的经济奇迹。于是各种关于研究日本经济发展经验的论著蜂拥而出，它们将之归结为日本企业的长期计划、TQC（全面质量管理）活动、终身雇佣制、年功序列制、企业价值观乃至日本的文化传统、民族意识等等，但这其中不容忽视的重要一点便是日本企业的管理模式——权变管理。

让我们看看日本在技术开发方面的权变思想的应用。

日本技术的飞速发展，往往不是靠独立的发明创造来进行，而主要靠引进海外技术并加以创新完善。可以说引进高新技术是日本经济高速发展的基础。

20世纪60年代，美国威尔公司及其他一些公司在发展电子计算器方面，取得了较大成就。于是日本的夏普公司从美国引进样机，于1964年仿制出新一代的计算器。3年后又采用MOS大规模集成电路及数字管，性能有了很大改进。到20世纪70年代，美国的电子计算器市场上，日本货已占80%以上。1971年，美国公司发明了单片电器，采用发光二极管显示，这是一次重大的技术革新，对夏普的市场造成一定的冲击。然而，日本夏普公司又在美国技术的基础上，及时调整，利用技术优势于1973年推出了"单板电子计算器"，打了一个漂亮的反击战。

有众多像夏普公司这样善于权变学习的经济力量，从20世纪中期开始超速发展的日本经济，创造奇迹也就不难理解了，从中可见"权而变也"的重要性，经营者不可不察。

5. 权变辨机，谋定后动握胜券

对于大多数的经营者来说，经营与其说是理论，不如说是行动。当他们成功地提高了效益或创造了一项新产品的销售记录，他们便能获得一种成就感。这里面就有权变的思想在闪光。经营不是一种消极的、被动的、书面的东西，而是富有主动性和即时性的艺术。在这成功的前面，有经营者深思熟虑的谋划，有放手一搏的发展战略，谋而后动，一举奏效。如果权而不变，只等于盘马弯弓，惜而不发。"心动不如行动"，一切成果都是行动的结果，经营的收获属于权定而变的领导者。

20世纪30年代，美国著名企业家哈默研究当时美国国内的政治形势，认为罗斯福肯定会掌握美国政权，"新政"一定会成功。一旦罗斯福新政实施，1920年公布的禁酒令就会被废除。为了解决全国对酒的需求，肯定需要相当数量的酒桶，特别需要经过处理的白橡木桶，而当时市场上却没有。于是，他向苏联订购了几船桶板，并在纽约码头货轮的泊位上设立了临时桶板加工厂。当哈默的酒桶从生产线上滚滚而出的时候，恰好赶上了废除禁酒令，人们对啤酒、威士忌等酒的需求量大增，各酒厂生产量急剧增加，急需大量酒桶。于是哈默的酒桶被高价一抢而空。

你或许会认为哈默的成功带有押注的性质，企业经营中不可效仿。其实企业管理中的战略、决策都是博弈，只不过是建立在充分的调研和周密的分析基础上。市场环境是随时变化的，尽管纷繁复杂，仍有内在的一定规律，绝非无法把握。经营者在市场面前并非完全是被动挨打。权变管理者认为，只要善于权衡，见微知著，企业管理还是有章可循，市场规律和发展机遇还是有蛛丝马迹可以发现的。但如果经营者草率莽动，不考虑成熟就预测未来，定下决策而且不及时校正偏差，那么行动的后果则可想而知了。

按形势发展变化及时调整经营策略，这是权变管理思想的本质要求。

第一章
思想新潮：奇正权变识时务

"人类最大的敌人就是人类自己"。无论超越还是发展首先要战胜的就是自己。

企业经营所面对的是一个不断变化、不断需要创新和挑战的世界，这种变化不仅体现在经营实践中，也体现在经营理论中。每天都有新的经营问题出现，这在客观上要求经营者不断思考、研究和解决这些问题，更新理论知识，要有战胜自己的胆识和勇气，首先从思想上树立权变观念，重视权变，并运用权变的思想指导经营活动。今天的经营者在管理实践中逐渐认识到"以正合，以奇胜"这一古老的经营思想之要义。结合当代新形势下的研究结果和理论精华，在经营界形成了一个识时务的奇正经营思想的新潮。

一、无正不立，无奇不胜

在市场全球化中，企业作为市场的主体必须在激烈的竞争中谋求生存、发展。今天企业竞争已从低层次的产品竞争发展到高层次的企业战略竞争。缺乏权变意识的管理者将无法在竞争中取胜。复杂多变的经济环境要求企业有较强的市场适应能力，就像逆水行舟，稳扎稳打的经营才能使企业立于不败之地。

1. 奇正相合：权变管理的合理内核

形势对自己不利时，不能急于求成，只有一步一个脚印稳步推进，才能收到由小到大由弱到强的效果。但时机成熟时，企业管理就应该"步子再快一些，胆子再大一些"，否则企业只会维持在一个较小的规模，处于在夹缝中生存的状态。而且随着社会发展，经济水涨船高，企业的处境欲求稳而不能。福特汽车公司在老福特发明了流水线生产之后在相当长的一段时间内只生产同一型号的黑色汽车，不考虑市场变化。刚开始销售良好，占领了绝大部分市场，成为美国第一大汽车公司。但由于福特"我们只生产黑色轿车"的僵化，渐渐地满足不了人们随经济好转日益增长的多层次需要而使其销售量日趋下降，甚至面临倒闭的危险。后来，该公司改变了这种做法，根据市场的特点改革了产品，推出了各种不同牌号、档次、型号和颜色的汽车，才扭转了局面，但行业老大的风光已不再了。

制定正确的经营战略，目的是在激烈的竞争中取胜。但是，竞争者"与人相对而争利，天下之至难也"，所以更须斗智斗谋。在企业权变管理中，经营者需要出奇制胜。

市场在不断变化中，任何企业都要以出奇制胜的谋略，注意瞄准市场上的薄弱环节，锐意创新，不断开发适销对路的产品，以满足潜在需求，去占领市场。"人弃我取，人取我予"，出奇也就是别人不常用，有时只是对常规做一点小小的改动，就起了截然不同的变化。当代社会，许多人一谈到发财致富，就很容易想到房地产、股票、期货之类期望快速发家的热门产业，很少有人踏踏实实从一针一线的微利"小玩意"做起。但日本尼西奇公司的多川博却反其道而行之。

尼西奇公司原来是生产橡胶制品的综合性企业。第二次世界大战后，面对越来越激烈的市场竞争，公司面临倒闭的危险。尼西奇的老板多川博，在一个偶然机会获悉日本每年大约出生250万婴儿，他想：如果每个婴儿每年只用两块尿布，那么全日本一年就需要500万块，而国际的潜在市场更大。他接着又进一步考察了国内厂家，发现大企业认为尿布是薄利产品根本不屑生产这类产品，甚至连小企业也嫌弃。于是他决定公司转产，专门生产尿布。多川博因此成了大名鼎鼎的"尿布大王"。

一次奇招制胜，不要认为此招永远是奇；也不要以为常用的战法，就永远不能达到出奇制胜的效果。企业管理要善出奇兵，敢出奇兵，不断创新，才能取得胜利。但如果总抓着一"奇"不放，而别人都跟着"奇"了，此时奇已不奇，就应该另辟蹊径了。

可见，**管理的"奇"与"正"是可以相互转化，相互渗透的**。管理的奇正思想就是既要出奇制胜，又要稳妥前进，两者兼顾，不可偏废，否则，当是管理的最大失误了。

2. 正合奇胜，商战沙场任驰骋

无论是以正立还是以奇胜，都只可以让一个企业风光一时。当代企业持续发展的根本原则，是要持之以恒地去吐故纳新，不要等到出了问题再去创新变革。

权变管理吸收了传统管理理论的精华，综合了生产管理阶段、经营管理阶段和战略管理阶段各个阶段管理经验的优点，形成了打破常规，不落俗套，可持续发展的新观点。其主要思想暗合"以正合，以奇胜"，"奇正相生，如循环之无端，如江水之不竭"，这种管理思想拓宽了企业的生存之道。

美国石油大王洛克菲勒的成功之路，至今仍让人们赞叹不已。

洛克菲勒还是一介草民的时候，美国发现了石油，许多实力雄厚的大投资者蜂拥而至，忙于开采石油，但洛克菲勒资金有限，无力与众多大投资者竞投石油开采。洛克菲勒于是让开正面，远远地避开石油开采地，占领原油的"下游工程"——石油精炼。原油开采出来后，众多的原油开采行业与独此一家的石油精炼工业，使洛克菲勒一方形成了绝对优势，他一举瓦解了由众多大投资者组成的石油开采大联盟，垄断了美国石油市场。从中可以看到洛克菲勒的高明之处，这就是一个权变、用奇的例子。下面关于他家族的又一经典案例可以看到正中出奇，奇中出正的思想。

第二次世界大战结束后不久，战胜国决定成立一个处理世界事务的联合国，可在什么地方建立这个总部，一时间颇费思量。地点理应选在一座繁华城市，可在任何一座繁华都市购买可以建立联合国总部庞大楼宇的土地都是需要很大一笔资金的，而刚刚起步的联合国总部的每一分钱都肩负重任。就在各国首脑们商量来商量去的时候，洛克菲勒家族听说了这件事，立刻出资870万美金在纽约买下一块地皮，在人们的惊诧中无条件地捐赠给联合国。联合国大楼建起来后，四周的地价立即飙升起来，洛克菲勒家族在买下捐赠给联合国的那块地皮时，也买下了与这块地皮毗连的全部地皮。没有人能够计算出洛克菲勒家族凭借毗连联合国的地皮获得了多少个870万美金。

有目标地出发，就会淘汰路程中的其他诱惑；有谋略地行动，汗水才能串成珍珠。 洛克菲勒家族收获的满园果香，只缘自他们种下了一粒谋略种子。这是睿智，也是胆识，更是设计收获的精致。经营者从来不说什么，只用时间诠释真理：帮助别人，就是帮助自己；要想获取，就先给予。奇正思想，精华于此。

3. 权变识机，善于把握各种机遇

市场是无情的，谁不懂权变，跟不上形势的发展，谁就会自食其果。机不可失，时不我待，机会从来不等人。经营者应当把握机会，随机应变，否则只能眼睁睁看着机会与自己擦肩而过。

20世纪70年代后期，苹果计算机和"硅谷"电脑等几家企业成功地引进了个人电脑，从而证实了国际商用机器公司那位年轻企划人员的预言。后来发生的事情证实了这种忽略和冷落，让国际商用机器公司付出了沉重的代价。而且有一点十分明确，即国际商用机器公司在前五年里忽视了微型计算机的重要性，如果它再晚两年打入微型计算机市场，恐怕还要付出更大的代价。这样，苹果牌计算机就会主宰这个市场。

这样的例子太多了，比如：RCA 公司虽然拥有了具备超级专利技术优势的便携式立体收录机，但仍然竭力推销自己的陈旧产品；通用汽车公司在汽油紧缺的情况下还拼命推销大型轿车；德克萨斯仪器公司则销售与常用电脑软件和硬件不兼容的个人电脑。由于跟不上形势，这三家公司都损失惨重。派克公司正相反，它适时权变，摆脱了不利局面，还成为行业中的翘楚。

20 世纪初期，派克公司生产的钢笔最负盛名，正当它得意非凡之时，匈牙利人拜罗克发明了圆珠笔，因其实用、方便、廉价，很快打破了派克公司的市场垄断。派克公司在圆珠笔的冲击下，濒于破产，虽然其后派克公司赶紧追风转向，也推出了不同款式的圆珠笔，但销路不好，反而连原有的钢笔市场也日益萎缩。后来著名企业家马科利成为公司的最高经营者。马科利分析形势，认为派克钢笔在与圆珠笔的市场争夺战中是以己之所短，对人之所长，必须改变这种情形。因此，他果断决定将派克钢笔重新包装成高雅、精美和耐用的新形象。为此，派克钢笔削减产量，提价30%，跻身于高贵精品之列。同时，马科利还煞费心机，让派克钢笔获得了英国女王伊丽莎白的喜爱，于是派克笔身价倍增，马科利又趁机再次提高售价。就这样，以炫耀名贵、高档装饰为标志的新派克钢笔重振雄风，方有了今天的地位和辉煌。

二、转变经营观念，确立多重目标

1. 转变观念，适应经营目标的变化

随着企业的目标日益提升，其复杂性和多样性给企业经营工作带来更大的困难，企业经营者应尽量实现多种目标的和谐统一。为适应经营目标的变化，企业的经营观念必须作适当的改变。

在新的历史潮流下，企业经营者应树立以下的经营观念。

（1）树立市场观念

要提高管理工作的绩效，就一定要树立市场观念。正确地理解市场观

念应该包括以下一些方面：

● 以市场为出发点，根据市场的需求来决定产品由设计开发到生产销售的整个流程。

● 要树立为用户服务的思想，千方百计地消除消费者的疑虑，使他们感到满意。

● 要全面地理解市场观念，既要坚持从市场的需要出发，又要兼顾本企业的资金、技术和人才等生产条件，做到人尽其才，物尽其用。

(2) 树立竞争观念

竞争是市场经济的必然现象，也是企业发展的内在动力和外在压力。在社会主义市场经济条件下，企业之间的关系不单是分工协作关系，更是独立的市场竞争关系。企业之间既要相互合作，又要开展竞争。竞争是促使企业不断提高产品质量和服务质量，更加以消费者的需求决定产出和供给的动力源泉。通过竞争，企业实现优胜劣汰，企业管理工作的效率也在激烈的市场竞争中得以检验和发展。

(3) 树立效益观念

在现代企业中，强化每一个企业经营者和企业员工的效益观念是必需的，完整而准确地理解效益观念应包括以下几方面：

● 要兼顾企业的长期经济效益和近期经济效益，只注重近期经济利益，忽视长远利益，会使企业缺乏发展的后劲，陷入困境；只注重长远经济利益，忽视眼前利益，会使企业迷失方向，无法检验自身管理工作的成败。

● 要兼顾企业的内部经济效益和外部社会效益，企业的外部社会效益是企业对于长远利益的投资，注重企业的外部社会效益，有利于保持企业在社会大众心目中的良好形象，从而有利于企业的长期经济效益。

(4) 树立人才观念

企业之间的竞争，归根到底是人才的竞争。企业素质集中地表现在人才、技术和管理三个方面。有了第一流的人才，才能掌握第一流的技术，才能创造出第一流的管理，从而为企业生产出第一流的产品和实现优异的经济效益。人才观念要求企业经营者重视人才、珍惜人才并努力开发和培养人才,这就要求经营者为企业员工提供舒适温暖的环境,解除员工的后顾之忧,加强人才的选拔和录用,并努力提供人才竞争的良好舞台,使人才素质在竞争中得到提高。

在一向以技术立国、重视利润的美国,有人提出一句简单而深刻的口号:"人,是我们最重要的资产!"这句话已成为美国大小老板的警句。**古往今来,凡成大事者,必为善于爱才用才之人。**美国某家大公司看中某一工程技术人员,多次力邀其加盟,但该技术人员由于留恋原公司而未同意。这家大公司后来干脆把此技术人员所在的小公司整个收购下来,其求才之心重才之意,一直被传为佳话。

产品再好,也要人来生产、销售,正如武器再精良,也要人来研制和使用一样。决定战争胜利的主要因素是人,这一点在任何时候都是颠扑不破的真理。对于一个企业来说,最为重要的就是人才了。钢铁大王卡耐基曾经说过:"你们可以拿走我的资金、产品和客户,但只要留下我企业的全部组织人员,不出四年,我依然会是钢铁大王。"在他死后,他的墓碑上写了这样一句话:**"这里躺着这样一个人:他唯一的优点就是让那些比自己优秀的人为自己服务。"**

有了人才是重要的,但更重要的是如何用好人才,激发出他们全部的聪明才智。

美国哈佛大学组织行为学教授詹姆斯曾对2000多名工人进行测试,他发现,在无激情的情况下(比如:远离领导者、枯燥的工作、按时计酬)每个工人的能力通常只发挥20%～30%。但如果受到充分的激励(如:领导者希望、员工之间竞争、按劳计酬)他们的能力却可发挥到80%～90%。詹姆斯教授以一句精彩的话总结了这个实验结果,此话已经成为美国工商界的名言,你务必要牢牢记住:"士气等于三倍的生产率。"

2. 多重追求,目标围绕效益最大化

不同的企业在相同的客观条件下,由于价值观和行为目标的不同,会产生不同的管理行为,从而带来不同的结果。虽然企业管理仍以经济利益最大化为基本目标,但企业并不看重眼前短暂的经济利益,而是着眼于长

远的利益，追求多重目标。现代企业在围绕经济效益最大化同时，努力追求如下多重目标。

(1) 对社会的贡献目标

社会是企业赖以生存的根基和环境，也是企业提供产品和服务的目的和归宿。**企业只有为社会提供优质的产品和服务，以消费者和顾客为上帝，依据社会大众的需要生产适销对路的产品，方能为人们所接受和认可。**不仅如此，企业还应该努力节约利用能源，合理利用自然资源，保护自然环境，而且，企业也应该努力为社会公益事业贡献自己的力量。企业为消费者所接受和认可，是企业追求利润最大化的前提，只有这样，企业才不会因为受社会的抛弃而跌入市场竞争的深渊。只有企业的产品形象和企业自身形象在社会大众的心目中占据了重要的位置，企业才会有持续地获取巨大利润的可能。

随着市场竞争的日益加剧，企业的目标将越来越要求以社会贡献为导向，企业越来越变成社会的企业，而不是企业主和企业员工的企业。企业只有在以社会服务为其根本宗旨的企业精神的引召下，切实地履行其日益艰巨的社会责任，才能永立市场竞争的不败之地，获得一贯的持续的经济利益。

(2) 企业的市场目标

企业在新的激烈竞争形势下，将努力开发新的市场，巩固传统的市场，扩大市场占有率。市场目标并不能马上提高企业的盈利水平，甚至会牺牲一定的经济利益，但市场的逐步扩大，有利于企业击败竞争对手，有利于充分发挥企业为社会服务的规模效益，同时也给企业以较大的市场空间和回旋余地，这对于企业的长期利益而言，是必不可少的重要措施。

(3) 企业的发展目标

企业发展是企业维持其存在的条件，在加速的经济发展中，企业如果不进步那就只会退步。要发展，企业就应扩大自己的生产规模，提高人员的素质，提高企业的技术水平和管理水平，加强专业化协作。发展的目标要求企业不能只顾及眼前的经营成果和利益水平，还应将目光投向更远的未来，以求获得更加稳定可靠的经济利益。

（4）员工福利的目标

企业是员工的生存环境和服务对象，企业发展的好坏取决于职工技术水平、管理水平和工作积极性的高低，企业追求利润最大化的结果必然要求提高职工的技术水平、管理水平和工作积极性。职工技术水平、管理水平以及工作积极性的提高与职工的自身利益有着密切的关系，只有在职工感到舒适温暖，无后顾之忧的情况下，企业职工才愿意尽全力去努力工作。因而，企业给员工提供优厚的福利，如生活设施、娱乐设施、假期、薪水等优厚的条件将会真正地留住企业员工的心，企业员工也愿意踏踏实实地工作，为企业的发展和成长奉献自己的聪明才智。

丰田成功的秘诀，一是"统一意志"，二是"发挥全体人员的创造力"。所谓"统一意志"，即从首脑部门到各级领导骨干对公司的发展大计、奋斗目标、重大的改革措施，都做到心中有数，分工明确。公司经常召集领导骨干开"社务会"，打开天窗说亮话，务求下情上达，上下通气，尽量避免和减少上下级之间的隔阂。所谓"发挥全体人员的创造力"，就是鼓励下级员工提合理化建议。总厂及分厂130多处设有绿色的意见箱，并备有提建议的专用纸，每月开箱3次。在丰田公司所得的建议中，最多的是技术上的建议，有的是堵塞浪费方面的建议。这些建议即便不被采用，丰田公司的有关部门也会付以500日元作为"精神奖"，最高合理化建议的奖金可达20万日元。此外，对技术上的重大革新创造，自然另有重奖。公司有专人负责收集、整理合理化建议，研究其可用价值，评级发奖，并尽快采用。

这种做法，大大激发了企业员工为企业奉献自己聪明才智的热情。

三、人非同人，经营方式应当因人而异

文化差异、地区差异导致了企业成员素质的差异。这种管理对象的复杂多样性是管理工作应采用权变原则的重要原因。不会变通，生搬硬套的管理方式只会造成管理上的失败。

1. 根据管理对象的差异性而选择管理方式

人既是社会的人，又是理性的人，仅有一个方面，我们是无法发挥作用的。过去，我们居住的世界一切都易于捉摸，互相影响，而现在我们的世界越来越难以捉摸，并具有感情淡薄的潜在趋势，这种趋势要求我们学会如何应付人类社会空前的变革。现在我们又面临着"信息经济时代"。而且"信息经济"出现的意义，比19世纪从农业社会过渡到工业社会更加重大。科学家指出，当今美国绝大多数工人是"信息工人"，从事处理资料和信息工作。"值得注意的是，今天的第一职业是文员，他们代替了过去占主导地位的工人和农民。我们不再处于蓝领阶层充斥的社会。这个趋势也将对组织机构产生重要的影响，而且会影响高级和基层管理层级制的基本关系。由于电子技术能处理管理组织所需要的日益增多的实用信息，所以，会形成一股很大的潜力，足以引起中层经营者的注意，乃至削弱中层经营者的作用。"

管理对象的复杂多样性是管理工作应该采用权变原则的又一重要原因。教育上应该因材施教，管理上也应该因人而异。不会变通，强求一致的管理方式可能会导致管理上的失败。

在现代企业中，企业的组成人员千差万别，有着不同的来源和背景，这里既有受过多年教育的高级知识人才，又有学历不高、知识结构不太完整健全的人；既有拥有良好的家庭背景的富家子弟，又有贫困潦倒、生活拮据的落后地区的工人；既有受过大机器工业化和现代化熏陶和影响的技术人才和技术工人，又有只在简单的手工作坊中求生存的体力劳动者……虽然同可以称之为"企业的职工"，但实际的差别却很大，相应的管理手段和方法也应该有所差别，对一个低水平的生产方式和低素质的工人所进行的管理，显然不应该与对一个高水平的生产方式和高素质的企业员工所进行的管理相同。由于各个国家各个民族文化的多样性以及各地区各行业之间发展的不平衡，人的差异性也就表现得更加明显和突出，在这种环境中成长的企业经营者，也应该具备更加富有弹性的管理能力，即灵活的权变原则的采用，以适应管理对象的变化对经营者提出的不同要求。

事实上，很多经营者已清楚地认识到管理对象和管理环境的变化对管理方法的不同要求。

企业经营中要求采用权变原则的对象的复杂性包括三方面的含义：一是人的素质的差异性；二是人的观念成熟度的差异性；三是人的个性的差异性。这三种差异性都会使不同的人去有差别地看待和评价适用在他身上的管理方式。

首先是人的素质的差异性要求管理方式的差异性。人的素质包括知识文化水平、组织领导才能、社会交往能力、政治思想觉悟程度等，素质的高低在很大程度上影响着管理方式的改变。

文化素质的高低是一个人综合素质的重要指标，但不是唯一的指标。品德优劣是一个人素质的另一重要内容，经营者都普遍地认为，如果他的属下是道德品质高尚的人，他的管理就会轻松得多。相反，如果他的属下品质恶劣，经营中就经常会出现不必要的争论、猜忌、埋怨等，为了提高经营的效能，经营者也就不得不付出更多的时间和精力。

人的素质还包括能力素质，能力素质反映着一个人实际工作能力的大小，知识素质和能力素质并不能画等号。有些人知识丰富但缺乏良好的组织领导能力和文字、口头表达能力；相反，有些人很有能力（目光敏锐、办事果断、处理问题有分寸、表达能力也很优秀），但他也许没有太高的学历，他所有的能力都来自于实践。能力素质比知识素质在实际工作中更有价值，但一个人的能力大小只有通过实际工作才能发现，经营者总是欢迎更有能力的人。但在无法判断能力大小的情况下，他们总是以知识素质的高低来代替能力的大小。毕竟知识素质和能力素质之间的相关系数很大，即有知识的人通常是有能力的，有能力的人通常知识水平也高。

其次是人的观念成熟度的差异性要求管理方式的差异性。人的观念成熟度是指对于管理与被管理、领导与被领导的正确的观点和态度。观念成熟度高的人能正确地理解管理工作，能从组织目标的角度认可与接受经营者下达的命令和任务，更自觉地为组织做切合实际的努力。这样的人通常受过较好的教育，有一定的组织经验，工作的动机较明确，也敢于承担义务和责任。不用多说，这样的人必定受经营者的欢迎。相反，那些观念成熟度低的人，如认为经营者给自己下达重任务是惩罚自己，下达轻任务或不下达任务是瞧不起自己，或者毫无根据地认为经营者的管理水平太低、人品太差等，都会给管理工作造成障碍。人的观念成熟度与人的素质密切相关，通常工作经历丰富的人会表现出较高的观念成熟度，而知识水平、个人才能有可能阻碍人的观念成熟度（总是自以为是，看不起经营者的工作）。对经营者而言，他们总是希望部属的观念成熟度较高，同时在实际工作中，他们也努力提高部属的观念成熟度。

其三是人的个性差异对经营方式产生不同的影响。人的个性千差万别，有的人喜静，有的人好动，有的人性情暴烈或积极进取，有的人脾气温和或不求上进，有的人思维敏捷、行动迅速，有的人钝于思考、行动缓慢……不同性格气质的人在不同的时候会表现出并非一致的优点和缺点。行动果断的人对于紧急事件的果断处理当然是优点，如果对于重大的决策也仓促作决定的话，那就成了缺点；相反，行动迟缓的人在处理工作时的谨慎、细致、小心也是其优点，优柔寡断、踌躇不定也就成为其缺点了。

管理对象的差异性（素质、观念成熟度和个性）都要求经营者采用权变原则去更有效地管理每一个人，即尽量发挥每一个人的优点、长处和才智，这对于经营者自身和管理对象都是有利的事情，应该为经营者灵活掌握。

美国福特公司长盛不衰的秘诀就在于福特公司的掌门人福特三世善于用人，而他的用人之道突出表现在他用人不拘一格，谁对发展公司事业最有利，就把谁放在最有用的位置上使用。几十年来，福特三世一直坚守这一信条。他自任公司董事长，对其他高级职员，总是时而重用这个，时而重用那个，有时甚至一个部门的负责人也能在全公司发挥巨大作用。外人总认为福特三世用人反复无常，其实，这正体现了他不拘一格用人才的特点。

例如，以桑顿为首的10名卓有才华的年轻军官组成的"桑顿小组"，是第二次世界大战中美国空军的一个统计管理小组，由于对空军作战的贡献而名噪一时。第二次世界大战结束时，这群年轻军官都是二十几岁的后生。福特三世把他们全聘到公司，并且委以重任。当时，许多人认为，福特三世重用这帮没有商业经验、涉世尚浅的"愣头青"，是在拿福特公司的业绩和前途冒险，一定没有好的结果。但是福特三世坚持认才不认年龄，充分发挥了他们的重要作用。"桑顿小组"10名成员，先后产生了4

位公司高级主管，为福特公司的发展做出了很大贡献。"桑顿小组"后来被美国报界誉为一群"天才小子"。其中，曾任公司总经理的麦克纳马拉还出任了肯尼迪政府的国防部长。又如，克鲁索是位精于财务的管理人才，当他崭露出超常的才华后，福特很快升任他为公司的财务主管，并在一段时间里实际上让他负责全公司的工作。其他高级职员对此曾愤愤不平，福特却说："权力的砝码就是要向有才能的人倾斜。"

2. 因人而异，经营者选择不同的领导方式

企业经营者的领导方式的区分最明显的是独裁、民主和放任三种领导方式。这三种领导方式的区分和采用是经营者遵循权变原则的重点，如何依据经营环境、管理对象和经营者自身的特性做出适当的选择，是每一位经营者应该熟知的内容，下面将对经营者如何选择独裁、民主、放任三种领导方式作概述。

经营者对属下所使用的独裁、民主和放任的领导方式之选择，需考虑下列几种因素后选用，并作必要的调整。

（1）经营者的特性

具有下列特性的经营者，可选用独裁的领导方式：

- 对工作具有充分信心者；
- 工作知识技能较属下为优者。

但经营者不可基于下列因素而选用独裁的领导，即恐惧属下工作会失败、利用个人感情统治他人、喜欢自己控制一切。

具有下列特性的经营者，可选用民主的领导方式：

- 真正重视部属之处事才能；
- 信任团体人员之思考能力。

但主管人员不可基于下列原因而选用民主的领导，即害怕担负责任、想借会议减轻自己责任、不愿意得罪他人而借用团体名义处理。

具有下列特性的经营者，可采用放任的领导方式：

- 认为部属学识经验丰富且能对事情负责；

- 自己善于协调且能作有效的信息提供。

但经营者不可基于下列原因而选用放任的领导，即不愿管事、对事不肯负责任、自己对工作毫无主张。

（2）部属的特性

部属具有下列特性者，经营者对之宜采用独裁的领导方式：

- 具有独裁权威感者；
- 对主管采取敌视态度者；
- 依赖性甚大或能力甚差者；
- 年龄较轻者。

部属具有以下特性者，对之宜采用民主的领导方式：

- 年龄较大者；
- 学识经验优异且工作熟练者；
- 平和而不愿管制他人者；
- 极愿合作者；
- 喜欢群居且团体观念浓厚者。

部属具有如下特性者，经营者宜采用放任的领导方式：

- 学识经验优异且工作熟练者；
- 自由气氛较为浓厚者；
- 抱个人主义态度者；
- 倾向孤独及遁世主义者。

（3）当时的情况

遇到下列情况时，经营者宜采用独断的领导方式：

- 遇到情况危急者；
- 必须于短期内完成工作者；
- 处事原则、方法、程序已有严格规定，处理时不能有违者；
- 内部发生裂痕，采用民主领导而仍无法弥补者；
- 需运用尊严恢复属员之信心者。

遇到下列情况时，经营者宜选用民主的领导方式：

- 工作原则、方法、程序尚有商讨余地者；
- 需增加属员对工作之兴趣者；
- 需增进属员对全盘工作之了解者。

遇到下列情况时，经营者宜选用放任的领导方式：

- 对工作原则、方法、程序尚需从长考虑者；
- 需研讨全盘性计划者；
- 需考虑某种内容复杂之问题者。

（4）团体士气与态度

团体对经营者采取敌对态度，经营者宜采用如下领导方式：

- 将原有领导方式改为独裁领导，以适应此种态度之需要。
- 在原有领导方式下，采取某种措施以改善现有团体态度，使其适合于原有领导方式的要求。

团体对经营者采取散漫松懈态度，经营者宜采用如下领导方式：

- 改用独裁领导以适应改善态度的需要。
- 改用民主甚至放任领导，以诱导态度的改善。
- 在原有领导方式中，采取适当措施来培养团体态度，使之适应原有领导方式的要求。

团体对主管人员及主管部门业务具有高度热忱者，主管对部属的领导关系，只应逐步放宽而不应加严，即应由独断领导放宽为民主领导，由民主领导放宽为放任领导。

（5）考虑因素需注意先后顺序

选择独裁、民主、放任领导方式时，需考虑经营者特性、部属特性、当时的情况及团体士气与态度四个因素，在考虑时需注意其顺序。

①先根据经营者的特性，选用对部属的领导方式。

②如果所选用的领导方式对某部属的特性不相适应，对该部属的领导宜改用适合该部属特性的领导方式。

③如果所选用或改用的领导方式，与该工作当时的情况不适应，应改用适合于该工作当时情况的领导方式。

④如果根据经营者的特性所选用的领导方式，与团体士气及态度不适应时，则应根据原有领导方式来改善团体士气与态度，或改用适合团体士气与态度的领导方式。

（6）领导方式的调整

选用独裁、民主、放任领导方式需考虑的四个因素，其实质并非永远不变，而是经常在变。因此，**对所选用的领导方式，遇到因素有变化时，应该调整原有的领导方式。**

基于经营者特性的改变而调整领导方式如：

- 经营者希望对自己所处理的工作能有机会更加熟悉时，应该考虑对部属的领导是否应该加严；
- 经营者欲培植得力助手时，对助手的领导就应考虑放宽；
- 经营者认为部属的工作不够理想或未达到标准时，应考虑对属下的领导是否该加严。

基于部属特性的改变而调整领导方式如：

- 新进部属在工作指派后，工作进展情况甚好时，应考虑是否将原来的管制放松；
- 对某部属用民主领导未获成功时，应考虑是否该改用更严格的领导；
- 由于部属年龄增加，学识经验有长进，应考虑将领导放宽。

基于情况的变化而调整领导方式如：

- 办公地点由集中而分散，应考虑是否需要更宽的领导；
- 属下心理受外界不安定因素所困扰时，应考虑是否将领导加严；
- 机构的压力对所领导部门业务的进行构成威胁时，应考虑是否需要将领导再加强。

基于团体士气及态度的改变而调整领导方式如：

- 本部门新进人员比例增加时，应考虑是否将领导加强；

- 本部门属于新近成立的部门时，在领导上应考虑是否加严；
- 本部门工作成绩受上级奖励时，应考虑是否将领导放宽。

四、认识自己，不断提高自身素质

正确认识自己，根据自身的特点，在经营方式上做出变化，是经营者应该掌握的权变管理的又一重要内容，也是经营者开展高效的经营管理工作的必要条件。因为管理对象的不同采取权变原则，要求首先对管理对象加以认识和区分。同样，要根据自身的特点灵活地改变管理方式，也是首先要求经营者能正确地认识自己。只有正确地了解和认识自己，才能清楚自己究竟有哪些方面的特点，例如自己的个性、自己的人生观和价值观、自己与人交往的准则、自己评价别人的标准和方法、自己的优点和缺点等。

1. 经营者要全面认识自己

经营者认识自我是一个艰巨而困难的过程，这同样要求自己在生活、工作中多做细心之人，从书本上或从别人对自己的评价中去正确看待。每一个特定的经营者就是一个特定的自我，他有其特定的素质（知识水平、管理才干、人品道德等）和个性（性格、气质等），同时他特定的年龄、经历及其职位构成了他特有的经营者形象。这种经营者自身的特定性也是管理工作要求权变原则的一个重要原因。

在实际中有很多这样的事实：在一个管理岗位合适的经营者换到另一个岗位后却不一定合适。当然这里面的原因很多，如管理对象的变化、经营者自身的情绪态度、经营者所处的上下级关系等都可能使经营者不适应新的岗位。

不同的管理环境和管理对象要求不同的管理方式，这种管理方式的变化有时对于特定的经营者而言是难以做到的，比如平生一贯反对强权和独裁、追求自由的年轻人去担任一个需要独裁领导的管理任务，他可能会觉得很难适应；相反，一位向来都喜好独裁的经营者去接替一项管理对象是高级知识分子的组织管理工作，他的独裁作风一定会让那些知识分子生厌,"缺乏人情味""死脑筋"的罪名会搞垮他的管理工作。

特定的管理环境和特定的管理对象需要一位特定的经营者,如果经营者无法适应管理环境的变化和管理对象的变化,那么高效率的管理工作只能靠变换经营者来实现。这就说明,一方面,经营者应该因循管理环境和管理对象的变化在管理方式方法上有所变化,以使经营者和管理对象及管理环境之间的相互配合是最有效的;另一方面,如果特定的经营者无法适应变化的要求,那么经营者放弃不适应的管理工作和更换一位新的经营者是必要的。这两个方面的含义都是权变原则的体现,这也说明了特定的经营者为什么要采用权变原则。

2. 经营者要不断提高自身素质

经营者自身素质的高低,直接关系着经营的成败。经营者必须努力提高自身素质,并根据自身素质从事相应的管理工作,否则就难以达成目标,或至少在达成目标之前要走很多的弯路。

成功的经营通常是富有强大进取力的人所创造的。个人进取力是迈向成功管理的必要条件,有志于在管理上获取佳绩的经营者应该永葆自己的活力,积极进取,克服困难和险阻,勇于向新的高峰攀登。用适当的方法激励自己的斗志,培养强烈的成就感和使命感也很必要。一个不思进取的经营者很难激励别人去为组织的目标而奋斗,而一个富有战斗锐气、焕发着力量和活力的经营者总是容易激励和感染一大群人为各自的目标而奋斗。在现实中,总能见到那些靠自己的努力成为企业家的经营者充满激情地为自己的理想满怀信心精神抖擞地工作,他们的身上总是散发着常人所不具备的积极进取精神。个人进取力的大小决定着一个人能否走向更高级的管理职位,也决定着一个人能否成为一名优秀的经营者。经营者依据个人进取力的大小选择合适的职位有利于个人才能的发挥,也有利于企业从整体上提高组织生产的绩效。

经营者自身管理技能的高低是经营者遵循权变原则时应该考虑的重要因素。一方面,经营者应当根据自己实际能力的大小选择合适的管理岗位,力有余而机会不足,会阻碍自身能量的发挥和才干的施展,有机会但没有能力,会直接影响管理的效率。另一方面,经营者应根据管理工作的实际情况发挥自己最富优势的管理才华。例如为人诚恳、善于与人沟通的人可以发挥此优势建立自己庞大而牢固的关系网，以情感作为纽带提高管理的绩效；知识水平较高但组织领导能力欠缺的经营者应以自己的专业技术能力为优势点，以高超的专业技能赢得别人的佩服和称赞，从而更有效地开展管理工作；目光敏锐、判断力强的经营者应以行动的果断、正确和办事情的雷厉风行来慑服自己的部属，使他们心甘情愿地接受自己的领导。

经营技能不是天生的，经营者根据经营环境的需要，培养和提高自己所缺乏的某一方面经营技能是可行的，也是必要的。这是权变原则的另一运用，即根据自己管理工作的需要权变地发展自己和完善自己。经营者不应该因为自己哪一方面的能力缺乏而灰心丧气或者认为自己在哪一方面的能力很突出而放弃其他能力的培养。例如，有的经营者因为不善言辞而失去继续努力的信心；有的经营者自认为专业技能过人，而不去努力提高自己与别人沟通的能力，这都是不对的。只有经营者能够认识到自己经营工作中的不足并通过不断地努力弥补这种不足，他的经营技能才能逐步提高，他也才能够适应日益复杂的经营环境，他的经营工作也才能够保持高效。

经营者的年龄和经历是影响经营者采用权变原则的因素中最客观的一个。特定的时期，经营者年龄和经历都是既定的，根据自己特定的年龄和经历以及管理环境、管理对象的特点，采取不同的管理方式是必需的。例如年轻的经营者面对年轻的部属，与他们打成一片，相互间更充分地了解和认识，培养共同的兴趣和爱好以及互相帮助共同进取都会有利于经营工作的开展和经营效率的提高；相反，如果他以一位老者的形象加入到这个群体中，疏远自己的部属们，或者只表现出双方的上下级关系而不表现出朋友关系，那么他必然会遭到下属们的厌恶和反对，这就会导致管理工作的失败。如果年轻的经营者面对年岁较高的中老年部属，他就应该表现出青春活力，工作应该积极肯干，敢于承担责任和风险，并与中老年部属有较多的沟通，关心中老年部属的家庭生活，虚心接受他们的意见和建议，尊敬他们、爱戴他们，这样他就会深得中老年部属的喜欢和爱护，管理工作也就容易开展了；相反，如果他瞧不起那些中老年部属，不尊重他们的意见，与他们之间缺乏沟通，他就只能靠自己的职位权力来影响中老年部属，无法形成团结和谐的局面，也就无法保持经营的高效率。

一个人的经历是他丰富的人生财富，经历丰富的人在处理问题时更能得心应手，应付自如。一般而言，每一个人的经历是随着年岁的增长而增长的，但增长的速度因人而异。这取决于他所经历的环境条件，他参与活动的机会以及他本人的"用心"程度。懂得并努力从实践中获取知识和经验的人总是会成长得快一些。同时，经历也有种类不同的问题，环境的差异性可能会使某人在哪一方面的经历非常丰富，而在另一方面则相对缺乏，比如经常参与重大决策的人会增长决策方面的经验，而从事公关事务的人则善于与人打交道。

经营者在其成长的过程中，总是会努力增长自己的才干和经验，这种主动去选择的过程实际上是根据权变原则进行的，即根据自己的所长、所短和自己实际工作的需要，有重点地选择工作方式，以适应经营工作的需要。

第二章
着眼全局：认清未来定战略

　　任何企业，不管规模大小，其经营者都需要对他所经营的企业现在所处的位置和将来的发展方向有一个充分的、清晰的认识。他必须尽最大可能弄清自己企业的全局情况：目的是什么；市场怎么样；结构是否合理；是否有凝聚力；是否符合可持续发展；重要决策所依据的指导原则；对人和物等资源的需求；总体发展要求。

　　简而言之，企业经营者必须全面权衡自己设定的经营发展战略是否正确。

一、经营战略：企业发展的航标

随着人类社会实践的发展，人们又逐渐赋予战略一词以新的含义。将战略思想运用于企业管理之中，就产生了企业战略这一概念。权变管理的经营战略是现代企业发展的航标。什么是企业战略？在西方战略管理文献中没有一个统一的定义，不同的学者与经理赋予企业战略以不同的含义。有的认为企业战略应包括企业目的与目标，即广义的企业战略；有的则认为企业战略不应该包括这一部分内容，即狭义的企业战略。国内学者的看法也不尽一致，那么企业战略的真实含义究竟是什么呢？经营者怎样根据不同的情况选择自己的战略呢？

1. 企业经营战略的内涵与特征

关于企业经营战略的含义，安德鲁斯、魁因、安索夫、明茨伯格等经济学家和管理学教授分别有过不同角度的阐述，特别是明茨伯格，把企业经营战略定义一分为五，借鉴市场营销学中四要素（4P'S）的提法，提出了企业经营战略的5P'S：

● 计划型战略：强调企业管理人员要有意识地进行领导，凡事谋划在前，行事在后。

● 模式型战略：强调战略重在行动，否则只是空想。战略也可以自发地产生。

● 计策型战略：强调战略是为威胁或击败竞争对手而采取的一种手段，重在达成预期竞争目的。

● 定位型战略：强调企业应适应外部环境，创造条件更好地进行经营上的竞争或合作。

● 观念型战略：强调战略过程的集体意识，要求企业成员共享战略观念，形成一致的行动。

这些不同的定义，有助于对战略过程的深刻理解，避免发生概念上的混乱。不过，应该看到，这五种定义彼此之间存在着一定的内在联系。它们有时是某种程度的替代，如定位型战略定义可代替计划型战略定义，但在大多数情况下，他们之间的关系是互补的，使战略趋于完善。**因此，只能说每个战略定义有其特殊性，不能说哪种战略定义更为重要。**

例如，日本本田公司曾被当作成功地利用观念型战略定义进入计划、进入某种预想位置的典型例子而广为宣传，这使人们了解到本田公司有意识地作为一个低成本的生产厂商，以进攻型方式进入了美国的摩托车市场，打破了美国自己产品的垄断，创造了小型家庭用车市场。实际上，本田公司事先并不是有意识地进入美国市场销售小型家庭摩托车的，不过在该公司的总经理清楚了他们在市场上所处的位置以后，马上制定出相应的计划，深入占领了这一市场。这说明战略的定义和顺序应根据企业自身情况采用，这里便是由模式唤起了企业的计划。

根据人们对经营战略的认识，权变管理把经营战略定义为：**经营战略是企业面对激烈变化、充满严峻挑战的环境，为求得长期生存和不断发展而进行的总体性谋划。**它是企业战略思想的集中体现，是企业经营范围的科学规定，同时又是制定规则（计划）的基础。更具体地说，经营战略是在符合和保证实现企业使命的条件下，在充分利用环境中存在的各种机会和创造新机会的基础上，确定企业同环境的关系，规定企业从事的事业范围、成长方向和竞争对策，合理地调整企业结构和分配企业的全部资源。从其制定要求看，经营战略就是用机会和威胁评价现在和未来的环境，用优势和劣势评价企业现状，进而选择和确定企业的总体、长远目标，制定和抉择实现目标的行动方案。

在这里需要强调说明，**经营战略是一种以变革为实质的概念。**现代企业生存在激烈变化、充满严峻挑战的环境中，要在这种环境中生存发展，必须通过不断革新来创造性地经营企业。也就是通过实施具有革新实质的经营战略，使企业从适应（或不适应）目前的环境状况，转变成适应未来的另一种环境状况。

尽管战略学者和经理们对企业战略的内涵各有不同的认识，但是对于企业战略的特征，人们的认识却没有太大的分歧，基本上理解都比较相似。概括起来，企业经营战略具有如下十个方面的特征：

①企业经营战略具有总体性。形象地说，企业经营战略就是企业发展

的蓝图，制约着企业管理的一切具体活动。

②企业经营战略具有长远性。企业经营战略考虑的是企业未来相当长一段时期内的总体发展问题。经验表明，企业战略通常着眼于未来3年至5年乃至更长远的目标。

③企业经营战略具有指导性。企业经营战略规定了企业在一定时期内基本的发展目标，以及实现这一目标的基本途径，指导和激励着企业全体职工努力工作。

④企业经营战略具有现实性。企业经营战略是建立在现有的主观因素和客观条件基础上的，一切从现有起点出发。

⑤企业经营战略具有竞争性。企业经营战略也像军事战略一样，其目的也是为了克敌制胜，赢得市场竞争的胜利。

⑥企业经营战略具有风险性。企业经营战略是对未来发展的规划，然而环境总是处于不确定的、变化莫测的趋势中，任何企业经营战略都伴随有风险。

⑦企业经营战略具有创新性。企业经营战略的创新性源于企业内外部环境的发展变化，因循守旧的企业经营战略是无法适应时代发展的。

⑧企业经营战略具有稳定性。企业经营战略一经制定后，在较长时期内要保持稳定（不排除局部调整），以利于企业各级单位、部门努力贯彻执行。

⑨企业经营战略必须与企业经营模式相适应。企业经营战略不应脱离现实可行的管理模式基础，经营模式也必须调整以适应企业战略的要求。

⑩企业经营战略与战术、策略、方法、手段相适应。一个好的企业经营战略如果缺乏实施的力量和技巧，也不会取得好的效果。

经营战略的上述特性，决定了经营战略与其他决策方式、计划形式的区别，**可以说经营战略是企业对具有全局性、长远性、抗争性和纲领性的经营方案的谋划，它与那些针对当前形势灵活地适应短期变化以解决局部问题的战术方法不可同日而语。**

2. 企业经营战略的四要素

经营战略一般具有四个要素：

(1) 战略思想

战略思想是指导企业经营战略制订与实施的基本思路和观念,是整个企业战略的灵魂。

战略思想与经营思想既是相互联系的,又是相互区别的。经营思想泛指企业生产经营活动中人们的一切思想,而战略思想是指人们有关企业长远性、方向性的指导思想。战略思想作为经营思想中的主要部分,具有其独特的战略性思想内容。

战略思想的确立,应该全面考虑战略在全局性、长远性、方向性和竞争性的特征以及国家性、民主性和民族性的特征。战略思想的确立,要求企业经营者具有高瞻远瞩、创新思维、横向思维、居安思危和敢冒风险的战略头脑。

(2) 战略方针

战略方针是战略思想的具体化,比战略思想更具有针对性,它是针对企业某一战略时期确定经营领域和差别优势的基本原则,即长远的战略方向。**每个企业都应根据环境的特点,提出具有自己特殊风格的战略方针。**

①经营领域。指企业生产什么产品,提供什么劳务,市场方位在哪儿,市场规模多大。

多数企业习惯把拥有的资源和实力投入到某一行业的经营,所以在行业内的选择余地较为有限。只有周密地分析该行业的前景,才能利用有利的基本趋势,或者采取与众不同的策略打入其他行业——一个对本企业有吸引力的行业。

当然,企业不一定把自己局限于单个经营领域,这是因为扩大服务有可能带来协同效益。例如,一家服务企业同时经营汽车旅店和饭店,有了汽车旅店,可给饭店扩大经营带来好处;有了饭店,人们就近在汽车旅店停车的次数可以增加。其结果是总的经营效益增加。这在美国被称为"2+2=5"效应。

诚然,**在一个战略期内,企业所选定的经营领域一般是固定不变的,因为销售渠道变更和生产设施调头较为困难。**但是,当企业产品已进入成熟期并且在这个经营领域中已占据统治地位时,为了继续增长也要觊觎他方，或即刻开拓新领域，或为下一个战略期开拓新领域做好准备。

②差别优势。指企业优于竞争对手的别具一格的相对优势。企业可以在它的某一外部联系方面或内部资源转换技术方面寻求自己的差别优势，通常采取的获得相对优势的途径有：独具关键资源或可购廉价原材料；独具专门人才或可寻廉价劳动力；独具节能设备或可购理想设备；增产潜力大，可望降低单位成本；贷款条件优越、技术储备良好；政策上的免税或减税条件可以利用等等。取得差别优势的潜在因素颇多，上面所列的途径仅仅表明取得优势的各种可能性，实际上一个企业想在一切方面都取得优势，必然力不从心，收效甚微。**选择一个或几个方面使企业高人一筹，才是战略方针的关键。**

随着环境的变化，企业成功的关键因素也要变化，于是取得差别优势的新机会总会到来。固然战略方针应该是稳定的，但调整谋求优势的重点，可以由战术调整来解决。

(3) 战略目标

战略目标是企业在经过战略期的努力和经受战略期的风险后，预期达到的总体经营成果指标，是战略方向的具体化。

战略方针和战略目标是企业经营战略的核心，二者合起来，称为狭义的企业经营战略。

战略目标确定的原则，首先是求生存，然后才是求发展。

制订战略目标具有重要意义。

一是有利于实现企业外部环境、内部环境和战略目标三者之间的动态平衡，使企业获得长期、稳定、协调的发展。

二是为企业指明了在较长时期内具体的经营方向，指导企业增强自主经营的能力。

三是有利于把企业各单位、各部门和各项生产经营活动联结成一个整体，以发挥其整体功能，提高经营效率。

四是能够使企业员工的价值观念、具体工作同实现企业总体目标联系起来，以调动其积极性和创造性。

制定战略目标具有如下要求：一是目标要建立在可靠的基础上。二是目标要有激励作用。鲜明生动，鼓舞人心，通过努力可以达到。三是目标层次要清楚。区别总目标和分目标，区别关键目标和一般目标。四是目标要便于衡量，尽可能定量表示，禁忌采用笼统、空洞的口号。五是目标要经过综合平衡。六是目标要保持相对稳定。

战略目标应包括如下内容：

● 贡献目标。如资金利税率、销售利润率等，还应包括负有社会责任的目标。

● 竞争目标。如品种、质量、成本、市场占有率等，还应包括技术竞争方面的目标。

● 发展目标。如企业规模的扩大，生产能力的扩大，技术改造的进程，自动化、数控化水平的提高等。

● 福利目标。如工资提高幅度、奖金发放水平、住房条件改善、教育条件改善等。

● 企业文化建设目标。如企业精神、价值观念、伦理道德、管理特色、文化生活、企业形象等。

(4) 战略对策

战略对策是根据战略目标制订的，用来指导企业在战略期内合理分配资源、有效达到目标的一整套手段的总称。战略对策一般涉及三方面内容。

①战略重点。指那些事关战略目标能否实现的重大而又薄弱的项目或部门。战略重点应具有长期性。如果只在短期内是重点而在较长时期来看算不上重点，这就不是战略重点，只能是战术重点。战略重点可以是一个，也可以是几个，但不宜太多。

选择的战略重点是否正确，是决定战略目标能否实现的关键因素。选择战略重点一般按以下步骤进行：围绕战略目标，收集有关信息和数据；列出影响战略目标实现的各种因素；通过分析比较，排出各种影响因素的主次顺序；通过协调平衡，明确战略重点。

②战略阶段。战略阶段是为实现战略目标，在整个战略实施期间，根据特定的战略任务所确定的时间段。

每个战略阶段都有其特点和相对的独立性，各个阶段不可相互混淆和倒置；同时，各个阶段又是相互联系和不可分割的，前一个阶段是后一个阶段的基础，后一阶段是前一阶段的继续。划分战略阶段是实现总体战略目标的必然要求，不是主观想象的结果。

战略阶段的划分没有统一的模式，应根据各自的战略重点来划分。一般来说，当整个战略期只有一个战略重点时，可将战略期分为三个阶段，即准备阶段、发展阶段、完善阶段。从时间上看，准备阶段和完善阶段可以短些，发展阶段要长些；当整个战略期有两个以上战略重点时，可按战略重点的因果顺序来划分几个战略阶段。当战略所需的时间较长或涉及的空间较大时，可以将阶段数划得多一些；反之，则划得少一些。在战略期较短的一些特殊情况下，也可以把一年时间作为一个战略阶段。工业企业的战略期，一般确定为5～10年之内，可与国家五年计划同步，也可以不同步。

③战略措施。战略措施是为实现战略目标，创造优势和竞争的主动地位而采取的具体制胜方式和方法。其中包括战略实施期间各种重要事变的短期决策。

战略措施又称战术。战略实施期间的战术活动一般包括四个过程，即研究变化、捕捉战机、调整行动、改变态势。

二、理性分析，学会战略思考

在资源逐渐耗乏、世界性竞争日趋激烈、成本不断上升的全球经济发展中，没有清晰的战略方向，再宏伟的目标也不能在这种经营障碍下使企业生存。现代企业必须制定一个有效经营的清晰战略。

有效的战略经营并不只是遵循几个简单的步骤，它要求经理人员战略性地思考问题，即开发一种能力，使自己在事物的运动中看事物，通过发现关键因素的相互依存关系，使自己在未来的不确定性和云笼雾罩中理解事物。战略性思考能力远不止是对社会、政治法律、经济和技术趋势一带而过的了解，能进行战略性思考的经理人员，需要在环境和趋势的背景下拟构他们的组织图景，并发掘出重要的相互依存关系。他们集中思考如何使他们的组织作用和反作用于环境，以利用环境提供的机会，消除或避免环境中的障碍。

1. 运用协同学原理进行战略思考

尽管某些管理者可能具有战略性思考问题的天赋，但战略性的思维能力更大程度上是学习和训练的结果。进行战略性思考常常需要借助一些理论工具，协同便是这样的理论性工具之一。

协同是一个很有价值的概念。当两个或两个以上的变量相互作用所产生的效果大于它们单独作用所产生效果的总和时，这些变量之间就会发生协同作用。有人形象地把它看成是一种 $2+2=5$ 的效应，有人则倾向于说，协同作用就是整体大于部分之和。

在战略管理中，经营者都想尽可能地获得市场、成本、技术和管理等方面的协同作用。特别是当他们制订诸如合并、技术专利、新产品、新技术、生产过程或高层经理替换等重大战略决策时，更是如此。市场、成本、技术和管理四个方面的协同作用都对战略性思考和企业的健康发展有着重要贡献。

（1）市场协同作用

当一种产品或服务的营销能加强一种或多种其他产品的营销时，我们就说获得了市场协同作用。

美国西尔斯公司堪称市场协同作用方面的典范。现在人们可以在许多西尔斯商店购买房屋，挑选所有的家具用品，然后购买全部财产的保险。在他们去购买耐用消费品部门的路上，西尔斯的顾客还可以在带有金融服务中心的西尔斯商店购买股票或债券。

（2）成本协同作用

成本协同作用可以发生在几乎所有组织活动方面。如当同一个工程师设计两个或更多的产品、同一种设备生产两个或两个以上的产品、同一种渠道销售两个或两个以上的产品、同一个经销商销售两个或两个以上的产品时，分摊成本将比分别处理这些产品时更低。

成本协同作用还可以通过回收副产品而取得。

蟹壳和虾壳，一度是阿拉斯堪海洋食品公司气味难闻的废弃物，现在则被回收利用制成自然的物质——角质素，以每磅8美元的价格销售。该物质可用作外科手术中不可溶解的缝口线，也可用作治愈皮肤烧伤或疮伤的治愈剂，还可用作污水的清洁处理剂，甚至可用于防治农作物的疯长病。

可以说，成本协同作用的唯一限制因素是人类的想象力。因此，企业经营者应充分发挥想象，力求变废为宝。

(3) 技术协同作用

技术协同作用的取得在于从技术的一种应用转向另一种应用，这样就可以开辟新的市场。

例如，一家制造离心分离机的瑞典专业公司阿尔法—拉弗尔就是通过技术协同作用来拓宽其市场的。阿尔法设计了一种从啤酒中分离出酵母分子的离心机，虽然酿酒者不感兴趣，但遗传学家则非常感兴趣。通过一定的改进，这种设备非常适合于遗传研究中的细胞准备和细菌收集。有了技术的协同作用，开拓盈利的新市场就无须为开发全新的产品而付昂贵的费用。

(4) 管理协同作用

正像技术协同作用一样，管理协同作用也需要知识的转移。例如，当一家会计部门素质较差的企业雇佣一名具有优良会计素质的主管，且新的主管能够把他的技术技能转化为一种很好的优势时，这家企业将获得管理上的协同作用。因为会计部门工作的改善，将有助于其他部门的决策和其他管理工作的改进，这样就促进了企业整体管理水平的提高。

通常，如果不是不可能的话，获得全部四种类型的协同作用是很困难的。但毫无疑问，有效的战略应当努力追求这四种类型的协同作用，这就需要经理人员的智慧和想象力能充分发挥。

2. 根据产品生命周期进行战略谋划

产品生命周期（Product Life Cycles，简称PLCs）是战略制定者进行权变管理的非常有用的工具。除了能使经营者了解企业经营的各领域（如研究开发、生产、财务、市场营销等）的相互依赖关系之外，PLCs也能使经理合理调节他们的努力。随着时间的流逝，组织的内外环境都会发生变化，相应地，战略必须加以更新或重新制定。PLCs就给经营者提供了一种更新战略的合理序列形态。

（1）产品生命周期的四个阶段

一个产品的生命周期是该产品的销售额高低与利润升降序列的图示表达。一般而言，**产品生命周期包括引入期、成长期、成熟期和衰退期四个阶段，但不同产品、同一产品在不同企业，这四个阶段的时间长度是有差别的。**

例如，IBM公司的360系列计算机在一个相对短暂的引入期之后，是一个长达几年的成长期。同样，不同产品的整个生命周期长度也是不一样的。例如，像耶莱娃娃和玩具手表等时令产品，其整个生命周期长度只有6个月，而劳斯莱斯汽车的生命周期可持续几十年。PLCs反映着特定产品和服务的特定属性与市场潜力。专家们认为，由于微电子技术革命，产品生命周期的一般趋势是越来越短，也就是说，产品更新换代的速度在日益加快，作为企业经营者，对这种趋势应有足够的认识，并用以指导自己的战略。

尽管与产品生命周期相连的五种战略可按时间先后进行考虑，但每一个时期的战略考虑都要提前做出。对产品生命周期较短的商品和服务，提前期当然要短些，但对于生命周期较长的产品项目，有时需要提前一年甚至更长时间对相应阶段的战略做出预先安排。换句话说，在利润开始下降时（这是增长期结束、成熟期开始的信号），经理人员才开始勾画成熟期的防御战略，就显得很短浅，没有战略眼光。

（2）前商业化阶段的两难处境

尽管前商业化阶段通常不包括在产品生命周期之中，但这个阶段却是特别值得关注的。因为正是在这一阶段通过研究开发等创新活动，才创造出潜在可交易的产品和服务。最近十几年来，私人部门的研究和开发

（R&D）支出正不断增长，尽管这种趋势是一个好现象，但它也给战略家们带来左右为难的麻烦。一方面，在资源稀缺和利率高昂的情况下，没有有保证的回报的长期投资是没有吸引力的，而 R&D 正是这种性质的长期投资，它不可能在短期内得到报偿，其将来的回报也是不确定的，风险性很大；但另一方面，如果今天不对基础研究进行投资，不从事 R&D 工作，将意味着明天会失去国内和国外的竞争优势。因此，**战略家们必须在短期成本和长期利益之间做出困难的权衡选择。**

（3）产品生命周期各阶段的战略

当战略家们将其注意力随产品生命周期各相连阶段转移时，会有许多迄今未知的因素产生。在引入期或渗透战略阶段，早期销售额的停滞是一个特别具有风险性的时期，因为供应、设备、工资等方面大量的现金支出得不到现金回收的补偿，引入期负的现金流量问题是对产品失败的巨大威胁，特别是当新产品或服务不被市场接受时，这种损失将是惨重的。福特汽车公司在埃德塞尔汽车方面损失了将近 3.50 亿美元，是 20 世纪最惨重的失败。

然而，与通常人们所注意到的 9/10 的新产品失败相对照的是，研究揭示出一个更令人合意的比率。一项关于 148 家大中型制造企业的研究表明，20 世纪 70 年代后期，大约只有 1/3 的新产品在引进后失败，其中不包括改进型新产品。但即使是这个 1/3 的失败风险也需要充满智慧的产品引入期战略。

在产品生命周期的成长阶段，管理人员会面临有趣的问题。很大的边际利润和有限的竞争很容易使管理人员变得迟钝，他们会感到情况将会如此保持下去。然而，**正是在产品盈利最好的阶段，种下了毁灭它的种子。**

美国底特律的三家大型汽车制造商，正是因为低估了进口日本汽车的威胁才"身陷囹圄"的。

在成熟期，由于利润边际被竞争所侵蚀，在战略上应集中削减成本开支，提高推销效率。在衰退期，随着销售额和利润的快速下降，在考虑撤退战略时，应确保企业不应承受某些负担，如不可用的原材料、供应品、设备，闲置的劳动力，大量的不可销售出去的产品存货等等，这些都应在撤退之前尽量予以处置，以减少不必要的损失。在撤退阶段，有关老产品的所有的经营活动规模要相应缩小，为新产品让路。

3. 统筹兼顾，以双赢战略获得共荣

进入21世纪的现代企业，其经营战略在权变管理思想的主导下，已经从"我们该怎样打败对手"转变为"我们怎样和伙伴甚至是和对手达到共荣"这样的思考。制定和实现双赢、多赢战略已成为管理者的共识。按照过去20年来许多学者和思想家阐述的观点，最基本的战略问题应该是："我们正朝哪个方向发展？"或"我们正从事哪些业务活动？"以及"我们以后从事哪些方面的业务？"如果我们的目的是将伦理道德融于战略，那么，基本的战略问题可以归结为"我们赞成什么"。这个问题有助于价值观与战略两者相结合。为回答它，人们必须先明确"我们"的确切含义，进而弄清公司事实上在以什么人的利益为目标。当代的双赢战略提出的问题是"我们应当和伙伴甚至和对手怎样共荣？"

企业战略标志着伦理思想与战略思想的结合。一个公司的企业战略反映了"公司赞成什么"等基本问题。企业战略最先是由美国管理学家彼得·德鲁克（Peter Drucker）提出的，它揭示了公司选择当前业务的根本原因。事实上，至少有五种形式的企业战略，其中每一种都表明了实施该战略形式的受益者。

其一，股东战略。使股东的财富最大化是企业的目标。这种战略可以说是美国企业战略的出发点。尽管企业界普遍赞成，但真正实施这一战略的企业却相当少。如果一个企业围绕股东经营的话，即使管理人员保不住自己的饭碗，也应该以满足股东的利益优先。

其二，经营者特权战略。使企业经营者的利益最大化是企业的目标。如果一个企业采取这种战略，企业经营者必须时刻铭记所做的工作应使股东和其他利益各方都满意。当然，企业经营者不可能很周全地照顾到这些所有群体的利益，但为了保证这些群体能继续为实现自己的目标而努力，他们也必须做得很有分寸。

其三，部分相关利益者战略。部分相关利益者的利益最大化是企业目标。美国管理学家汤姆·彼得斯在《追求卓越》中举了一个例子，顾客、员工和股东的利益最大化是追求的目标。他们被视为重点考虑的对象，其

他相关利益者则作为次重点。实施这种战略容易产生矛盾。

其四，所有相关利益者战略。使所有相关利益者的利益最大化是企业目标。所有与企业有利害关系者的利益在这一战略中都能得到满足。这种战略的实施者常常认为自己是在顾全大家的利益，然而有人却批评这种战略的实质是使股东的利益最大化。尽管意见不统一，该战略还是有助于决策者化解冲突各方的矛盾。

其五，个人战略。企业目标是使企业员工都能够实现自我价值，作者认为这是一种最恰当的战略。该书的后一部分用大量篇幅论述个人战略。作者的基本假设是：个人目标是第一位的，每个人都是为了实现自我价值，绝不是为了实现企业目标而工作。作者将企业视为个人实现自我价值的舞台，这同以往的组织观点有明显差异。传统组织观点把服从组织目标视为首要，个人利益不能凌驾于组织利益之上。而作者认为，**企业经营者应重视个人价值，将实现自我价值的个人战略作为组织行动的原则。**

然而制定企业战略并不是像说说那样简单的，它需要进行反复斟酌和论证。要征求相关利益各方的意见，了解他们的生活目的和价值观念。所有这些工作就是为了弄清"我们赞成什么"这个问题。这就是着眼全局，从各方面利益出发制定企业战略。一个企业如同一部各个组成部分紧密配合的机器，某一部分利益照顾不到，机器运转就不会丝丝入扣。但是在实际管理活动中，经营者处于两难或多难境地，因为各方面利益是有矛盾的。例如所有者与经营者利益的矛盾，所有者利益与雇员利益的矛盾，企业长期利益与目前利益的矛盾，企业内部与外部的矛盾等等。这些矛盾往往让经营者无所适从。**权变论认为矛盾是永远存在的，矛盾不可消除但可以缓和，在具体的环境采取权变的管理可以达到双赢和多赢的互利共荣局面。**

"汽车大王"福特的T型车事业如日中天的时候，美国的工人运动"芝加哥风暴"正在酝酿中。福特发现他的工人们情绪有异，表现出一种"山雨欲来风满楼"的迹象。于是他果断地做出加薪减时的决定，把每天2元的最低工资调升到5元，把一天10小时工作制改为8小时工作制，让工人的利益提高了一截。当时福特的"月薪5元革命"遭到大多数人的反对和攻击，甚至普通工人也不理解，但他依然坚持下去，不久工人争取8小时工作制和加薪的运动蓬勃发展，许多企业纷纷倒闭或遭受重创，福特汽车公司却安然无恙。

三、高瞻远瞩，向未来投出一票

着眼长远发展，投未来一票，是权变战略的精髓。对企业而言，赢得未来是最重要的，成功属于高瞻远瞩的人。相反，如果只顾眼前利益，对未来大势和发展方向置之不顾或缺乏敏感，必会在未来的发展中招致挫折。

1. 谋划长远，以未来为战略方向

企业的经营战略，既是企业谋取长远发展要求的反映，又是企业对未来较长时期（5年以上）内如何生存和发展的通盘筹划。权变论者认为企业经营的是现在，目标应该是未来。经营者制定的战略虽然以企业当前的外部环境和内部条件为出发点，对企业当前的生产经营活动有指导、限制作用，但是，这一切也都是为了更长远的发展，是长远发展的起步。

着眼未来，认清形势，跟投机行为不能混为一谈，两者虽然都是打未来的仗，但出发点的基础不同，投机是看现在定未来，有一定的成功机会，但却有赌博的风险。未来战略权变是以未来定未来，是一种在周密论证基础上的志在必得的谋略。

美国霍夫曼—拉罗契制药公司多年来一直保持其世界上最大、利润最高的地位。它起初是家很小、非常简陋的企业，20世纪20年代中期以前，只是个生产少量染料的小药品厂，苦苦挣扎，惨淡经营，与德国的染料大公司相比，或与瑞士三家庞大的化学公司相比，真是小巫见大巫，黯然失色。后来，当医学界还未认可"维生素"这种新药的时候，该公司对这一发现投入巨款，购得这项当时无人注意的制造这种新药的专利，并从苏黎世大学聘请了维生素发明人，支付其相当于大学教授们所希望得到的几倍工资，这在当时即使是在工业界，以前也从未支付过如此高的工资。它投入所有资金以及所能借到的所有资金用于这种药物的生产和销售。60年后——也就是维生素的专利权已经过期很久以后，该公司已经占据着几乎半

个世界的维生素市场，一年总销售额达到几十亿美元。20世纪30年代，霍夫曼—拉罗契公司第二次使用了这一战略：它开始生产磺胺药物，尽管这种药物在当时被大部分科学家断定不能有效地抗感染。20年后，该公司进入一个新的领域，生产使神经松弛的镇静药物——利眠宁和安定。当时这两种药品被视为是异端邪说，违背了"所有科学家的知识"。

美国杜邦公司在研制尼龙时也如法炮制。

在20世纪20年代中期，杜邦公司已经是美国化学工业的领先者了（尽管大部分产品仍然限制在炸药业）。杜邦公司雇用了一个名叫华莱士·H.卡洛斯的化学家，并为他提供了资金和设备用以从事合成化学制品的研究——当时这种化学物质大部分并未被化学家高度重视，甚至被抛在一边。经过12年的研究，卡洛斯仍一无所获。但当他终于拿出了第一根真正的合成纤维——尼龙时，杜邦公司立即投入巨资。它建造了庞大的厂房，作了大量的广告（杜邦以前从未作过消费品广告），并创立了我们现在叫作"塑胶"的行业。

长远战略是以企业的未来为对象，根据企业未来发展的需要而制定的。它所规定的是企业的总体行动，它所追求的是企业的长远效果，经营者对未来的把握是成败的关键，权变者总能理智地分析未来做出决定。

2. 善用方法，科学地进行战略分析

战略分析的方法，是根据企业内各项业务的优势、相应的产业特征及发展阶段，分析企业目前业务组合状况，然后用一定的评价标准制定出发展前景和目标，得出相应的战略态势选择。

(1) 波士顿矩阵分析法

波士顿矩阵是由美国波士顿咨询公司发明的一种被广泛运用的业务组合分析方法。

根据波士顿矩阵，一个企业的相对竞争地位（市场份额）和业务增长率是决定一个企业的整个业务组合内某一特定业务单位应当采取的战略的两个基本参数。相对竞争地位（市场份额）决定一项业务产生现金流量的

速度，因为与竞争对手相比，占有相对较高市场份额的企业一般拥有较高利润幅度并因而提供较高现金流量。另一方面，业务增长率对一个企业的战略选择具有双重影响。

首先，业务增长率影响获得市场份额的难易程度。在一个增长缓慢的业务领域，一个企业市场份额的增加通常来自于它的竞争对手的市场份额的下降。

其次，业务增长率决定了一个企业进行投资的机会水平。增长着的业务领域为一个企业把现金回投于该领域并获得较好的利润回报提供了机会。当然，这一机会同时也给企业带来一些问题，因为某项业务领域增长越快，为支撑这一增长所需要的现金流量就越多。

企业的业务增长率可由市场发展率描绘，它一般可以用一段时期内某一特定行业的市场中某种产品的目标销售增长率表示，也可以用最近两年内市场销售额或销售量的增长率表示。相对竞争地位则可以用企业某项业务的市场占有率表示，也可以用某项业务的市场份额与其在市场上主要竞争对手的市场份额之比得出。每一种业务量的大小反映了企业利润总额中由该项业务单位所提供的比例，从中可以看出企业各业务单位对创造企业利润的重要性。

波士顿矩阵根据业务增长率和竞争地位将企业的各业务单位分为四类。

①明星类。这种类型的业务单位具有高增长率和高市场份额。由于高增长率和高市场份额，"明星"运用和创造的现金数量都很巨大，它一般为企业提供最好的利润增长和投资机会。**因此，对"明星"的最好的战略是进行必需的投资以保持其竞争地位。**

②奶牛类。该业务单位具有低业务增长率和高市场份额，使其创造的现金量高于自身对现金的需求量。因此，它能为其他各类业务（主要是明星业务和问号业务）的发展提供所需的财力资源。企业对实力不同的奶牛业务应采取不同的战略：对市场进入衰退期的奶牛业务，企业可以在尽量短的时间里多获取收益，最终退出该项业务；对于刚进入市场成熟期的业务，企业可以采取在较长时间内维持现有市场地位的策略，以利用其提供的资源发展其他的业务部分。

③狗类。即低市场份额和低业务增长率的部门。一般来说，该业务部门为维持现有竞争地位所需要的现金量往往超出它所创造的现金量，因此狗类通常是放弃或清算的对象。在少数情况下，狗类业务经过努力能发展成奶牛类业务，成为可靠的资源供给者，而非通过撤退来提供资源。

④问号类。这类业务部门具有低市场份额和高业务增长率。由于其增长，它们的现金需求量较高，而由于其市场份额所限，它们的现金产生量又较低。因此，**对部分经过选择的问号业务可以进行必要的投资以获取增长的市场份额，并促使其成为一颗"明星"**。对其他的问号型业务企业就有必要退出这些产业，重新分配资源，以形成更有效的业务组合。

波士顿矩阵是分析企业战略的有效方法，但它也有不足之处，主要体现在：市场份额和市场增长率的理解和获得难有统一的看法和精确的数据；仅以市场增长率和相对竞争地位来衡量业务环境也相对过于简单；没有考虑市场差别化等其他的竞争手段对业务单位运作的影响等。

为此，许多企业对波士顿矩阵作了改进，如 GE、壳牌石油等公司都做过改进的业务矩阵分析，将业务单位分类的指标更加丰富化和多样化，但其思考方法还是与波士顿矩阵相类似。

（2）战略群模型

战略群模型是对波士顿矩阵加以修正后得出的又一种企业战略态势选择方法，与波士顿矩阵类似，战略群模型也将业务单位划分成四种类型，即竞争地位和市场发展相互组合成的四个象限。

第一类业务与明星类业务类似。首先选择的战略应当是集中发展目前的产品和业务，因为企业目前的战略实施情况是令人满意的。但是，如果企业拥有超过集中性增长战略所需的资源量时，就可以考虑纵向一体化战略，因为这有助于更好地接近用户和供应商，从而保护企业的利润和市场份额。当然，企业也可尝试采用多样化的战略，但这对资源的要求要大得多。

第二类业务与问号类业务类似。这种业务要求战略经营者进行仔细分析，找出在迅速发展的市场上竞争地位较弱的原因并确定是否有能力实现过去定的战略目标。如果认定企业还具备尚未充分体现的潜在竞争优势和实力，经过努力能实现既定的业务单位战略目标的话，企业仍旧可以集中生产现有的产品和业务，或者用横向一体化战略来扩充企业的竞争实力。相反，**若分析的结果是在战略规划期内企业无法获得更多的竞争优势和实现既定的战略目标，那么企业可以考虑放弃和清算战略。**

第三类业务对应于波士顿矩阵中的狗类业务。对于这类业务，如果企业经营者经过分析确认这种缓慢的市场发展和相对弱的竞争地位将继续下去，那么就应当实施紧缩型的抽资转向战略，或者干脆采用放弃和清算战略，以尽可能地收回被其占用的资源。但如果这类业务的转向和清算战略较困难的话（例如受沉没成本和资产专用性影响），企业也可考虑进行一定的多样化经营，力图从相关和不相关的业务领域中获取发展机遇。

第四类业务相当于奶牛业务。这些业务一般具有现金流入大，内部发展对资源的需求少的特点。所以，对它们既可以采取各种多元化战略，也可以采取联合投资的做法，以实现进入更有发展前途的业务领域的目标。

3. 不断地调整脚步，进行战略控制

战略计划像其他日常管理计划一样，只有借助于有效的控制系统才能保证战略计划在正确的轨道上运行。战略体系不是一种事后的附加物，制定战略更不是毕其功于一役，在战略的执行实践中要依靠控制系统及时做相应的调整。有效的战略通常应该包含三个要素：要达到的最重要的目标（或目的）；具有指导或限制行动的最重要的政策；在规定范围内完成既定目标的重要行动顺序（或计划）。因此**战略所确定的是企业的总方向和行动焦点。**这一过程通常包括如下要点：

- 分析自己的内部情况：优劣势、能力、存在的问题；
- 规划现有的产品系列和今后的利润、销售量、资金需求等；
- 分析所选择的外部环境和竞争对手的行动，以便确定良机和威胁；
- 确定的战略目标为下属部门制定子战略时的指标；
- 摸清可望产生的结果与希望产生的结果之间的差距；
- 向下级传达有关战略的假设、目标和政策；
- 要求下级提出子战略，其中应包含具备更明确指标的目标，资源需求和辅助行动方案；
- 要求对备选方案、应急计划和较长期的机会做专门研究；

- 审查和批准各部门的子战略，并将这些子战略综合起来以应公司需要；
- 制定大概与战略有关的长期预算；
- 安排战略的执行；
- 对照战略进行预算检查和评审行动效果分析。

这个过程显示了在任何一级管理部门中这些步骤是如何相互联系的。而其中每一阶段都是一个持续反复过程。但如果以为严格地遵循这些步骤就能制定出周密细致的企业战略来就大错而特错了。企业战略不仅要处理不确定因素，还要处理和对付不可知因素。在制定大的企业战略时，没有哪一位分析家能精确地预测出所有有关的因素将如何相互作用，将如何受环境或人们感情的影响，或受聪明的对手的想象力和有意识的对抗活动的影响。因此，任何战略都只有相对的适应性。

在制定和实施企业战略时，可能犯的最严重的错误之一就是过早地冻结战略。战略管理的整个过程都要随着新发明、技术创新和变化的出现而调整。企业都希望能采用现有的最先进的技术，并满足顾客的最新要求，因此必须使这个过程能尽快地从市场和技术领域收集反馈，做出决策。假如过早地确定项目评审技术图表或其他详细的图样设计，就意味着在研制过程中不会有新知识发现，不会有发明创造，也不会有任何新的设计思想值得考虑了。

成功的企业把一系列为期数年的战略形成过程与决策联系在一起，并使它们统一起来。起初经理们实际无法预见到所有对公司的未来起作用的事件和力量，他们所能做的是预计可能对公司有重大影响的因素，以及它们可能影响的范围。然后他们往往试图建立一种资源基础以及一种公司姿态。这种资源基础和公司姿态在选中的领域里是如此强劲有力，以致可以使企业在除特大的灾难性事件以外的任何情况下都能生存和发展。

成功的战略家们经常不断地对未来做出重新估计，随着事态的发展去寻求新的协调，并随着各种因素相互交叉而令人想到一种更好但永远不可能是尽善尽美的组合时，将企业的技能与资源结合在一起，形成一种支配资源和规避风险之间的新的平衡。这个过程是不断运动的，它没有真正的开始，也没有真正的结束。这就是企业战略的动态控制。

（1）避免型控制

避免型控制即是采用适当的手段，使不适当的行为没有产生的机会，从而达到不需要进行控制的目的。如通过自动化使工作的稳定性得以保持，按照企业的预期目标正确地工作；通过与外部组织共担风险减少控制；或者转移或放弃某项战略活动，以此来消除有关的控制活动。

（2）开关型控制

开关型战略控制又称为事中控制或行与不行的控制。其原理是：在战略实施控制过程中，按照既定的标准检查战略行动，确定行与不行，类似于开关的通与止。开关型控制方法的具体操作有多种形式：

①直接领导。经营者对战略活动进行直接指挥和指导，发现差错及时纠正，使其行为符合既定标准。

②自我调节。执行者通过非正式、平等的沟通，按照既定标准自行调节自己的行为，以便和协作者配合默契。

③共同愿景。组织成员对目标、战略宗旨认识一致，在战略行动中表现出一定的方向性、使命感，从而达到殊途同归、和谐一致、实现目标。

开关型控制方法一般适用于实施过程标准化的战略实施控制，或某些过程标准化的战略项目的实施控制。

（3）事前控制

事前控制又称为前馈控制、跟踪控制。其原理是：在战略实施中，对战略行动的结果趋势进行预测，并将预测值与既定的标准进行比较和评价，发现可能出现的偏差，从而提前采取纠偏措施，使战略推进始终不偏离正确的轨道，保证企业战略目标的实现。

事前控制是在战略行动成果尚未实现之前，通过预测发现战略行动的结果可能会偏离既定目标。

（4）事后控制

事后控制又称为后馈控制。其原理是：在战略推进和转移过程中对行动的结果与期望的标准进行衡量，然后根据偏差大小及其发生的原因，对行动过程采取校正措施，以使最终结果能符合既定的标准。事后控制方法在战略控制推进中控制监测的是结果,纠正的是资源分配和人的战略行动。根据行动的结果,总结经验教训来指导未来的行动,将战略推进保持在正确的轨道上。**但是,事后控制往往由于纠偏不及时,会给战略带来一定的损失。**其运用大都局限在企业经营环境比较稳定的条件下的战略实施控制。

事后控制方法的具体操作主要有联系行为和目标导向等形式。

①联系行为。即对员工的战略行动的评价与控制直接同他们的工作行为联系挂钩。他们比较容易接受,并能明确战略行动的努力方向,使个人行为导向和企业经营战略导向接轨。同时,通过行动评价的反馈信息修正战略实施行动,使之更加符合战略的要求;通过行动评价,实行合理的分配,从而强化员工的战略意识。

②目标导向。即让员工参与战略行动目标的制定和工作业绩的评价,既可看到个人行为对实现企业战略目标的作用和意义,又可从工作业绩的评价中看到成绩与不足,从中得到肯定和鼓励,为战略推进增添动力。

第三章
组织权变：避开无效的陷阱

  现代组织的落伍不仅仅是从内部发生的，而且来自外部的冲击。当外部环境已时随境迁时，企业管理者没有及时解决组织的内部问题，落伍将不言而喻。

  失败的组织会将它们的侵略欲望转向内部，并导致最终的自我毁灭；而成功的组织又常会失去战斗的欲望，在一个高度竞争的世界里，消极抵抗是没有前途的。因此，如果失败者熔为灰烬而胜利者僵为冷冰，那么最终的赢家又会是谁呢？我们在组织权变管理过程中必须警惕这些陷阱。

一、建立新型组织，众人划桨开大船

1. 企业将成为以信息为基础的新型组织

未来的典型企业是以知识为基础的，是一个依据大量来自不同方面的反馈信息进行自主决策自我管理的各类专家构成的组织。这种新型组织可以称其为以信息为基础的组织。

据管理专家预测，20年后的典型大企业将只具有不到今天一半的管理层级和仅1/3的管理人员。在结构上，管理的对象和范围将和今天仍被我们的教科书引为典范的大制造业公司没有丝毫的相似之处，而更可能接近于那些被现在的经理和管理学家所忽视的组织：医院、大学、交响乐团。

企业，尤其是大型企业，将无可选择地以信息为基础。导致这种变化的一个原因是人口统计学意义上的：雇员队伍的重心从体力劳工和文牍人员迅速转移到与那种"命令－支配"模式相对立的知识型员工。导致这种变化的还有经济学方面的原因，尤其是对大型企业的改造甚至重新创业。

当一个企业把数据处理能力和注意力放在对信息的利用上时，受到影响的第二个方面是它的组织结构。它几乎立刻就会清楚地认识到，自己的管理层级和经营者人数都是可以大大减少的。原因很明显：所有经营者既不决策也不领导。他们的作用就是当"传递员"——在传统的前信息组织的交流中，做那些微弱的、不定向信号的"放大器"。

提出这一发现的是美国最大的国防承包公司之一，那时它正在考虑其高层合作与执行经理都需要什么信息来完成自己的工作。这些信息从何而来？信息是什么形式的？它们如何传递？对答案的寻求很快就显示出，所有管理层级之所以存在，是因为上面那些问题以前根本没有被考虑过。这个公司曾有很丰富的数据资料，但它总是把这些烦琐的数据用于控制而不是信息。

信息是有目的性的相互关联的数据。所以，把数据转化为信息需要知识。而知识就其定义而言，总是专业化的（实际上，不管在哪个领域，真正有学识的人总是倾向于过分专业化，因为总是有更多的知识要去学习和了解)。

比起我们所习惯的"命令－支配"式企业，一个以信息为基础的企业需要多得多的专业人才。而且，这些专业人才不是从公司的指挥部里而是在执行业务中被发现的。实际上，管理操作部门往往会变成一个拥有各种类型专业人才的组织。

以信息为基础的组织需要法律顾问、公关、劳动关系等等诸如此类的核心业务工作。但是对服务人员也就是那些没有顾问、建议、协调业务职责的人的需要会急剧减少。在核心管理层中，以信息为基础的企业只需要很少或者根本不需要专业人才。

由于拥有更加"平坦"、等级更少的结构，以信息为基础的大型组织会更像一个世纪前的企业，而不是今天的现代企业。不过那时候，所有的知识都掌握在高级人员的手里，其他人则是帮手和劳力，按照指令做大致相同的工作。而在以信息为基础的组织里，知识却是集中在最底层，他们做着不同的工作，并自我指导。因此，在今天的典型组织里，知识往往集中在介于顶层管理和操作员工之间的服务员工当中，这实际上标志着那种努力从上层灌输知识而不是从下面获取信息的阶段。

在以信息为基础的组织中，许多工作都将以不同的方式完成。传统的部门以后会变成标准规则的维护者，成为专业人员培训和分配任务的中心，这些部门将不再处于完成业务的第一线，特别是在那些担负核心任务的团队更是如此。

这种变化已经发生在原来所有部门里界定最清楚的机构——研究机构中。在制药、远程通信和造纸业中，传统的研究、开发、制造和市场销售的顺序正在逐渐变得同步：从开始的研究到最后产品在市场中立足，来自这些不同职能部门的专业人员都在一个团体里共同工作。

以信息为基础的组织都需要明确、简单和共同的目标以指导个别的行动。而且，正如上面那些例子所显示的，以信息为基础的组织也需要着力于一个或至多几个目标。

由于以信息为基础的组织里的"乐手"们都是专家，你不必告诉他们如何去做他们自己的工作。大概没有几个交响乐团的指挥能从圆号里吹出一支曲子，更不用说给圆号手做示范了。但指挥却可以把圆号手的技巧和知识融进乐队的集体合奏，而这样的融合是一个以信息为基础的企业的领导所必须完成的。

然而，除了即席演奏以外，企业并没有一成不变的"乐谱"可奏，而实际上无论是一个一流乐团还是一个蹩脚的乐队在演奏时都会对作曲家的原作有所改动。一个企业在运行中也同样会不断做出新的不同的乐谱，根据它们来评定自己的行为。所以，一个以信息为基础的企业的组织结构必须围绕着一个对企业管理有明确规定，对企业各部门甚至个人都有明确规定的目标进行组织，它还必须根据比较预期目标和实际效果的系统反馈进行组织，这样每个人就都可以实行自我管理了。

2. 团队建立一个分工合作、互相配合的团队

尽管有大量书籍介绍团队和团队工作，但团队工作的基本动力始终是个谜团，让人费解。什么是团队？团队仅仅是对一群人称呼的新词吗？团队与项目组的区别是什么？团队是不是就是一群拥有不同技能的人为同一目标而工作？

其实，团队应这样理解：**当一群人有着共同的目标，而且他们都意识到自己个人的成功依赖于其他人的成功时，团队就出现了**。他们全都相互依靠。事实上，这说明在大多数的团队里，每个人都贡献出各自不同的技能。同时这也表明在团队中个人行为的全部张力和相互平衡作用需要充分显示出来。

团队成员的各种行为必须配合起来才能实现其目标。优秀的领导者总是把成功的原因归于团队的努力而不是个别成员的才能，只有团队一齐奋斗，才能体现其群体价值。团队工作的迅速发展是不容置疑的。通过对500名人事经理进行的调查表明，组织中40%的工作由自我管理的团队进行。调查中团队的平均人数为8人，使用团队的主要原因是改善客户服务，提高员工的积极性，增加产出。

仅仅将个人技能汇集起来显然不够。团队成员中各种各样的行为必须配合起来实现目标。要使人们在团队进行有效工作，企业管理者应当使团队中的每一个人的行为都按照某种方式进行。需要有人集中做手头的工作，成为实干者；需要有提供专门知识的人和出现问题时解决问题的人；

需要有人确保一切进展顺利，团队中每个人都在全力工作；还需要有人确保团队像一个凝聚的分子在运动。

总之，要使团队成为一个分工合作、互动配合的组织，大家必须齐心划桨来开动企业的大船，让企业运转得好、快、稳。经营者就像船长，他要调动每个"水手"的技能、潜力在竞争中取胜。优秀的经营者总是把成功的原因归于大家的努力而不是个人的才能。美国舒克公司的经理说："每当我们满怀喜悦地告诉同仁们，我们公司的经营水平又上新台阶，销售额又创新纪录的时候，我们总是告诉大家，舒克公司的成就归功于大家。"让大家明白群体价值的重要原因，就是要大家理解，**只要团队一起奋斗，每一个成员就会在组织成功的奋斗过程中，证明自己同样也是成功者**。

二、实行柔性管理，调动人的积极性

管理是一种集各种科学于一体的软科学，多变的环境和多样的对象，要求现代管理者应当采取灵活多样的管理手段以建立富有弹性、机动柔软的组织系统。柔性管理是一种创新的管理艺术和现代的管理方法。

1. 以人为核心的柔性管理

近年来，管理思想开始强调管理哲学、企业文化，批判"唯理主义倾向"，提出了"恢复常理"的响亮口号，柔性管理在管理的各个方面体现出来，概括起来有以对人的管理为核心，强调人际关系，重视感情投资，致力于人力开发，充分调动员工的积极性创造性；采取灵活多样的管理手段，建立富有弹性、机动柔软的组织系统，以适应复杂多变的外界环境；不断将高技术运用到企业管理之中，追求在一种动态和谐中灵敏地实现企业全方位优质的管理目标。**它既是一种管理体系，又是一种管理哲学。**

柔性管理的思想首先起源于美国。管理思想变革的导火线有两条，一是跨国公司管理中的经验教训，二是日本生产率的挑战。美国一贯以管理王国自诩，以自己的管理理论和经验为满足，很少注意学习外国的管理经验。上述两件事引起了美国国际经营者和学者的思考，并开始注意研究国外经验。

跨国公司在管理中遇到的问题引起人们注意。跨国公司子公司的总经理和几个高层经营者由母公司派出，大部分员工则是所在国公民。子公司里有母公司派出的高层领导人，他们总是习惯于本国的管理经验和方法，结果很多行不通。研究表明，因为母公司同子公司所在国的民族文化不同，其中政治制度、经济水平、社会习惯、价值观念、智力水平都有很大差别，同一管理方法在不同国度里效果是不一样的。从中可以看出，文化因素，尤其是交叉文化对管理的影响，事实证明美国的管理并不具备"至高无上"的普遍适用性。

日本企业的快速发展，对美国企业是一个巨大的挑战，在不少领域美国人打了败仗，这在美国引起了强烈的震动。为了寻求其中的奥秘，"向日本学习"成了美国实业界的一个新口号。研究发现，日美管理的根本差异不在于一些表面的做法，而在于对各个管理因素的认识、应用不同。美国管理过分强调技术、设备、方法、规章、组织机构、财务分析等"硬"因素，而日本比较重视目标、宗旨、信念、人和价值准则等"软"因素。**这种把"软"因素放在首要地位的"管理哲学"，反映当今世界管理的软化或管理的柔性。**

管理软化的第一个表现是，批判唯理性主义，主张恢复常理。继泰罗的科学管理之后，人们对管理的研究更加严密。组织分工、规章制度、数学方法、电子计算机应用等"科学的"管理方法蓬勃发展。这些理性主义方法有其科学性，在管理实践中也是需要的。但人们渐渐地迷信于它，仿佛这就是管理的核心，是企业成败的关键。而那些被看成常理的东西则认为太简单，进不了"科学"的殿堂。非理性主义认为，企业必须变革，方向是"回到基点"，即回到那些简单明了、浅显平常的道理上去。非理性主义的代表人物汤姆·彼得斯认为，管理的实质是激发人的积极性。他主张人的因素第一，管理要面向人，以人为核心。**管理人员的首要任务是提出目标、准则，去引导、说服、鼓励职工，不要热衷于制度、结构、模式。**

管理软化的第二个表现是强调变化及对变化的适应性。以往的管理都在强调其完美主义，对已经形成的组织架构、规章制度、内部分工以及生产线，都在不断地进行小修小改，目的在于填补漏洞，使其完美无缺。而新现实是：各种产品和服务的定义都在变，外部经营环境在变，内部员工素质、能力和价值观也在变。nanosecond 的意思是十亿分之一秒，彼得斯拿它来描写 20 世纪 90 年代的特质。所以现代企业要具有能对付速变、瞬变、多变的外在环境的能力，企业管理也不能墨守成规，不求进取，而应灵活，富有弹性，仅做到这些小修小改不行，而是要对企业及管理进行彻底改造。于是在 20 世纪 90 年代盛行企业再造、解放管理和学习型组织，许多跨国公司加入了改造作业流程、改造金字塔组织结构、改造僵硬管理的行列。

2. 柔性管理的具体形式

具体来说，柔性管理主要有以下具体形式。

（1）建立学习型组织

跨国公司越来越走向建立不断创新、进步的学习型组织。这种组织能够使其成员不断地突破自己的能力上限，创造向往的结果，培养全新、开阔的思考方式，全力实现共同的抱负。

学习是企业生命的泉源。当世界更息息相关、复杂多变时，学习能力也更要增强，才能适应变局。企业不能再只靠某个伟大的领导者一夫当关、运筹帷幄和指挥全局，外部世界改变的速度太快，不可能等待由上而下的缓慢的官僚主义程序。在工商业活动日益复杂而瞬息万变的年代，工作必须更富学习性，仅由一人代替组织学习的时代已过去，**真正出色的企业将是能够设法使各阶层员工全心投入，并有能力不断学习的组织**。

（2）倡导企业精神

经营者已经认识到，随着全球化的发展，企业遍布各国，为了体现企业的总体目标和利益，需要有效的控制和管理，而这种控制和管理受到地理空间和不同文化差异的挑战。所以，企业需要一种既能调动全球员工的积极因素，鼓舞员工士气，又能作为企业上下一致恪守的行为准则等精神因素，来代替过于严格的控制或无控制。所以，**现代企业都十分重视建立自己的企业精神或企业文化**。

例如：全球最大的证券公司——日本野村证券公司的企业精神是"连接世界和日本野村"，日本丰田汽车公司的企业精神是"优良的思考、优美的产品"，日立公司的企业精神是"日立魂：诚、和、开拓精神"，IBM的企业精神是"以人为核心，并向用户提供最优质服务"，麦当劳公司的企业精神是"质量、服务、清洁、价值"。这些企业的实践表明：企业精神的重要性，远远超过了技术、资源与组织的作用，它主导着企业经营活动的全过程，使全球各子公司和全体职工团结一致，风雨同舟，自觉地为企业尽力。

(3) 感情投资

许多企业在确立人是企业最重要的资源后，为了发挥这类资源的作用，大量进行感情投资。具体做法有：

一是尊重人、信任人。IBM认为只有尊重人、信任人，帮助员工树立自尊和自信，才能使他们尽心尽力地为公司服务。他们具体做法是授予员工必要的权力，上下级保持平等、密切的关系，不论职务高低，着统一的公司服装。美国惠普公司经理办公室的门总是敞开的，欢迎职工与高层管理人员交谈。从上到下直呼其名，无尊卑之分。

二是提供与本职工作有关的培训。在职培训一方面可以使员工的知识水平和技术水平跟随发展不断提高，另一方面也收到感情投资的效果。IBM十分重视职工培训，每个职工每年脱产学习不得少于三周，教育经费的增长要高于公司收入的增长率，公司还为职工准备了各种必读刊物，直接送到员工家中。松下公司每年培训职工达十几万人次，还自办了松下电气工学院。

三是重视忠诚教育。美国波音公司的新职工在上岗之前，先参观公司史展览，然后放映有关公司在二战中的贡献和今日在航空、航天事业上成就的电影，使每个职工认识到自己在世界上最好的公司中工作。波音公司认为，这种自豪感能创造人间奇迹。

三、进行动态调整，组织跟着战略走

从企业发展的动态角度上来看，企业处于不同发展时期时，必将会采用不同的组织结构。企业结构也一定是随企业的发展过程不断地进行推演、创新,从而在不断调整中寻求到最佳状态。

1. 组织结构必须适应战略要求及时调整

一般来看,从相对稳定时期的企业结构来划分,组织结构包括职能专业化、区域组织、事业部制、战略经营单位、矩阵结构和横向型结构六大类。然而,这仅是从静态区分而得出的。企业组织结构不能仅局限于其静态时的几种形态,还要从企业的发展动态过程中来理解其演变过程,即在不同的时期表现出来的形态。只有这样,才不会被一时的表面现象所迷惑,而能使我们在复杂的过程中更准确地把握企业组织结构的动态变迁。**充分考虑到企业员工的行为特点,适用于指导和调动企业整个组织,这是组织结构适应战略的最本质内容**。这种组织结构适应有以下三个标准:一是产生共同愿景;二是反映企业组织的前进趋势;三是具备催人奋进的精神张力。

第一,"产生共同愿景"这种组织结构的适应,是指其在战略上充分有效地使企业全体员工的认知和努力方向一体化,具有为企业全体员工提供共同理想的聚集作用。对于作为企业长期运营共同的指针或者理想蓝图的战略来说,这是最有重要意义的组织结构适应。

不可否认,企业的最终活动是诸多的具体个人活动的动态总和。对于这些个人活动是统一起来还是分散开来,这是组织结构适应战略发展所要解决的问题。**毫无疑问,统一单体活动关系到企业取得业绩的大小**。在促进人们行动一体化方面,经营者可采用的方法、手段有许多种,其中组织结构设计的手段便是其一。

第二,使企业全体员工有共同愿景,只统一前进方向还不够,必须使人们自觉地接受这一体化的方向,并以高涨的士气和坚定的信心,向着既定的企业战略目标齐心协力,使企业运作处于最佳状态,这就使组织结构能反映整个企业组织的前进趋势。否则,虽有共同愿景,但趋势错误,可想而知其结果也必将对战略结局无济于事。

企业有了这种前进趋势,可以充分鼓起员工的干劲,使企业内在力量倍增,反之,没了前进趋势,企业的内在潜力将不能用之于"刀刃"上,这是人的集体所特有的特性。反映出企业组织的前进趋势,并且能加以利用和保持,体现了战略的指向,也是企业组织结构适应战略的第二个标准。有了这种前进趋势的一体方向,企业就可以在竞争中处于优势地位,使竞争对手望而却步,并迫使其反击对抗的势头越来越弱,从而在竞争中获胜。

第三,组织结构要适应战略发展的第三个标准,即设计好的组织结构能在全体员工中产生一种积极进取的动力并保持一种紧张感的精神张力。企业的组织结构实现了"共同愿景"和"反映组织的前进趋势"之后,如果缺乏那种催人奋进并保持适度紧张的精神张力,则组织迟早会松懈,并逐渐习惯成自然,养成惰性。为了防止出现这种情况,防患于未然,有必要给员工注入一定的紧张剂——精神张力,使其不断上进,努力拼搏。如果做不到这一点,那么,企业的一体化方向和前进趋势终因懈怠而付之东流。

当然这种精神张力不是说越多越好,越大越能起作用。但组织结构的适度刺激使员工产生一种压力紧张感对实现企业总体战略非常重要。这种战略手段所产生并保持的精神张力,对企业必将产生巨大的推动作用,而且它也必将在企业的"共同愿景"和"前进趋势"中得以反映。从这个意义上讲,那种精神张力是实现第一、第二个标准之后,向企业的组织结构设计提出了更高的要求。

综观企业组织结构适应战略要求的三个标准,可以清晰地看到,它们是顺序累积地实现其有效机能的。首先是结构能产生企业的共同愿景,然后再凝聚这些共同愿景,使其反映到企业发展的正确趋势上来,为了保持持久的动力,同时还必须使企业全体员工能产生一种压力紧张感,有了这种精神张力的存在,就可以使企业在实施战略过程中永葆活力,不断进取。三者相互作用,也构成了企业组织结构适应战略的动态标准体系。三者也缺一不可。如果没有"共同愿景",则体现不出企业的前进趋势,精神张力也无从谈起;如果没有反映企业的前进趋势标准,则"共同愿景"很有可能产生误导作用,精神张力也有可能产生副作用;同样,不能保持企业成员的精神张力,企业的"共同愿景"和前进趋势则在实施过程中可能会功亏一篑。

2. 选择好关键人物，进行组织机构的调整

企业组织结构调整的成败，在很大程度上取决于关键岗位上的关键人物的选择。因此，选择合适的关键人物是进行企业组织机构调整的重要内容之一。在选择关键人物的过程中，应特别注意以下几个方面。

（1）关键人物的能力应与战略要求相适应

企业战略实施过程中的关键人物是指战略项目经理人员的集合，包括主管经理和经理班子中的人员。战略项目经理人员的选择应适应特定的战略要求，需要具有与该公司战略更匹配的资质，能在特定战略领域中对一些关键因素做出独立判断和有效把握，在战略实施中发挥中坚骨干的作用，以及具备强烈的责任感和事业心；既要有专业水平，又能形成相应的管理风格，并能不断创新。同时，应从对这些关键人物整体水平的提高和相互补充出发，对他们进行合理的搭配。

（2）利用现任经营者贯彻新战略

企业实施一项新战略的关键人物，往往是由现任经营者来贯彻落实的。而做出选择现任经营者来贯彻新战略的依据有以下几点：

其一，现任人员对许多关键因素已了解，对企业战略、经营方式已熟悉，所需培训时间短。

其二，现任经营者的个人资质优越，并在员工中有较高威信。

其三，现任经营者能综合协调各方利益，增强战略实施的向心力。这里要注意的问题是，现任经营者由于工作的连续性，有时会对机会与威胁反应迟钝。

（3）通过引进人才来实施企业新战略

"筑巢引凤"不失为一种很好的方案，因为它有以下几个优点：

其一，选择对新战略已有信心的外来人才，可克服现任经营者的惰性。

其二，容易激动人心，焕发活力，"新官上任三把火"可能会烧出一片新天地。但同时也需注意两个问题：一是受聘者来自外部，需花费较多时间

来建立信誉与威望,这样有可能贻误战机;二是"临阵易将"产生的权力转移,有可能会弄巧成拙,造成一定的混乱局面,难于形成稳定的内部环境。

(4) 对关键人物实施激励

即使是非常尽责且下决心实现企业战略目标的经理也同样需要激励。在激烈竞争的市场环境下,这些关键人物只有在正确的激励下才能顺利完成战略任务。但是,正确地激励并产生效果并非易事。因为战略是长期的,其结果不会立竿见影;战略本身具有风险性,可能会中途而辍;另外,为达成目的所采取的行动也会不同。这样,战略成果与个人实绩很难联系起来,从而使激励变得很困难。这时,可采取以下办法来实施激励:

其一,将为战略目标取得的进展同已取得的成果区别衡量。

其二,设置股权的奖励办法,以鼓励关键人物。

其三,针对已取得的成果进行及时、适度的激励。

3. 进行动态变迁,组织结构贵在创新

经营环境的变化,要求组织结构必须随之调整变动。组织创新是企业动态变迁中一个持续不断的管理任务。在创新中,企业组织结构简单明晰,工作效率持续高效。保持组织的长久活力,贵在创新。一般来讲,一个企业总会有一个产生、发展、壮大、衰退、终结的生命周期过程,即企业要经历一个不同发展阶段的战略时期。在整个战略过程中,企业规模由小变大,再由大变小(指走下坡路时),此时就对企业组织结构提出了动态变迁的要求。**在企业不同的战略阶段,必须有不同的组织结构与之相适应,随着企业战略的推进,企业组织结构也在不断地进行动态变迁。**企业主要有下面五种组织形式:

(1) 追求数量倍增战略的组织结构

在工业发展初期阶段,由于生产力水平较低,产品供不应求,产品与市场高度集中。这时,企业把生产作为经营重点,企业战略的重心是放在提高效率、降低成本和规模经济上面。企业只要能生产出合格产品,销路是不成问题的。与之相适应,企业将设立职能组织结构的形式。在组织中,有专门的职能机构为企业的组织决策做出参考意见。同时,企业高层

领导者直接领导下属各个生产部门。

(2) 一体化战略的组织结构

随着生产规模的扩大，产品的生产和销售由近及远逐步扩散开来，由一个地区发展壮大到几个地区。同时，生产相同的产品与仿制品愈来愈多，企业之间的竞争也日益加剧。企业此时为了获取竞争优势，实现了前向、后向等一体化战略，以求控制部分原材料和分销渠道，增强其竞争实力。与这个战略阶段相适应，企业一方面在不同的地区复制其已有的组织结构，形成地区组织结构，各地的业务由公司总部集中管理；另一方面，企业建立了统管产、供、销的一体化组织结构，对企业经营活动进行统筹安排和指挥协调，这也使原来的职能型组织结构变得较为复杂，形成了部门内复杂的组织结构或有一定自主权的部门。

(3) 多角化经营战略的组织结构

随着市场竞争的白热化，企业为了分散投资、经营风险，提高企业经营的安全系数和赢利能力，同时为了获取广度经济与合成效益，大多采取多角化经营战略。这时，企业提供多种产品和服务，产品间的相互关联程度较低，市场间相互联系的程度也较低，客观上需要减少协调工作量。为适应这种形势的需要，企业一般按产品、用户或地区等实行事业部制的组织结构。

(4) 项目化管理战略的组织结构

当企业发展到一定战略阶段，在企业内部产生了必要的双重领导，这时企业内部资源需相互借用，企业运营的不确定性、复杂性及相互依赖程度增强，需要更有效地处理信息和决策。如果要划分企业发展阶段，这一阶段可与多角化作并列处理。为了与此相适应，企业多采用矩阵式组织结构，它将职能型和事业部制的原理相结合，目的是加强各职能部门及规划部门的协作，将集权与分权结合起来。

(5) 紧缩、清算战略的组织结构

当企业经营环境发生巨变时，原来的有利条件会转瞬间成为不利因素。此时企业为了生存，不得不采取紧缩或清算战略。企业要裁减其组织机构，或成立清算中心来领导各项清算活动。因此，这时企业的组织结构会变得比原先更为简单，更为清晰。由于各企业的实际情况不同，具体战略也会有所差别。但总体的趋势是不变的。

四、自我更新，挖掘企业组织发展的潜力

企业组织是一个充满矛盾地运动着的人群集合体。解决矛盾和适应变化的权变管理措施之一，便是及时进行组织的自我更新。一个不会自我控制和自我更新的组织是没有任何生命力的。

1. 现代企业应当是善于自我更新的组织

在自我更新的组织里，自我控制是主要做法。这里强制因素很少，特别强调学习并制定尽量少的规则，并允许人们出错。人们承认犯错误，勇于纠正错误并从中吸取教训。在这种组织里，强调人们要勇于承担风险，具有创新意识，进行恰当的责任分工，制定合理的目标并经常进行修正。决策过程中特别注重直觉和创造性，纯分析方法则仅作参考。人们把权力视为一种一方得益引起另一方损失的游戏，因而越来越广泛地分享权力。对不确定因素，人们不是断然加以否定，而是勇敢地正视它。人与人之间的关系是开诚布公的，而且高度的信任感成为联结彼此情感的纽带。

自我更新组织允许矛盾存在，这使它们具有许多自相矛盾甚至相互独立的特征，而恰恰就是下面这些特性才使它们成功地承受方方面面的、突如其来的打击。

第一，张弛有度。为了增强人们的创造力和革新意识，变革型的企业经营者需要把权力交给组织内的全体人员，以便他们精神上荣辱与共，从而努力开创并持续上进。**张弛有度会促使人们开展广泛的研究并提出创新的观点，还可允许私人企业在一定程度上拥有自己的活动空间。**这种自主权必须与长期的金融支持紧密结合，并且要互相配合，以便创新活动迅速发展。这种情况恰好与推动许多组织运转的机制体系截然相反。通常，许多组织对开展的新项目，要求收到立竿见影之效，而且要经过层层批准。

在美国通用电气公司，一直采取成立内部董事会的办法，来处理张弛

有度这一难题,并由内部董事会总管大量业务工作。这样,内部董事会可通过提供自主权和对这把"双刃剑"进行控制来达到张弛有度的目的。

第二,技能专门化与职能通用化结合。创新要依靠各种专家,这些专家要学有所长。也就是说,不仅需要他们接受专业训练,同时,还需要他们机动灵活、思想开阔,并能够与其他专家们一道合作共事。他们必须集技术专家和企业领导者的聪明才智于一身。传统的组织体系能够造就出许多专才,但若要其培养出通才来则有些勉为其难。

第三,领导的连续性与非连续性。新型领导者对组织问题提出了新的见解,而传统式领导者却强调组织的稳固性和制度的持久性,这两者是相辅相成的。改革不能"毕其功于一役",它需要一群相对稳定而又高度负责的领导者的长期关注和努力,机械式组织却往往忽略这一点,它们并不考虑任命时所做的承诺,对各岗位管理人员"招之即来,挥之即去"。

第四,生产竞争。竞争是一把双刃剑。如果使用不得当,会激起人性中"恶"的一面,导致暴力和破坏;反之,它则会变成激励人们竞争的机制,而且是达到一致的机制。美国IBM公司兼具这两方面的机制。它的企业文化为一致性提供了精神支柱,而它的结构化竞争系统则为生产竞争提供了保证。

第五,扩张与限制性信息的搜集。组织需要扩展其搜集相关信息的手段,以增强它们解决问题的能力。同时,它们必须找到使决策者从复杂的信息中理出头绪的方法。结构分析法恰恰满足了这种需要。

第六,参与型理论。民主的组织是为长期生存而非为短期利益而设立的。在美国克莱斯勒公司困难重重时,艾柯卡将权力集中起来,以便能够迅速做出决策。短期内,这种方法行之有效,然而,克莱斯勒公司长期生存的能力则依赖全体人员的合作与参与。由此看来,**分权化是从长远的角度考虑,为公司的下一个十年发展做准备,而不是仅仅为下一年做准备。**

2. 精心组合,将各类模式融为一体

人们通常认为组织发展中只存在唯一正确的价值观念,经营大师则不同,他们可以同时接受几种相互矛盾的假设。他们可能有目的地选择一种方式解决具体的经营问题,但是绝对不会永远坚持任何一种模式。

经营人员处理信息的方式具有很强的倾向性，这与他们对杰出的经营者的认识和假设有关。一般人并不会留意这些潜在的价值观，但当谈论"杰出的经营人员"该怎么做时，人们往往表现出明显的情感和道德上的倾向性。遗憾的是，这种倾向性只是偶尔显露出来。保持一致性和逻辑性，坚信单一价值观并非完美无缺，从不同的价值角度看待同一问题，这些方法往往更为有效。事实上，经营者必须摆脱"他们最喜欢的观察和行为方式"，学会在对抗性价值观中取得平衡。对抗性价值模式明确指出了与经营人员长期共存的矛盾：**组织必须具有适应性，同时又必须具有稳定性；组织必须强调和重视个人价值，同时又必须保持较高的生产效率。**

对抗性价值观模式是用两个双向坐标划出的，其纵轴衡量组织的控制程度。象限之一的高控制可以用集权、官僚和统一等观念来说明，它可以保证维持组织稳定的程序和发展计划。象限之二的高变通性在纵轴的另一侧，主要指分权、自我管理和差别行为，这可使组织对环境的变化做出迅速反应，避免官僚体制中导致功能失调的因素。其横轴衡量组织内部或外部受重视的程度。象限之三的组织外部指竞争导向、成长导向和组织对外部事物的反应等方面。象限之四的组织内部指维持组织内社会技术系统的观念和内部结构、信息系统、明确的职务说明、士气和决策等。

企业的价值观念是建立在一整套信息处理方式基础上的。每一种价值观念都包含两个因素：一是机动灵活还是严密控制；二是外部势力还是内部势力。每种对抗性价值取向的相同点和不同点都被置于一个统一的理论框架之中。**杰出的经营人员认识到，要有效地解决组织问题，就必须精心组合互相矛盾的观念。**其中最主要的有四种典型的观念模式：人际关系、内部过程、开放系统和理性目标。

(1) 人际关系模式

这一模式兼容了强调内部和变通性两种价值取向，适用于搜集信息的时间比较长、确定性比较低的情况。最重要的信息是观察人们相互作用的过程。强调过程的组织常常被组成为团队。**这种模式最突出的特点是关心组织成员。**在该模式中，工作热情和士气可以通过组织的开放、员工的参与和讨论而得以维持；人力资源受到重视，培训、自我管理、授权等相当普遍；专业管理、公平报酬、职务与个人技能相匹配等在这种价值体系中得到充分体现。它强调理解员工需要的重要性，然而，若使用不当，这种模式会使组织成为无人负责的乡村俱乐部，过分强调人际关系准则将导致纪律松懈和玩忽职守。

(2) 内部过程模式

这一模式代表着内部导向和高度控制的价值取向。内部过程模式适用于获取信息时间长、确定性高的情况，它强调靠理性解决问题并维持现状。基于这种信息处理方式建立的组织，充满浓厚的官僚色彩。这种模式在"需要做的工作很容易理解，并且时间不是一个重要因素"的情况下，可以发挥最大的效用。

这种模式强调维持组织等级制度，以保证组织的稳定性和长期决策的连续性。它将信息管理和记录有效地结合在一起。强调这种价值观念的组织通常拥有完备的资料库，明确的职务说明、预期目标和解决冲突的程序。这种观念重视组织内部。然而，若使用不当，它可能导致僵化。过于频繁的评估和记录以及凡事照章办理，往往会使组织发育不良。

(3) 开放系统模式

这一模式强调了变通性和外部性两种价值取向。这种模式下的组织处理信息的时间短，准确性较低。开放系统注重风险、变化、创新和未来导向，它通常拥有完整的反馈系统。基于这种信息处理方式建立的组织灵活性强，常常采用易于自我调整和修正的矩阵式组织体系。当任务不容易理解而且要求迅速完成时，这种方法效果最好。

这种价值观念最关心的是扩张和适应变化的商业环境，它认为成长和获取资源的关键是随时准备制定决策。**开放系统旨在使组织通过持续的创新和变化，在竞争激烈的市场中求得生存和发展**。这种观念特别强调适应市场的重要性，同时也必须适度，否则会引发无政府主义状态。强调灵感和创新会引起对政治权术、建立竞争优势的过分注重而失去连续性和对工作的控制。

(4) 理性目标模式

该模式包括强调外部和高度控制两方面的含义，注重劳动生产力和效率。它适用于处理信息时间短、确定性高的情况，并要求有明确的短期目标和快速的决策系统。以这种观念为指导思想的组织常常被视为强调利益的"企业"，通常都要进行规划、确定目标、对目标进行分类和确定方向等工作。理性目标模式非常重视对计划和目标的控制，并为此建立反馈系统，以便在目标不能实现时及时修改工作程序。这种模式强调的是竞争环境中产出的最大化。然而，过分强调生产会把组织变成"血汗工厂"。**过分强调生产力和效率会加重员工的劳动强度，诱发反抗情绪，扼杀员工的成长机会和工作热情。**

不同的模式代表着不同的指导思想，会产生不同的经营行为。团队导向型经营人员注重人们的需要，而企业导向型经营人员强调目标的完成。管理大师认为，这些不同的价值观念是相互补充而不是相互排斥的。他们能克服分裂论思想，认清各种模式的优点和缺陷，在变化的环境中，灵活运用各种方式，充分发挥各种模式的作用。

3. 选择领导者，组织发展需要领航者

领导者，是指挥、影响、感召组织的人。杰出的组织领导就是具有感召力的人，现代组织中的领导者是前进的舵手，他要么是凭借权力，要么是利用威信来指挥组织。

众多的历史人物像亚历山大、恺撒、拿破仑、华盛顿和丘吉尔等都符合这种模式。即使在今天，艾柯卡领导克莱斯勒汽车公司东山再起一例，仍被看作是这种英雄式领导者行动的再现。很多年过去了，他仍被人们看作是具有"感人的非凡魅力"的领导者。

但是这种英雄人物是当今组织机构中领导者的标准形象吗？有没有其他模式呢？相信在许多现代环境中，最胜任的领导者是那种能引导他人实现自我领导的人。

这里需要考虑的是个人在领导一个组织进行复杂变革中的作用。**当一个时代要求进行总体变革时，多数组织会采取更换领导者的办法来顺应这一潮流。**

例如，雷金纳德·琼斯领导通用电气公司达十年之久，但正是他认识到通用电气公司未来的成功需要一位与他本人的素质和技能完全不同的领

导人。花旗银行的奥尔特·尼森显然是一位积极进取、勇于变革的领导者，他不仅使花旗银行成为一家最大、最受人尊敬的银行，而且彻底改变了银行的面貌。大通·曼哈顿银行的弗瑞德·哈默成功地采用了消费者信用业务，从而开创了新的业务领域，提供新的市场服务系统并使之制度化。他的继任者不可能得心应手地运用由哈默所设置的管理程序，但仍须面对由花旗银行、西尔斯百货公司以及其他竞争对手所提出的挑战。当面对下一次竞争浪潮冲击时，汉堡大王杰夫·坎贝尔也必须做出决断，看自己是否要进行变革以奋起应战。

现代企业的组织形态，要求企业领导者应具备以下三个要素：

- 实质性，包括应该做什么（而不是如何做）等思想；
- 展现企业未来的想象力；
- 促使构想变为现实的特殊权力。

想象力是领导者的核心，它代表着一种将问题变为机会，将构想变为目标的能力。领导过程不只是激励下属去寻找解决问题的答案，领导者也必须有能力创造机会并制定解决问题的方案。想象力也包括将构想具体化、形象化的能力。机会主义者试图使构想贴近现实。领导人应该乐观向上，因为他们必须承担将构想变为他人奋斗目标的任务。

企业中的想象力形式多样，包括市场营销、制造、财务等方面的想象力。在任何情况下，想象力都有赖于对问题的抽象，它注重"什么是"而不是"如何做"；注重从特殊向一般的转变；注重处理问题的灵活性。**企业中的想象力基本上是模仿性和应用性的，它包括用过去的经验解决目前的问题**。想象力与创造力不同，因为后者意味着进入一个新的领域。

管理学专家认为，市场营销想象力是"企业领导人最基本的想象力"。移情作用使市场营销想象力具有与其他形式想象力不同的特点。市场营销的重点是顾客——企业产品的使用者。重视顾客会促使领导者超越既有产品来进行思考。打破拘束的想象力，推动人们探索新的领域。这种开拓进取的精神是领导人固有的特征。

除此之外，领导者的个人魅力对组织的管理也有重要的影响作用。

没有个人魅力就没有领导。个人魅力有多种方式，共识是其中一种。当一个人接受了其他人的信仰和价值观时，就产生了共识。共识对个人行为的影响十分微妙。

另一种更为直接的魅力是基于相互义务形成的联盟。在联盟中，人们自愿保护其他成员的利益。建立联盟的一个隐含条件是，只有在未损害自身利益的前提下，人们才乐于接受和承担义务。联盟将成员之间的个人关系与成员所做的贡献结合在一起。它的寿命取决于强有力的领导。如果领导人缺乏培养成员为目标献身的能力，联盟将自行瓦解。

性格魅力是另一种形式的魅力。与基于权力和特长的魅力不同，它靠个人特征引发他人的热情。个人滥用性格魅力以及对它的过度依赖，可能削弱组织的控制。由于需要控制，人们偏爱管理，并用角色和地位来取代领导人的魅力。如卡耐基、洛克菲勒和福特常被引用说明魅力型领导人的正反作用。

第四章
决策权变：审时度势精于谋划

在环境、目标等经营因素变化时，经营者要用不同的方案适应不同的变化。在众多的方案中选择相适应的方案就是决策。在决策时必须做出权衡，慎思和判断就成为决策的基础。决策从来不是简单易行的，特别是在今天这个迅速变化的时代，环境的复杂化和不确定性因素的增多，使经营者面临严峻的挑战。经营者必须了解决策的影响因素，明确决策程序、抓住关键问题，利用集体智慧、掌握科学方法，提高自己有效决策的能力。

一、权变决策：变革时代的科学化决策

决策是经营者的一项重要任务，它所占用的时间虽不占经营者时间的多数，但其重要性却超过了其他一切工作。每个经营者，尤其是处在领导岗位上的经营者都在做决策，在市场竞争日趋激烈的时代，企业经营者需要不断地根据变化环境进行权变决策。

1. 风云变幻，决策呈现新特点

现代决策的环境与传统决策的环境大不一样，现代社会经济和科技活动的飞速发展，企业决策目标的多元化，以及对决策质量的高标准，使现代决策具有了鲜明的新特点。

（1）决策活动的频率加快

在生产力、交通和通信不发达的情况下，人类的活动节奏缓慢，对决策速度的要求较低，决策者可以从容准备对策。而在社会发展速度不断加快的今天，对决策活动在时间上的要求明显提高高。例如科学技术发明转化为产品的周期缩短。计算机从20世纪50年代问世起，短短30年已经更换了四代，相应的决策活动自然就日趋加速。因而，过去的低效率方式被各种决策技术和自动系统所取代。20世纪60年代以来，电子数据处理（EDP）、管理信息系统（MIS）、决策支持系统（DSS）等辅助决策的现代工具相继开发和应用。

（2）决策活动包含的信息量猛增

传统决策一般凭借决策者的经验和个人意志，没有依据大量信息的需要与可能。现代决策要求在准确、及时和充分的信息基础上筹划未来，现代社会活动的因素错综复杂、信息数量急剧增加给决策者带来了沉重负荷。人类加工信息的能力是有限的，因而，"迫使这些上层人士允许更多人参与其事——协助分担决策负荷。这便是为什么有关共享管理的呼声越来越高涨的原因。这绝非出于利他主义，而是因为旧决策体系运转失灵的缘故。"这是当今世界上个人专断决策方式走向消亡，群体决策崭露头角

的一个根本背景。

（3）决策系统的规模空前扩大

与传统决策大多处理简单系统不同，现代决策的对象往往是高度复杂的巨大系统。它们的要素数目极大，一个现代城市系统的复杂程度大约是收音机的百万倍、电视机的十万倍、汽车的一万倍、喷气式飞机的一千倍、宇宙火箭的一百倍、宇宙飞船的十倍。规模大了，运动惯性也大了，灵活性就差了。一个决策付诸实施以后，即使出现新情况或发现失误，要调整也会有一个时滞，因而难以有效控制决策的后果，甚至要经过长时间才能显示以前的某项决策的后果。这样，反馈虽然仍是经常使用的决策控制，但模拟和有控制的实验等前馈手段和预测比过去重要，所费代价一般较小。

经营者选择决策必须具有技术性，使决策在量和质上都能适应变化了的环境，从而使决策真正科学、经济、有效。在决策过程中，对未来行动做出决定时要注意三个方面。

其一，决策要有明确的目标。要解决的问题必须非常明确，不能含糊不清，模棱两可；要确定目标的具体评价标准。

其二，决策要有若干个可行方案。这里所说的"若干"是指"两个或两个以上"；所谓"可行"，是指能达到预期目标，方案能在现有条件下实施。

其三，决策要能够对比选优。即各方案要有可比性的成组对应指标。

2. 知己知彼，决策谋划需要审时度势

在企业的谋划中，知己知彼是首要的原则。"知己"这是基础。如果对自己企业没有充分的了解，就谈不上正确谋划和科学决策。而"知彼"则需要了解包括企业所处经营环境的各要素，以及企业向外发出的种种信息所产生的种种反应。在获得了充分的、所需的内外部信息的基础上，企业的谋略者要能运筹帷幄，多谋善断。多谋，就是深思熟虑，深谋远虑，多出计谋，多出主意，多想办法。善断，就是要善于从多谋中选择最佳方案，要断得正确，断得及时。多谋与善断两者是密切联系、相辅相成的。

多谋是善断的基础，善断是多谋的归结。

谋略不仅要多谋善断，还要会巧用。利用谋略最根本的就是发挥创造性思维能力，以超常的思维独树一帜。在产品开发中可以出奇制胜。如在纽约有一家"独一无二服装店"，专门满足顾客求异、求奇、多样化、个性化、趣味化的需求。在那里做衣服，各种白色布料任你挑选，可以自己设计款式和图案，然后用15种不褪色颜料随心所欲地印染和涂画，也可以花上7美元请人代笔，也可由机器"自然创作"，机器每一次印出的图案都独一无二。这家服装店虽然价格很高，却仍然顾客盈门。

在产品销售中，可以利用以亏为赢、启发联想、进退迂直等方法。以亏为赢指的就是赔本经营法。赔本经营法就是企业为了获得高额的利润，首先生产一部分产品投放市场低价销售，以打开市场，赢得信誉，扩大影响，继而推出大批产品投放市场，来巩固市场。企业开发新产品投放市场，但担心因价格高昂一时不易被消费者接受，而暂以低价销售，待用户对产品产生印象之后，进而再开发新产品投放市场。

进退迂直是从进与退、迂和直的辩证关系出发进行促销和占领市场的，这当中包含了丰富的企业运筹的哲理。进退迂直往往会变被动为主动成为发展的新契机。在现实生活中，很多人只看到眼前的小损失，而看不到最终的大损失，在竞争中急功近利，其结果往往是欲速则不达。谋略者只有深谋远虑，曲中求直，直中见曲，为企业经营管理活动"权轻重，计迂直"，才可以为企业长远发展打下坚实的基础。

企业经营者必须要做到高瞻远瞩，审时度势。高瞻远瞩才能审时度势，审时度势才能高瞻远瞩，两者是密切联系、相互作用、互为机理的。所谓高瞻远瞩，就是说，在进行谋划时要站得高，看得远，有战略眼光和全局观点。"吝少失多，廉贾不处；溺近迷远，中人所非。"其意是指，那种"吝少失多"，因小失大的事情，是一切善于薄利多销，把生意做活的商人即"廉贾"们所不干的；那种"溺近迷远"，拘泥于眼前利害而迷失远大前途的想法和做法，甚至具有普通见识的人们也会懂得是不足取的。

一个有经验的企业经营者，处置问题和决定对策往往善于察看当时当地的具体条件和客观形势，根据条件和形势，做出恰到好处的处置。基于对客观形势的估计，做出经营部署，合理地调动和运用企业的力量，包括人、财、物，以有效地保证企业目标的实现。

可以说，**在企业谋划和制定方案的过程中，最重要的便是审时度势，在时间和空间上进行巧妙地运筹**。所谓时间运筹，是指谋划者根据事态的发展和变化，分步骤、有条理地安排一系列的活动，使"系统力量的重心与最主要、最有决定意义的那部分任务、目标在时间上保持一致"。当然，谋划往往涉及千头万绪，在众多的问题中，希望能同时解决所有问题的奢想，往往在现实面前碰壁，导致精力分散，最终什么问题都不能得到有效的解决。

一个精明的企业经营者，总是能在众多的问题中，窥测到什么问题是最重要的，什么问题是次要的；什么问题是应当立即着手解决的，什么问题是可以缓而行之的；并能根据问题的重要与否及缓急与否确定时间运筹的目标顺序。基本原则是轻重相权选其重，急缓相权选其急。

在企业运筹中还有一种重要艺术，这便是积累和释放能量，人为地创造高潮或低潮，并牢牢控制主动权，从而使谋划产生具备冲击力的戏剧性，这是一种高超的技艺。

其实，任何事物的高潮都不是自然生成的，而是事物不断蓄积能量，使"势"不断增长，最终在某个临界点猛然释放所有的能量，就像水从高处冲下来形成瀑布一样，产生巨大的冲击力，促使策划成功地跳上"龙门"。

3. 掌握程序化与非程序化的决策方法

从决策所面对的环境的不确定性程度看，没有进行决策的通用方法，因为决策所面对的环境不确定性各不相同。但大多数决策问题，是会重复出现的，**经营者当抓住关键，掌握程序化决策和非程序化决策的重要方法**。

作为一个管理者，必须具有区分重复性和新的决策问题的能力，对重复性的决策问题，制定恰当的决策规则，采取一定的组织措施，将这些问题的决策权交由下属人员，以便自己从日常事务性决策中解脱出来，集中精力思考和解决真正的新问题。随着新问题重复次数的增多，经理人员再积累解决这些问题的规则，设计新的组织措施，这样就可以不断丰富和发展解决问题的工具库。因此,根据决策问题的重复性及是否有相应的决策规则,我们可将决策区分为程序化决策和非程序化决策两类。这种对决策的划分,是经营管理者抓住关键问题的重要方法。

(1) 程序化决策

程序化决策就是对那些重复性和常规性的决策问题,制定出固定的处理程序,按照这种固定处理程序进行的决策。例如,人事部门的雇佣决策,采购部门的再订货决策,大学图书馆的开放时间决策,医院的账单决策等等,大多数这类日常决策都是程序化决策。

程序化决策过程的核心是决策规则。决策规则是明确何种情况需要决策并如何做出决策的一种陈述。在决策规则的背后,存在这样一种想法,即标准的、重复出现的问题只需要解决一次,以后就可照章办理。这样,决策规则就能让繁忙的经理人员迅速解决常规性问题,而不需要反复对问题进行思考。通常情况下,好的决策规则应该采用"如果——那么"的形式来陈述。例如,关于办公室是否开空调的决策规则可以是:"如果温度在36℃以上或4℃以下,那么就开冷或热空调。"仔细设计的决策规则,能使决策问题从高层经理向低层人员传递,从而通过决策授权,解除高层经理的日常工作负担,使其精力和时间更多地用于相对重要的、非程序化的决策问题。

(2) 非程序化决策

非程序化决策是在那些复杂的、重要的非常规性环境中做出的决策。此时,决策者所面对的环境通常是新的和不熟悉的。这类决策的频率大大低于程序化决策。例如,决定是否与另一公司联合、如何取代一个意外死亡的高层经理、如何开展全新产品的市场营销等等。一般来说,在做非程序化决策之前,有必要先提出6个问题:一是需要作什么决策?二是何时需要作这个决策?三是谁将做出决定?四是决策之前需要向谁获得咨询?五是谁将赞成或反对这项决策?六是这项决策应告知谁?

当企业经营者花时间回答这些问题时,就能使决策问题和过程变得更为突出和集中,以避免不相关因素和问题的干扰,从而便于企业经营者抓住重要而关键的问题。

对于非程序化决策而言，没有现成的处理方法，这或许是因为它以前从未出现过，或许是因为它的精确性质和结构难以捉摸或非常复杂，或许是因为它特别重要，需要对它进行量体裁衣的处理。

非程序化决策需要采用创造性问题解决的办法来处理。

因此，我们现在得到两类问题：第一类是要从众多可能原因中找出造成问题的唯一原因，然后进行纠正；第二类是要跳出常规，想出并实施某种新颖、独特的解决方法。那么是不是说，所有问题都可归入这两类呢？当然不是。任何对市场营销有过稍微接触的人都知道"产品生命周期"。每种产品或服务的需求都是有限的。通常，需求以很慢的速度产生，然后随着产品功能的完善和人们对产品认识的加深而迅速地增加，增加到一定程度后，需求转入下降态势，这种下降与前期的增长一样迅速，直到需求最后消失。明智的企业会在产品开发上投资，以延长产品生命周期，或在产品衰退之前及时推出换代产品。在激励竞争的市场上投放全新产品或服务，需要我们创造性地解决问题，但提供全新产品并不总是最有效或最经济的解决方法。你可以经常改变现有产品的各个环节，以此扩展市场机遇，收获可观的收入和利润。如果你愿意，你还可以尽可能地提高和改善产品或服务的质量。而要想享受由此带来的好处，你就要掌握第三种解决问题的不同方法。

二、集思广益，实行团体协助决策

决策与任何其他组织活动一样，都不是在真空中进行的。决策制定是一种高度社会性的活动，它需要决策者集思广益，并与委员会、研究团体、任务小组等各类集体活动和它们的贡献有关。

至少有五个方面的决策制定过程可指派给团体来完成：一是分析问题；二是揭示决策环境的构成情况；三是评价决策环境的构成（如确定概率、可能性、时间、报酬等等）；四是设计备选方案；五是选择备选方案。

当企业经营者把一些杂项决策分权给下属时，经营者就能有效地利用自己的时间和精力，解决关键性的问题。因此，**实际中存在着一种强烈的趋势，即越来越多地利用集体力量来制定决策。**当然，在把其他人员引入决策制定过程之前，经营者应当清楚，集体决策有利有弊，他们需要在这种利弊中做出恰当的权衡选择。

1. 权衡选择团体协助决策

首先我们区分一下团体决策和团体协助决策。在团体协助决策的情况下，团体除了不作最终决定之外，所有决策中的其他事情都由团体来做；而在团体决策的情况下，最终决策确确实实由团体做出。这可能是二者的关键差别。当经营者采用团体决策方式时，会面临一种两难处境。尽管由团体做出的决策可能会反映所有参与者的集体经验和智慧，但却失去了个人责任，即无人对决策结果负责，因为对联合决策失败的指责很容易扔给别人。

解决这一两难处境的传统方法是，确定某个经营者个人对某项决策负有责任，当必须追究某项决策的责任人时，就追溯到他的身上。根据这种推理，当团体推荐一项决策时，最终结果的责任仍由经理本人承担。这样，**对要求保持个人责任完整性的经营者来说，根本不存在什么集体决策，而只存在团体协助决策。**

有三种情况必须考虑决策的个人责任：

其一，决策对单位或组织的成败有着显著的影响；

其二，决策涉及法律问题（诸如可能因固定价格、反垄断法或违反产品安全性条例而被起诉）；

其三，与成功决策相联系的报酬竞争（如只可能有一人获得晋升）。除以上三者以外，在不是很关键的领域，团体实际负责的团体决策也是存在的。

在企业发展中，曾经有过这样的教训：由于很多企业的重大决策采用集体决策方式，成功了，则相互争夺功劳和好处；失败了，则相互推诿，无人负责。甚至有一些涉及违法的问题，也因法不责众而不了了之。**随着现代企业制度的普及和决策责任逐渐落实明确，这种管理现象将日益少见。**

2. 作必要的权变考虑

合力真的能无往不利吗？这要看任务的性质、参与者的能力和相互作用的形式。从现实情况来看，有时确实如此，但有时也会恰恰相反，这是怎么回事呢？

决策理论家吉尔希尔经过 61 年研究发现：一是团体与一般的个人相比，完成任务的数量和质量要更好些；二是优秀的个人可以超过团体的绩效，尤其是当任务复杂、而团体是由相对低能的个人组成时，更是如此。表 4-1 是美国管理学家吉尔·希尔先生研究的部分结论，显示了不同任务性质情况下个人与团体绩效的对比。

根据表 4-1 的结论，忙碌的经理人员可以相应地对决策过程的某些方面进行分权，以保证自己有充足的时间和精力处理最需要解决的问题。

表 4-1   个人还是团体执行任务：权变观点

任务性质	研究结论
问题解决型任务	个人解决问题更快，但团体解决问题可以产生更好的结果。
复杂任务	通过把个人单独工作的成果集中起来，获得最佳的结果。
头脑风暴型任务	同复杂任务一样
学习任务	团体总是比个人更有绩效。
概念掌握/创造性任务	当在一般能力团体成员中加入高能力的团体成员时，能提高团体的贡献能力。

参加过 NASA 演习、"沙漠逃生""丛林迷路"等团体决策演习培训的经营者往往不幸地被培训人员所误导。这类演习方案中的每一种均经过精心设计，在它们提供的特定环境下，全员参与和团体决策是解决问题的最有效方法。到目前为止，团体决策演习培训效果良好，但正如前面已经指出的那样，这类演习是为了推出集体决策是解决问题的最有效方法这一结论而特别设计的，它们与现实生活的联系非常有限。

考虑到有些人没有参加过团体决策演习培训，先简要介绍一下NASA演习。假定你们就是参与演习的小组，被培训人员告知，因飞船与月球相撞，已在月球黑漆漆的另一面着陆。你们的太空服完好无损，身体也没有受伤。母船或基地距撞击地点约三百公里。你们打算徒步走完这段路。在出发之前，你们发现了一些在撞击中幸免于难的物品。你们的任务是按这些东西在帮助你们到达基地过程中的重要性对它们进行排序。排序分两次：第一次是个人独立排序，不许与他人交谈。培训人员根据你的排序结果与NASA专家们排序的差异给你打分（分数越高，"误差"越大）。第二次不告诉你们各自的分数，而让你们组成小组，把排序作为小组共同任务重做这个练习。

90%以上的实验结果表明：群体决策的分数都要好于个人平均分数和最好的个人分数。**几乎在所有情况下，群体决策的分数要远远好于个人平均结果。**这就能令人信服地证明群体决策的力量吗？不见得。

对这些在穿越黑漆漆的月球表面的旅行中用得着的物品进行排序，这种任务并不是每个管理人员每天都要面对的。这正是NASA演习选择这种情境的原因。在任何一个参加演习的小组中，都不可能有人是熟悉月球表面情况和地形的专家。然而，小组作为一个整体借助电视、书籍、报纸和广播所掌握的这方面知识，却达到了专家水平。几乎每个成员都看过或读过相关的有价值的知识。那些拥有相关知识的人往往事先根本不知道他们所掌握东西的重要性，直到大家一起讨论时，某人才会大叫一声："我想出来了！"

第二个重要因素是，这些练习都是在宽松民主的培训氛围中进行的。至少从正式结构上看，小组是无人管理的。培训人员是小组的真正经营者，小组中的每个人地位平等，均等地受到激励贡献出自己的一分力量。

群体决策的有效性是有条件的。在许多现实环境中，经营者本人对团队缺乏真正的信心，整个团队缺乏自信，以及一两位"专家"控制着基本信息等现象交织在一起，往往使得有效的参与式管理和群体决策泡了汤。

表4-2是分析复杂情况的一种方法。简单说，如果你就每个问题在"YES"或"NO"下面适当地打钩或画圈，那么第一栏的分数是支持经营者个人决策的，而第二栏的分数则表明是否应当采用团体决策。

表 4-2　　　　　群体决策环境分析

信　息		
1. 你知道确保决策质量所需要的信息吗?	YES	NO
2. 你能掌握制定一个好决策所需的全部必要信息吗?	YES	NO
3. 你知道谁掌握相关信息和专业技能吗?	YES	NO
4. 你知道在哪儿能找到相关信息吗?	YES	NO
风　险		
5. 这一情况是否风险较低,并适合于培养团队的决策技能?	NO	YES
6. 该情况是否存在较高风险,如果失误是否会付出很高的代价?	YES	NO
7. 每个团队成员的责任心对决策的成功实施是否都很关键?	NO	YES
8. 团队是否充分理解目标和所期望的结果?	NO	YES
团队成熟程度		
9. 团队是否有过群体成功作战的记录?	NO	YES
10. 团队以前曾经成功制定过类似的决策吗?	NO	YES
11. 团队是否依赖于强有力的管理行为?	YES	NO
12. 团队以往的成功主要产生于经营者的个人素质和热情吗?	YES	NO
环　境		
13. 环境是否处于循序发展之中?在这个环境中,以往的经验可能成为制定决策的最好依据吗?	YES	NO
14. 这是与以往经历完全无关的全新环境吗?	NO	YES
15. 现在的环境是否极为陌生,以至于成员们甚至意识不到他们已经收集了有用而相关的信息?	NO	YES
16. 作为经营者,你是否有信心把制定决策的权力下放给团队?	NO	YES
17. 你能事先承诺无条件地接受团队制定的任何决策吗?	NO	YES

注:右栏得分高,表明应采用群体决策,而非个人决策。

三、相较择优，决策需要互斥方案

谋划的任务便是选择、确定谋略方案。在企业的谋划中，可供选择的方案不能单一，谋略方案之间要有既互相排斥的，又互相补充、互相融洽的关系。如果不是这样，那就不存在谋划问题了。

在企业的多方案选择中，其中一种便是互斥方案的选择。互斥方案指的是在多方案中只能选择一个方案，其余方案必须放弃。因为方案不能同时执行，而方案之间的关系也具有互相排斥的特征。

互斥型方案的设计就是要求企业的决策者在谋划时，从不同的方面，不同的渠道，进行多角度分析，把可能发生的所有情况都考虑到，此不行则彼行，使得"条条道路通罗马"，然后从诸多的方案中选取风险、损失最小，获利最大的方案。

1. 有针对性地提出目标并谋划实现目标

在进行互斥型方案的设计时，首先要明确方案设计所要达到的目标，尽管方案是互斥的，但"九九归一"，各个方案的最终目的却是一致的。在提出目标时要充分考虑以下因素：

第一，目标的提出要考虑其需要与可能。特别是要考虑目标的实现是否具备条件。

第二，目标的提出要遵守量化原则，以便于检验和衡量目标实现的程度。

第三，目标的提出要能够从目标所达到的结果来衡量它，即目标实行后，应该有达到目标的具体标准。在提出和制定目标时要遵循以下原则和要求：

● 要使每个部门和个人的目标同企业的总目标密切结合，各个分目标要直接或间接地有益于企业总目标的实现。

● 各个分目标要能够激发下级部门和企业员工的工作热情，充分发挥他们的才干。

● 目标不宜太多，数量要集中。各目标尽可能定量化，以便于评价和考核。

- 目标制定过程，要让下属尽量参与，注意互相沟通，以便同心协力，统一步调。
- 重视目标的相互协调和平衡，避免目标的重叠。

在落实目标时，首先要按照目标结构将企业的总体目标层层分解。**企业的经营目标，应该是一个围绕总体目标而形成的目标体系**。在目标体系中，目标是分层次的、分级别的，在这个有机的整体中，目标之间存在着目的和手段关系，在落实目标时，应充分注意这种关系。其次，要注意区别目标结构中目标的主次关系，即明确企业必须达到的目标和希望达到的目标。一般来说，凡是与解决问题本身有关的目标是主要目标。凡是与解决问题所需的条件有关的目标是次要目标，我们把前者称为必须达到的目标，把后者称为希望目标。在正常情况下，我们必须要达到主要目标。当然主次目标是可以随着条件的变化进行调整的。再次，要明确目标的限制条件，这乃是实现目标的关键。可以说，**明确目标的限制性条件比确定目标更重要**。著名管理学家杜拉克指出："在某种情况下，明确比正确还重要。"因为，如果目标没有达到计划要求，我们可以调整原方案；但如果目标实现的结果是模糊的，我们落实目标时就会无所适从，甚至失去目标。所以，只有明确了目标的限制性条件，就可以正确对待、贯彻谋略方案中出现的各种问题，避免我们在策划过程中出现摇摆的现象。

2. 提出可行性方案，精心设计方案

对于提出方案，首先要明确，我们这里讲的方案是可行性方案。经营策划的可行性方案必须同时满足两个要求。

一是方案的实施能够实现目标、解决问题。

二是具体实施条件。在提出方案的过程中，我们力求可行性方案量多、质好，如此可以使方案选优的概率大大提高。在实践中如何保证方案量多、质好？一般可以从以下两个方面实现：

- 发动群众，充分调动广大企业员工的主动性和积极性。能否充分发动群众，很重要的一点是企业谋略者的领导艺术和水平的高低。

● 坚持不断地创新。所谓创新是指人们对原有的知识、经验重新进行加工，而针对新的问题把以往的知识加以重新排列和组合。企业谋略者在方案的拟定过程中，首先要适应创新、善于创新，同时要注意为员工提供创新的条件，注重培养创新的能力，使企业员工都能积极主动地为企业的发展献计献策。

一般来讲，对于设计方案，主要包括两个方面：

一是要充分估计所拟方案的执行后果。具体讲，就是要考虑执行后的效果如何，要估计方案的实施可能会带来的新问题，要分析在方案执行过程中各种条件可能发生的变化。

二是要研究确定方案的细节，包括确定方案执行的时间和步骤。在进行互斥型方案的设计时，要注意以下三点：

● 每一个方案都必须是互相排斥的，方案之间不存在任何联系，执行此方案便不能再选择其他的方案。

● 每一方案都是全面而独立的，每一方案都是为企业的整个系统服务的，其不同之处在于各个不同的方案所能给企业带来的效益有多大。

● 所设计的互斥型方案的各个方案执行后的效果可以是不同的，但总的目标却是一致的。

3. 评价、比较和选择方案

制定好了互斥型的方案后，就要对各种方案进行正确的评价，以便为企业比较与选择决策方案提供理论依据。对方案的评价应遵循一定的标准。其标准要有一定的客观性和科学性，欧美管理学者提出了以下几条标准：

● 方案的内部统一性。方案是由许多部分组成的，各个部分要相互衔接和配套，形成一个统一的整体。如果方案的各个部分关系涣散，各自为政，就不能发挥其作用，达到要求的目标。

● 方案与环境的适应性。方案应能随环境的变化而变化，与环境相适应。

● 方案执行中的风险性。方案在执行中的风险性主要表现在两个方面：一是方案脱离实际，其执行必然受阻；二是方案是正确的，但执行中出了意外情况，使目标难以实现。在同等效益期待的条件下，应选择风险小的方案。

- 方案实现的时间性。方案的实现需要时间，要衡量在不同阶段方案目标实现的可能性和达到目标的时间长短。
- 方案的可行性与应变性。方案既要有其特定的目标，又要有实现的可能性。同时，在环境变化时，要有一定的应变能力。

比较选择方案，就是对各种可行性方案进行全面的、详尽的评价。比较选择方案的过程是一个权衡利弊的过程。在众多的可行性方案中，要按照上述的标准对其进行衡量，方案越接近标准越好。在进行方案的选择时，同时要考虑以下的因素：

（1）可供选择的方案

如果经过评价后只有一个方案可供选择，可能就是最坏的选择。但如果可供选择的方案很多，但它们的质量很差，好的方案已被排除在外，当然这种选择也不会得到好的方案，在实际的企业经营决策中也不会得到很好的经济效益。

（2）对待风险的态度

企业的决策者对待风险的态度基本上有三种：一是风险倾向，就是宁可冒大的风险，追求较大的利益；二是保守倾向，宁可取得较低的利益，也不愿冒较大的风险；三是中间倾向，介于上述两种态度之间。对待风险的三种态度，对方案的选择也就会有三种不同的结果。

（3）管理当局的利益倾向

一项方案的选择与实施，对企业各种人员的利益会产生一定的影响。有的会使决策者得益，有的会使决策者失去某些利益。这种利害关系会导致决策者对方案的不同选择。

（4）竞争者的反应

在权衡各种方案时，决策者要经常考虑竞争者的反应。也就是，决策者应该估计选择某种方案时竞争者会采取哪些对策，企业有无能力来反击竞争者。如果一种方案在封闭的企业系统内是可行的，一旦面对开放的市场就溃不成军，显然不能选择这样的方案。**企业在方案选择时，要面向市场，面对竞争，否则就只能是关门做梦、闭门造车了。**

多个可行性方案的比较选择，有如下的方法可供参考：一种是客观比较法，就是以客观为依据，采用数学的方法进行比较选择；另一种是主观比较法，这种方法以人们的经验为选择、评价的依据，偏重于对方案的定性分析。但无论采用哪种方法选择，都要进行反复的论证才能最后做出决定。也就是说，在确定实施方案时，一定要认真分析形势的变化，估计方案执行后可能产生的后果。特别是要注意确定不良后果的可能程度和严重程度。经过进一步权衡利弊之后，再确定正式的方案，并制定相应的应急措施。

4. 组织落实方案与控制反馈

方案的组织落实，包括编制与执行经营计划。这时决策者要注意做好两方面的工作。

一是沟通工作。当方案最终确定之后，必须和企业内部各个环节、各个部门、各个岗位的人员加强信息的交流，力求使每一位员工准确了解方案的目标、细节和步骤。要保证方案有扎实的群众基础，在执行过程中，得到企业内部方方面面强有力的支持，以达到企业的目的。

二是在方案的落实过程中，搞好规划。具体说来，就是要有方案执行的步骤。制定经济责任制，明确项目负责人，确定计划执行的期限，制定方案执行过程中必须采取的措施。在方案确定之后，在执行过程中大量的工作都是在这里。

方案的控制与反馈是指在方案的执行过程中，将每一过程的实施结果与预期目标进行比较，发现差异，查明原因，及时调整措施，以保证目标的实现。要达到这一目的，首先要围绕方案，建立、完善一个信息反馈系统，使之能够迅速地、真实地反映出方案在执行过程中的情况；其次，在反馈信息的过程中，应坚持实事求是的原则，增强对真假信息的辨别。在互斥方案的设计中首先就是要对信息进行科学而又有序的研究，否则，搜集到的信息载体便是一堆无用的资料。所谓信息研究，就是信息的判断、核查、分析、综合的全过程。正确实施对信息的研究，要做到以下几点：

（1）判断信息的时效性

信息具有适用的时间性和空间性。信息在传递过程中，由于传递速度、传递方式以及多变的市场环境等因素，当信息被传递到企业决策者手中时，信息使用价值可能因时间、空间的差异而失去原有的效力。因此，企业面对收集来的纷繁芜杂的信息资料时，首先要进行科学的判断，看是否反映了变化趋势，是否适合本企业的实际情况。

（2）核查信息失真率

信息的失真是信息在传递过程中极为常见的现象。 由于人们的认识因素和技术因素限制，往往会产生信息被缩短、被夸大、被歪曲等失实情况。企业在对信息的研究过程中，要对本企业准备利用的信息，进行多方面的核查。必要时，可借助国际市场信息数据库和信息智能分析系统，对收集到的信息进行多角度、多层次的核对，来验证其真实性。

（3）分析信息的针对性

信息的针对性，就是信息的标的物必须与本企业开拓市场的活动密切有关。在众多的信息资料中，存在着标的物各异、作用不同的信息种类。所以，要想从更多的信息资料中筛选出对企业有指导性作用的信息，就要根据信息的诸多要素，分析事件发生的原因和结果，直接为企业决策服务。

（4）综合信息的预测性

分析是预测的前提，综合是决策的基础。分析比判断更为复杂。有的信息经判断没有过时，但并不一定对本企业有直接的指导作用。由于市场信息较为复杂，单凭某一方面的信息分析，难免使分析结果囿于片面、局部，所以预测性的综合分析在信息研究以及互斥方案的设计过程中，就显得尤为重要。

总之，在选择互斥型方案时，要遵循这样一个原则："**两利相较取其重，两害相较择其轻。**"亦即：哪个方案付出的代价较小，取得的成果较大，哪个方案就是要选择的方案。

四、提高决策水平，保证决策的有效性

决策是否有效，与经营环境的难易、决策者智慧水平的高低、团队精神贯彻的深浅都有很大关系，其中管理者的决策智慧和个人能力是能否保证决策正确性的直接原因。他们做的决策，有的是有效的决策，有的是效益不大甚至是无效的决策。做有效的决策，以下几点是必须强调的。

1. 不做太多的决策

经营者日常碰到许多问题需要他解决，例如工厂里库存的原材料不多了，要不要进货；近日的产品质量不稳定，要不要增加抽检的数量；施工场地电力不足，要不要采取措施节约生活用电，等等。工厂中的生产管理和工程单位的施工管理，所需处理的此类问题极多，每月何止千百件。解决这类问题，如果从广义来说，也可以叫做"决策"，因为所谓决策，就是对某件事情做出决定，但严格说来，这不能称为"决策"，只能说是一种"处置"。管理中的大量问题，多属于此类性质。

真正意义上的决策是对事关全局性的问题所做出的决定，或者是对大量出现的"例常性"工作建立一种处理规则、原则，以便以后再处理此类事情时，下属人员按例常的规则、原则行事，而不需要再做决策。高明的经营者，善于在这种例常的事情刚发生一两起的时候，就认识到它的根源，认识到它的"例常性"，从而较早做出有关决策，除掉再出现此类问题的根源，或者做出处理此类问题的规则、原则，而不再在一一处理此类问题上花费更多的时间。不高明的经营者，往往很难看透这一层，他们可能每周、每月都碰到类似的问题，然而"不识庐山真面目，只缘身在此山中"。待他觉悟到需要做出根本性决策时，可能已经付出了很大代价，或者情况已经发生了根本变化，不需要做决策了。

无论是对全局性问题的决策，还是对例常问题处理规则（也带有全局性）的决策，都能在一个较长的时期管用和管住较多的事情。所以，实际上没有做太多决策的必要。有时候，不做决策可能正是最好的决策，"无

为而治"就是这个道理。如果一个经营者天天要做决策，时时要做决策，说明他所做的决策大都是无效的，不然，为什么天天决策呢？正如西方谚语说的："法律愈多的国家，就是没有好律师（或者说好法律——引者注）的国家。"在那样的国家里，每一个案件都是独特的案件，而不是一般法理下的案件，说极端一点，一个法律只能管一个案件。

20世纪初，美国企业家费尔先生任贝尔电话公司总裁，创造了一个世界上最具规模、成长得最大的民营企业。他在任职近20年时间内，只做了四项重大决策，这四项决策都很有效，对贝尔公司的发展起了很大作用。第一项决策，费尔看清了一个电话公司要想保持民营形态和自主经营的状态，必须有突出而与众不同的局面，决定贝尔公司必须预测社会大众的服务需求和满足服务需求，提出了"本公司以服务为目的"的口号，并制定了衡量经理人员服务程度的尺度（非用以衡量盈利的绩效），从而使公司在提供最佳服务中获得适当收益；第二项决策，为避免公司被政府收购，实行所谓"公众管制"，把促成"公众管制"的有效性作为贝尔公司的目标，交付各地区子公司的总经理，责成各子公司设法恢复各管制机构的活力，倡导管制及平等观念，以期能有公平合理的"公众管制"，一面确保公众利益，而同时又能使公司顺利经营；第三项决策是建立了贝尔研究所，成为企业界最成功的科研机构之一；第四项决策，开创了一个大众资金市场，发行一种股票，面向社会大众，提供有保证的股息，能增值，而又免于通货膨胀威胁，恰合公众意愿，这项决策使贝尔在数十年中一直有充裕的资金来源。

2. 做有明确观念的创造性决策

有效的决策，一般不是头痛医头、脚痛医脚或只解决当前需要的"对症下药"的决策，而是决策者站在更高的角度，透彻地分析问题的实质，抓住问题的根本，从解决困难、开拓新局面的需要出发，形成一个基本思想和观念，真正弄明白该决定的是什么。然后，在观念性认识的基础上，决定实现基本思想的目标和原则，进而再演化为"工作"，成为可操作的、易于推行的决策内容。如果决策不能推行，则不称其为决策，至多只是一种良好的愿望。

这样的决策，既有创造性，又有可操作性，因而是有效的决策。上面列举的费尔的四项决策，均属于此。例如他做第一项决策时，首先分析了贝尔公司的生存条件，当时欧洲各国的公营电话公司，都经营得很稳健，如果贝尔公司也认为"平安就是福"，就可能被政府收归国营。他认为仅采取防守政策必将自取失败，也将麻醉管理人员的创造力。于是，他产生一个重要观念：贝尔公司虽是民营的，但应该比任何政府机构都更加照顾社会大众的利益，而且更为积极。正是在这种观念指引下，做出了"贝尔公司以服务为目的"的决策，并将它演化为可推行的衡量经理服务绩效的尺度。这一决策，与当时的传统观念大相径庭，因为谁都认为企业的目的在于盈利，他被人指责为神经不正常。但是，后来的事实证明了这一决策的远见和创造性，若干年后美国就兴起了将电话收归国营的警报，而贝尔电话公司却稳坐民营企业的宝座。

3. 不做无"边界条件"的决策

经营者在做决策时，要反复推敲、思考决策的目的是什么？这项决策最低限度要达到什么目标？如果达不到这个最低目标，这项决策就失去了意义。用科学的术语来说，这个最低目标就是"边界条件"，**一项有效的决策，必须符合边界条件，必须达到最低目标**。没有边界条件的决策，宁可不做。边界条件往往不容易寻找，只有把决策的问题和目的真正思考清楚了，才能把边界条件找出来。对边界条件说明得越清楚，决策就越能解决问题，越有效。如果边界条件不明确，这项决策可能看起来很宏伟，很了不起，实际上则会是一项无效的决策。有了明确的边界条件，在决策执行过程中，如果情况发生变化，最低目标将不能达到，经营者尚能及时修正决策，或以新的决策取代不合适的决策。如果根本没有边界条件或边界条件含糊不清，那往往难于补救。边界条件可能是一个，也可能是数个，这要根据决策目的和决策对象的具体情况而定。当边界条件不是一个时，各项边界条件无疑是相互制约的，但必须有相容性，不能相互冲突。如果一项决策必须同时符合两项或更多的相互冲突的边界条件，那么该项决策根本不是决策，只能是寄希望于出现奇迹的异想天开。

一项决策，往往存在着"能不能为人接受"的问题。为了使人们（包括决策者）能接受，折中、妥协、让步是常有的事，但妥协必须有个限度，这个限度就是"边界条件"。所以，必须首先搞清楚"正当"的符合边界条件的决策是什么，然后再考虑"正当的折中"是什么。**所谓"正当的折中"，即不越出边界条件的折中、妥协、让步。**比如，两个饿汉争夺面包，"半片面包总比没有面包好"，这是正当的折中，因为半片面包也是面包，仍能充饥，符合边界条件。假若两位妇人争夺婴儿，提出"半个婴儿总比没有婴儿好"的折中，这就是不正当的折中，因为半个婴儿实质上是半个死尸，完全达不到争夺婴儿的目的，完全越出了边界条件。从这里也可以看出明确边界条件之重要，有明确的边界条件，才谈得上决策能为人接受的灵活性。

4. 在不同意见的争论中决策

人们在称赞某项决策时，往往以"意见完全一致"、"异口同声"等言语来表达决策正确。其实，众口一词的决策未必是有效的决策。众口一词有两种情况，一种是先经过不同意见的争论，然后达成共识，即在"议论纷纷"的基础上达到了"众口一词"，那么，这样的决策多数是好的、有效的决策；另一种情况是压根就没有不同意见，没有人从反面提出问题，在"鸦雀无声"的基础上形成"众口一词"，这样的决策多半不会成功。大凡有效的决策，都是在不同意见的争辩中做出的，有了反面意见，才能使不致决策人成为某一组织或某一有权人的代言人和俘虏。而且反面意见本身正是决策所需的"另一方案"，这样才能从多种方案中选择。**反面意见还能激发想象力，加深认识，把问题越辩越明，把决策方案搞得更全面和完善，避免片面性。**

在做某项决策时，如果决策人听不到相反的意见，大家提不出什么问题，这说明大家对这个问题尚未深入了解，对这项决策缺乏真正的认识。这正像学习不好的学生从来提不出问题，而真正钻进去学懂了的学生才能接二连三地向教师提出各种疑问。在决策中，当出现"鸦雀无声"都点头表示同意的局面时，如果不是紧急情况，决策人最好把这个问题先放一放，叫大家再思考思考，下次再议，不要匆忙决策。

第五章
人事权变：善用巧用各类人才

　　一个优秀的企业经营者，最显著的能力和最重要的品质就是聚集人才，知人善任。自古以来，凡得人才者得天下，凡善用人者成就大业。人才确实是决定领导事业成败的关键要素。

　　企业经营绝不仅仅是一个人的事业，而是需要众多人士共同来从事的事业。这里所说的"人"，不是指一般的普通人，而是指具有一定专长的德才兼备的优秀企业员工。擅长人事权变，是优秀企业经营者的特质。

一、善用人才,"企"字无人便是"止"

识人用人是企业经营中的重中之重。古人云:得士者昌。人才的多寡与优劣直接影响着一个组织的兴衰存亡。

纵观中外许多优秀的企业经营者,无一不是善于识人用人的成功者,无一不是周围聚集了大批优秀人才者。从事现代企业经营工作,在选人上失策,在用人上失误,必会造成人才资源匮乏,从而无法实现经营目标。企业的兴衰成败,都取决于企业经营者是否具有识人用人的大智慧。

1. 人才是企业的第一资本

就人与资本在企业经营管理中所发挥的作用而言,是人直接和最终决定资本的效能。从这个意义上讲,人是企业经营中最积极、最主动、最活跃的要素。所以说,富有创造性的人才,是企业的第一资本。

"天地之中人为贵。"**现代企业间的竞争,归根到底是人才的竞争,人才是拓展事业、走向成功的最坚固的基石,人才胜过一切的物质资本。**在企业经营的道路上,企业家们需要明智地抓住人才这个创富之源,千方百计地收拢人才,以此稳固企业的基石,来实施企业的发展战略。

众所周知,企业是创造利润的经济组织。而利润是由人创造的。因此,怎样吸引人才、利用好人才,就成为企业稳固和发展的首要问题。对企业经营者来说,善用人才来获取利润,就是取财之"道"。"无道"就会无利润。人才就是企业的生命,企业就是一艘以人才之水托载航行的船。

中国当代著名民营企业家鲁冠球,他所信奉的经营理念就是以人为本,充分调动人的积极性、创造性。鲁冠球认为:"企"字撤去"人"字,便只剩下了"止"。没有人才,不善用人的企业注定会停止不前,最后被市场淘汰。基于"企业即人"的思想,在组织生产和开拓市场时,充分强调人的价值,重视对员工素质的培养,把"领导生产"这种传统观念转变到"领导人"这一新的管理观念上,把思想教育重点放在培养员工应该"做什么样的人,活得才有意义"的高度上,让广大员工形成热爱企业,关心集体的观念。这种观念形成员工"想主人事、干主人活、尽主人责、享主人乐"的自觉行动，还把培养员工"老板意识、老板行为、老板收入"的意识作为深化企业改革的内容。鲁冠球采取送员工上大学，投资办教育，企业内进行员工岗位轮训等办法，使员工素质普遍提高。

"千军易得，一将难求。"鲁冠球从企业经营实践中体会到：资金缺少，可以借贷；物资缺乏，可以采购；劳力没有，可以招收；科技难题还可委托大专院校、大厂帮助解决，但经营者不可任意替代，搞好企业经营者的关键是人才，作为企业领导人就要及时发现人才，善于使用人才。

观念的转变是根本的转变，在人才的使用上也要转变观念。"金无足赤，人无完人"，企业领导要善于发现人才，大胆使用人才。

2. 广开门路，招贤纳士

企业获得优秀人才，通常有两条基本途径：外部引进和自己培养。企业经营者在选拔人才上的原则应是德才兼备，在企业不同的发展阶段，采用不同的选用人才方法。

在企业人才基础薄弱而经济又快速发展时，人才引进将占据主导地位。国内较有影响力的、在制药行业名列前茅的民营企业新兴集团长期以来一直坚持"引进外来的，培养自己的"，并特别强调引进外部优秀人才，外聘不见外，来有效地支撑企业跨越式的快速发展。新兴集团从无到有，从小到大，从弱到强的发展过程，既是人才引进的过程，也是人才引进的结果。

总结中国当代优秀企业家的成功经验，其中最主要的一条就是这些企业普遍都以各种优越条件吸引人才。能够吸引人才的原因是多方面的。从外部环境来讲，随着我国改革开放的深入，特别是社会主义市场经济的建立，市场在人才配置中逐渐发挥了基础性的主导作用，人才流动加快，为企业引进人才创造了有效的人才供给。从企业内部因素分析，这些企业在具体实施人才引进的过程中，主要采取了以下几个方面的措施：

一是明确企业的人才需要目标和选才标准，有的放矢。企业发展和管理水平具有阶段性，不同发展阶段和管理水平需要不同的人才；而人才也具有层次性和差异性，不同人才要求的企业发展状况和水平不一样，选才首先要考虑人才与企业发展阶段的匹配性问题，只有两者相互匹配，才能最大限度地发挥人才的作用，促进企业的发展。企业的选才标准不仅具有时间上的动态性，还具有空间上的差异性。在企业内部，各个子公司、各个部门的人才需求和选才标准也不尽相同，所以，对具体的岗位和具体工作内容，要进行具体分析，标准过低、过高都不行。在人才选用方面，建立健全人才选用的激励机制，做到最快最好地吸引优秀的人才，最大限度地释放人才的能量，挖掘出人才的潜力。

二是创造一个开放的人事管理体系。企业对引进的人才不是"叶公好龙"，而是能引能用，形成"能者上，平者让，庸者下"的用人原则，在人才选聘和选拔中"举贤避亲"，营造一个没有裙带关系的公平的人才竞争环境。引进了人才还要给人才一个施展才能的机会和舞台，发挥其应有的作用，做到任人唯贤，任人唯才，大才大用，小才小用，不求全，只求一技之长，不拘一格。对各种人才每年定期进行考核，做到人尽其才。

三是具有让人才发挥才能实现自身价值的体制优势，通过建立规范的现代企业制度，使企业体制更加灵活，也更加规范，为企业人才实现自身的价值提供更加广阔的舞台。对任何人都是论现在不论过去，论水平不论文凭，论称职不论职称，论贡献不论资格，论能力不论级别，做到能者上，庸者下，不存在平级调配。

四是主动出击，不断创新人才引进手段，通过各种形式和渠道选聘人才。企业不断扩大人才招聘的范围，有国有企业的，有政府机关的，有大专院校的。在地域上，可以去全国各地甚至国外招聘人才。人才招聘方式不断创新，通过报纸广告、网络等广泛传播招聘信息和收集人才信息，参加人才市场、人才拍卖会，委托猎头公司等；在选聘人才上，定期举行企业专场人才招聘会，同时广泛发动集团内部的力量收集信息，推荐人才；将人才引进的责任落实到人。

五是建立一套比较系统、科学的选聘操作系统。通过这一套操作系统，对选聘对象基本上可以做到严格、公平、科学地进行考核、筛选等。

先进的人才引进策略，可以吸引和凝聚一批又一批优秀人才，改善企业的人才结构，也会极大地推动企业的发展。

3. 用好的作风选拔作风好的人

坚持用好的作风选人、选作风好的人，是对企业经营者选用人才提出的新要求。用好的作风选人是选作风好的人的前提，企业经营者只有坚持好的作风，才能真正选出作风好的人。

在新的历史条件下，企业经营者当以什么样的好作风选人拨人呢？

（1）坚持任人唯贤，不准任人唯亲

任人唯贤是一条重要的用人原则。贤者，乃有德有才的人。不同时期的"贤"有着不同的内容，不同时期的"贤"有着不同的要求。我们今天所说的"贤"，指的就是德才兼备。德才兼备是一以贯之的选人用人标准。

企业经营者要坚决清除任人唯亲的狭隘、落后的用人思想。任人唯贤与任人唯亲，虽然只有一字之差，却反映了两种不同的用人路线。它们之间的对立形成了尊重、信任、帮助人才和排挤、压制、迫害人才的斗争，这种斗争贯穿了整个人类历史。

以"亲"和"疏"来决定用人与否，是任人唯亲用人路线的实质。非"亲"不选，非"亲"不用，是企业人才队伍建设的大敌。

（2）坚持"五湖四海"，不准搞小团体

选拔任用人才应开阔视野，拓宽渠道，从全局着眼，在较大范围内遴选。人才不管来自哪个地区，哪个单位，都要一视同仁，通盘衡量。应从不同单位，不同籍贯，不同行业的人才中广选人才。**不搞本位主义、门户之见和亲疏厚薄，这是做到任人唯贤的重要条件。**

（3）坚持公道正派，不准拉关系、徇私情

应实事求是、客观公正地评价干部，合理地使用人才，一切以企业的利益为重，坚持在用人标准上做到一视同仁，这是坚持任人唯贤的重要前提。要做到公道正派，还要有坚定的原则，敢于说真话，说公道话，敢于排除各种不正之风的干扰，宁可得罪某些人，也不能损害企业的事业。

4. 合理用人，充分发挥个人的聪明才智

企业经营者要正确合理地用人，充分发挥人的聪明才智，就必须要讲究用人艺术，努力做到以下几点：

（1）因事用人，避免人浮于事

所谓因事用人，就是指在选用人才时，应该尽量满足实现目标对选才、用才的需要。如果将整个管理活动用一条清晰的轨迹线条描画出来，就不难发现，指向各个分目标的运行轨迹，和指向总目标的运行轨迹，在方向上、路线上是完全吻合的。这就意味着，根据管理活动的总目标（整体规划）制定的各个分目标（局部规划），没有一个是多余的或者是起反作用的。领导者只要严格按照管理活动的总目标以及各个分目标的要求来物色各种人才，就可以断定，你所选用的下属肯定没有一个是"多余的人"。

（2）扬长避短，适才适用

俗话说，尺有所短，寸有所长。用人的要诀首先在于用其所长，企业经营者应该认真分析每一个下属的优点和缺点，分析下属的长处和短处，尽可能将其放在最能发挥他优势的岗位上。实践证明：一位德高望重的劳动模范，不一定是一个称职的管理者；一位成果卓著的科学家，不一定能管好一个科研所。每个人都有其所长，有其所短。如果把合适的人安排在合适的岗位上，发挥其长处，就会使其成为有用之才；如果放弃其长处，而用其短处，即使再有才能，也会成为庸才。清代一位诗人曾经生动地写道："骏马能历险，犁田不如牛；坚车能载重，渡河不如舟；舍长以求短，智者难为谋；生材贵适用，慎勿多苛求。"**现代企业经营者的用人之道，就在于用人之长，避人之短，适才适用。**

（3）因人制宜，区别对待

每一个人都有不同的个性心理特征，并且不同的个性心理特征在人的能力、气质、思想状况和嗜好、兴趣以及处事、与人交往等诸多方面都会有不同的表现。企业经营者在用人时，应根据他们不同的个性特征，因人

制宜，区别对待，这对于激发和调动其积极性大有益处。

（4）用养并重，不断"充电"

企业经营者或选拔人才，或使用人才，都是为了充分利用现有的人才资源，这当然十分重要。然而，作为有远见卓识的企业经营者，不仅要善于选拔和使用人才，还要重视培养和深造人才。如果只注重使用而忽略培养，那无疑是涸泽而渔，久而久之，人才就会枯竭。《汉书·李寻传》说："马不伏枥，不可以趋道；士不素养，不可以重国。"就是说，如同马需要驯养才可以上路奔跑一样，有能力的人要有平时的育养才能为国家发挥重大作用。人才的使用有一个才能的服务和输入的过程。任何一个系统，如果只有输出而没有输入，那么这个系统就无法维持，就会逐渐丧失应有的功能。当今社会正处在知识经济时代，现代科技发展日新月异，知识陈旧、老化的速度越来越快。因此，企业经营者要想使自己和下属能适应形势，做好工作，就必须创造学习型组织，为各类人才更新知识、不断"充电"提供良好的条件。

二、权变用人，因人而异地施展各种招数

企业经营者用人是经营者、被用人才和环境三者交叉作用与交织影响的一个活动过程。用人之道除了随环境而变外，还要考虑使用对象这一重要因素，也应该随对象的不同而不同。日本的片方善治指出："不了解对象，就不可能发挥领导作用。"企业经营者要学会利用自己的用人经验，经常改进用人方式，使自己随时适应新的下属和新的用人情况。

1. 因人而异，善用不同特点的人才

人才的实质在于使用，管理的实质在于善用人才。人才再优，如果束之高阁，闲置不用，人才就难以称其为人才。要用好人才，首先要有正确的用人理念，掌握必需的用人标准。人才的本领和技能能否充分发挥，关键在于企业经营者能否因人而异地加以使用。

企业经营者巧用人才就在于能针对不同人的特点施展自己的使用

招数。

(1) 用人之长，克己之短

有效的企业经营者对人的任命和提拔都是以这个人能干什么为基础的。用人不是为了克服人的弱点，而是为了发挥人的长处。美国管理学家德鲁克说，谁想在一个组织中任用没有缺点的人，这个组织最多是一个平平庸庸的组织。谁想找各方面都好、只有优点没有缺点的人，结果只能找到平庸的人。强人往往有较突出的特点，与人类现有的博大的知识、经验和能力相比，即使是最伟大的天才也有弱点。其实世界上是没有"完人"的。

(2) 鼓励"不同见解"，不问是否"跟我合得来"

人才的可贵就在于有主见、有创见，不随波逐流，不看眼色行事，这对于决策者十分重要。美国著名的管理学家德鲁克说："好的决策，应以相互冲突的意见为基础，而不是从'众口一词'中得来。"成功的领导者从来不会问："他能跟我合得来吗？"而是问："他贡献了什么？"也不会问："他不能做什么？"而是问："他干什么能干得出色？"用人时，他们是要发现在某个主要领域中有卓越才能的人，而不是找在各方面都不错的人。

(3) 敢于重用年轻人

年轻人最富有创造力。据统计，人的一生中25～45岁是创造力最旺盛的黄金时代，被称为创造年龄区。不敢重用年轻人，既耽误他人，也毁了自己。帕金森所说的领导人威信越高、在位时间越长，就越难找到接班人的定律就说明了这个问题。一切成功的企业经营者都敢于重用年轻人，不拘一格用人才。

尽管年轻人经验不足，但他们未必比资历深的长者知道得少。当今世界科技迅猛发展，知识更新周期越来越短，信息沟通日益宽广方便。这正是年轻人大显身手的环境。企业经营者应注意发现、重用有能力、善学习、有业绩的年轻人，使其在最佳使用时间充分发挥作用。

(4) 重视个人素质，更重视群体互补效应

无论做任何工作，都应把"不同类型的头脑"结合起来，取长补短，

相互促进，切忌把同一类型的人才凑在一起。当然搭配时要慎重，否则，"互补"变成了"窝里斗"，就会产生副作用。

除此之外，企业经营者还要在组织内部设立人力资源开发部门，配备专门的"猎才"者。不仅善于在组织内部培养挖掘人才，还能通过各种渠道从组织外部"猎取"高素质人才。在选用人才上遵守人才资源开发的科学程序与方法。那些品质恶劣、没有原则、无所作为的人，当然不能用。

企业经营者一旦误用了人才，对事业以及对企业经营者本人都危害极大。 因此，企业经营者要特别警惕，在用人时要广泛听取意见，深入考察，做到人尽其才，才尽其用。

2. 春风化雨，对人才进行有效的激励

激励人才，首先就得了解靠什么才能驱使和激发企业人才努力做好工作。这就要求企业管理者既要了解人才的个人需要，也要为其提供机会，关心和尊重他们。用于激励人才的方法和工具不少，但每种方法或工具的选择却必须有的放矢，力求发展组合优势，特别是希望人才有超级表现时更是如此。

（1）从个人角度施予激励

看一个人是否已被有效激励。受激励者一般都有一个重要而明确的目标或目的。为了达到这个目标，他们任劳任怨，承担风险，甚至可以忍受一些不便或不适。做不到这一点，就算不上有效激励。

对那些受过良好训练、拥有完善设备、很精明但唯独动力不足的人来说，高度激励更是不可或缺。因为这样能帮助他们成功地实现他们的目标。

有效激励主要来自人们自身。人人都有一些与生俱来的需要。如稳定的收入、被别人接受等生存需要；希望别人尊重自己、喜欢自己、对自己平等相待的心理需要；还有成功的需要，如达到个人目标和成为领导者等等。这些因素构成了人们的内部动力。

个人所处的环境是第二个动力来源。外部动力包括机遇也包括风险，即任何会对个人达到目标产生影响的那些因素。机遇包括加薪、提职、更

有趣的工作和出差机会等，风险包括失业、接受不公正的管理、没有前途的工作、合不来的同事等。

要想使企业内有更多受到高度激励的人才，应该去找那些个人需要与企业的管理风格相吻合的人，或者调整企业的管理风格以适应人才的需要。

（2）因人而异地使用物质激励

物质激励是一种非常复杂的激励工具。在市场经济日益发达的今天，这种工具被越来越多地在企业经营中采用，也确实较为有效。但由于其被激励的对象——人，也是一种复杂的社会个体，因此，使用这种手段时，要做到因人而异。

物质作为激励手段，往往代价高而无效，但值得用来吸引并留住人才、最大限度降低员工流失率及保证生产率。不过也有例外。当一些努力能够带来生产上的巨大改进时，活动报酬通常能起到激励作用。不过，要做好花大钱的准备，物质激励可向来都不便宜。

好在除物质外还可用其他方法来激励员工。如果你公司的固定工资富有竞争力，就不妨尝试一下非金钱的激励方式。经理人只有在这些领域中才能最大限度地激励员工，其中最重要的两种是工作设计和领导艺术。

（3）进行激励性工作设计

企业中的多数职位都是为提高效率而设。工作的内容往往专注面窄、易学、重复性强，这常常导致很多工作无聊乏味。

需要特别注意的一点是，没有一种工作本身是乏味的。工作能否吸引人，取决于它是否能充分发挥员工的能力。如果不能，它迟早会变得毫无滋味。真正能够激励人的工作，需要员工投入全部能力，有时甚至需要挖掘潜能，因为由此可以敦促员工为做好工作不断学习。从长远来看，更有效的做法是，设计的工作职位应该起到激励作用。

要做到这一点，工作内容应能不断对员工提出学习新技能的要求。就算不能给员工升职，也有几种方法来做到这一点：增加一些与责任工作前后关联的新任务，增派一些原来由经验丰富的员工、专业人士甚至经理做的工作，还可以设定绩效目标，让员工用适合自己的方式去实现它们。

需要指出的是，把工作设计得更有激励性，目的不在于花同样的钱让员工做更多的工作，而是为了让更有价值的员工发挥出更大的潜力，员工个人也因此获得更好的报酬。

要把工作设计得能够激励员工、提高生产率，需要企业经营者改变态度并提高领导艺术，给员工提供自主权及方法，使他们能挑战自我，用适合自己的方式去实现目标。所以这些都需要企业领导者把部分职能转交给下属。

3. 点"才"成金，充分发挥有成就欲者的才能

在企业中，往往有一些成就欲很强的人，他们总是追求崇高，渴望成功，而且具备成功的各种素质，聪明能干，自信自强，具有不凡的创新意识和勇于创新的胆识，这种人不论做什么事，总是竭尽全力（当然首先要他们愿意），而且一般都能完成得非常出色。他们喜欢设定特殊的目标，同时也能圆满完成这些目标。时间的紧迫，外界的干扰，个人的挫折或情绪的变化通常难以影响他们优异的表现。他们勇于接受挑战，越是没人能干、敢干的事，他们越是有干好的欲望。

拥有这类人，可以说是企业的一大资产。然而，要管理好这类人，并能最大限度地发挥他们的能力，是一件极为不易的事。好比你拥有一块玉石，想把它雕成一块玉器珍品，却又是一件困难的事一样。

正因为他们是一个特殊群体，和他们特殊才能相映衬的是他们的特殊心理、特殊处世方式以及特殊的个性。他们自以为是，相当自负，不会轻易改变自己的观点。他们从来不喜爱受人操纵和受人支配。对待企业经营，他们不喜欢那种指手画脚的命令，虽然他们本身更注重内容，办事也讲实质，但他们却很注重自己的形象，也要求别人尊重他们的形象。他们最在乎的是别人的认可，最希望得到的是企业经营者的信任，而薪水高低他们有时却并不在意。

对于那些有极大成就欲者，企业经营者们容易犯一些错误，走进一些管理误区。有些企业经营者怕出乱子，不会轻易放手让他们大刀阔斧地干一番。也有些企业经营者好嫉妒，总感觉这些人是对自己的一种威胁，他们的能干能衬托出自己的无能，所以想方设法地压制他们，不轻易给他们

机会。还有些企业经营者有着强烈的支配欲，想方设法体现自己的地位，软硬兼施地企图控制他们。

显然这些做法都不能使这类人充分发挥他们的聪明才智，结果很可能是他们离你而去。其实要驾驭一个人，**最有效的办法就是设法让他知道：你了解他，能满足他最需要的，同时又毫不留情而又妥当地指出他的不足，这样就能处于一种积极主动的位置。**

首先，可以试着给他们一些特别的指标，而且这些指标要尽量高一些，这会让他们感到一种信任和挑战；然后限定日期，这是压力，以期充分发挥他们的才能；同时能给他们一些特殊、优惠的的权力，这是一种特别的重视，这就更能激发他们的斗志。在平时要给机会让他们发表自己的观点，给他们表现的机会。但要记住，要经常冷静地指出他们观点中的不足。显然他们的观点中有很多是精辟的，但指出一点不足还是容易的，也是必要的，这样就能很好地驾驭他们。当然在工作中，不要忘了经常对他们的出色表现给以及时而诚恳的赞扬。

4. 深挖人才潜质，给人才施压重任

企业不患无才，但有时目前在位的人或许不如想象的出色。这时，企业经营就应给他们以工作的压力。

通过对人才适当施加压力，可以使其充分发挥潜能。

首先，要创造机会，磨炼人才。

企业中各部门的负责人一般是各司其职，但有时未必是各尽其用的，若某人是块做部门经理的料，而现在只让他做秘书，势必就会影响他的积极性和能力的发挥。因此，企业经营者要多创造一些机会，让下属都有机会发挥自己的作用，这样才会达到人才利用效率的最大化。

其次，要施加压力，逼出人才。

有些部下精力充沛，没有压力，就会满足现状，不思进取，时间一长，必会惰性大发，懒散成性，影响整个企业的效率和干劲。对这样的部下一定要施加压力，用掉他的过剩精力，一来可以提高企业效率，二来可以满足部下个人的成就感。

其三，要注意施压适度。

人不是机器，再能干的人也有一定的生理和心理承受力，若一味施压，不求适度，那么必会过犹不及，既不能达到提高效率的目的，又要落个"暴君"的恶名，不但搞臭了自己的名声，又压垮了一员大将，得不偿失。

要做一名成功用人的企业经营者，一定要记住适度施压，否则，将会事与愿违。

其四，助才成长，敢于提拔有潜能的人。

企业经营者在选拔重用各类人才时，要敢于把那些具有一定潜能的人才提拔上来，这样不仅有助于人才的成长，更有利于领导工作。

提拔有潜能的人才是聪明的企业经营者的用人艺术。人们常说伯乐常有而千里马不常有，这是指人才难求。可海尔集团公司首席执行官张瑞敏却反其道而行之，他认为，在中国缺的不是人才，缺的是出人才的机制。在张瑞敏看来，企业领导者重要的不是怎样去识别人才，而是应该建立一个出人才的制度，创造一种出人才的氛围，使它可以出人才。为此，在张瑞敏创立海尔之初，对人才的选拔使用就提倡"赛马"而非"相马"。他在企业内部推行了"人人是人才，赛马不相马"的人力资源开发理念以选拔人才、创造人才，并配合"三工并存，动态转换"的人才管理方法，使所有员工处于一个动态的管理机制下。

5. 因人而"御"，区别性地管理不同的人才

金无足赤，人无完人。人有其长，也必有其短。人之长固然值得发扬，而从人之短中挖掘出长，由善用人之长发展到善用人之短，这是御人艺术的精华所在。

企业经营者对人的管理确实需要过人的智慧，并施展出高超的御人艺术。一些优秀企业经营者的御人之术，大致有这样几个方面：

（1）以短处御人

人们的短处和长处之间并没有绝对的界限，许多短处之中可能蕴藏着长处。有人性格倔强，固执己见，但他同时必然颇有主见，不会随波逐流，轻易附和别人意见；有人办事缓慢，手里不出活，但他同时往往有条

有理，踏实细致；有人性格不合群，经常我行我素，但他可能有诸多创造，甚至是硕果累累。

企业经营者的高明之处，就在于短中见长，善用短处御人。有这样一位民营企业家，他的御人之术令人称道：他让爱吹毛求疵的人去当产品质量管理员；让谨小慎微的人去当安全生产监督员；让一些喜欢斤斤计较的人去参加财务管理；让爱道听途说，传播小道消息的人去当信息员；让性情急躁，争强好胜的人去当青年突击队长……结果，这个工厂变消极因素为积极因素，大家各尽其力，工厂效益倍增。

（2）以能力御人

对待不同能力的下属要区别对待，才能充分发挥他们的优势。

对表现比较好的人，一是用他的长处，使他用自己的实绩显示自我；二是用人才互补结构弥补他的短处，使得他的长处得以发挥。

对表现一般的人，给其在他人面前表现自己的机会，求得别人的信任和自己的心理平衡。也要注意鼓励他们用自己的行动证明自己的能力。

对表现较差的人，可以给他们略超过自己能力的任务，使他们得到成功体验，树立起可以不比人差的信心，同时注意肯定他们的长处，一点点启动起来。

对有能力、有经验、有头脑的人，可以采取以目标管理为主的方式。在目标、任务一定的情况下，尽量让他们自己选择措施、方法和手段，自己控制自己的行为过程。还可适当扩大他们的自主权，给他们回旋的余地和发展的空间。

对能力较弱、经验较少、点子不多的人，可以采取以过程管理为主的方式，用规程、制度、纪律等控制他们的行为过程；或用传帮带的方式，使他们逐渐积累经验，提高能力。

对有能力的年轻人，可以给他们开拓性的、进取性的、有一定难度的工作。对有经验的中老年人，可以让他们做稳定的、改进的、完善性的工作。

对个性突出，缺点、弱点明显的能人，一是用长，使其长处显示出来，弱点便被克制，也容易得到克服；二是做好思想和情感沟通的工作。

对有特殊才能的人，一定要尽可能给他们最好的条件和待遇。特殊人才特殊待遇，这是企业经营者应该遵守的原则。他们之中有的人并不是安分者，可能有这样那样的毛病和问题，以至于很不好管理。对此我们不只是要容忍，而且应该做好周围人的工作，以便使他们能够集中精力发挥长处和优势。在特殊的情况下，还应该放宽对他们的纪律约束和制度管理，甚至采取明里掩盖、暗中支持的办法。

（3）以个性御人

不同的人才有着不同的个性，特别是那些争强好胜者，驾驭得不好，很可能使人才流失。争强好胜者有他积极的一面，凡事不肯服输，不甘落于人后，总想争一流，总想干出点样子来等，但争强好胜的性格也有消极的一面，易于走向极端，可能因过于紧张而累垮自己，可能给家庭的稳定带来消极影响，可能妨碍他人卓有成效的工作等。

对待争强好胜者，不可以同样咄咄逼人的态度，或者以其人之道还治其人之身的办法，让他们尝尝自己所酿的苦酒。而应该一方面从正面引导他们，肯定他们积极的一面，并为他们创造条件，让他们充分发挥自己的才能，从而促使企业发展，给社会创造财富。另一方面找准适当的机会，指出其消极的影响，以帮助他们克服自身的缺陷，从而不断走向完善。

6. 唯才是举，走出亲朋或家族小圈子

任人唯亲，是指企业经营者在用人时重用亲戚、朋友、亲信和亲近者。我国的民营企业大部分是家族式管理。在现实中，那些被民营公司经营者所熟悉、了解的人得到重用的机会要多一些，这很正常，因为民营公司没有必要使用一个自己毫不了解的人，那样风险太大。但这绝不能成为任人唯亲的理由。因为任人唯亲者在于重用亲者，即使亲者没有才能也要重用；而对于非亲者，即使德才兼备也弃之不用。许多民营企业之所以任人唯亲，主要出自亲者可信，亲者可用，亲者可靠，但是，这一做法酿成公司败局的事例却数不胜数。

企业内部的家族式管理和唯亲是用的用人机制，严重地影响了企业素质的提高。这主要反映在以下几个方面：

- 管理人员的学历不高。除了一些集团化发展的企业及一些从事高科

技行业的人才素质较高之外，大部分中小型企业的管理人员学历偏低。

● 中高层管理者缺乏现代企业管理的基本知识，不太懂得按现代企业制度运行企业。在管理方式上，大部分仍处于经验管理阶段。

● 管理人员专业结构单一，复合型的管理人才少。

● 管理人员有技术职称的人少，专业结构不合理。

民营企业如何拓宽提高人才素质途径的渠道，如何通过科学配置，整合人力资源、充分发挥人才整体效应、实现素质与结构的和谐，就显得非常重要。

据调查，大约有90%的民营企业财务管理控制在家庭成员手中，中高层管理人员40%左右是亲朋好友及家庭成员，他们普遍文化水平较低，缺乏现代管理知识，仅凭经验办事，对现代市场经济、知识经济了解甚少，这样往往导致高层决策缺乏远见，只顾眼前利益，不顾长远发展，甚至导致决策失误。此外，家族式管理很容易将家庭成员间错综复杂的血缘关系、姻亲关系带入企业，在企业中形成内耗，阻碍企业的发展。家族式管理还会导致人员配置不合理，一方面在关键岗位如财务、人事部门多安排亲属，他们大多难以胜任工作；另一方面，有专长的人得不到重用。

为了促进企业的长足发展，企业在用人上，就必须坚持用人唯贤标准。**用人唯贤，首先是对贤才的一种承认，一种尊重，这会调动有才之士的积极性，使之积极投入到企业发展中来。**其次，用人唯贤是以被用之人的才能为标准来分配任务，给以任用的，因此它会使重要的岗位在有能力的人才主持之下，发挥出重要的作用。在用人唯贤的标准下，人才才不会因为得不到重用而流失，因此用人唯贤也是企业留住人才，充分利用人才的重要保证。同时，用人唯贤也是企业屏退无能之人在企业管理层占据要位的重要方法。以一个科学的用人唯贤标准来衡量，使用人才，就会使真正的贤才走上重要管理岗位，同时也使无能之人退出领导管理岗位。企业要获得长足发展就必须使真正的贤才走上重要的领导管理岗位，使他们对企业发展起到举足轻重的作用，也只有真正的人才，才能对企业发展做出正确决策，并在企业的实践经营过程中，真正地贯彻执行决策，及时把握市场机遇，促进企业发展。因此，企业要健康发展，在用人上就必须树立用人唯贤的科学标准，这是企业成功的内在保证。

三、巧用偏长，对特殊人才的特殊任用

所谓选用偏长人才，就是指在用人行为中，企业经营者面对若干个可供选择的下属时，有时候宁可选用在某"一"方面有所长处的下属，也不选用在"各"方面都大致不差的下属。显而易见，选用偏长原则和扬其所长原则有一个共同点：都十分强调发挥人才的长处。

选用偏长人才，作为一条用人战术，毕竟只适用于用人过程中遇到的某一种情况、某一个特定的对象。

1. 为什么要选用偏长人才

针对人才群体的不同类型，通常可以将其分为核心群体、职能群体和外围群体三种类型。每种类型的人才群体，对成员拥有偏长的标准，以及有特长的成员比例是各不相同的。领导者在选用偏长时，就应该充分注意人才群体的类别差异。

（1）核心群体

如各级领导班子，科学技术领域的攻关小组，文化体育领域的骨干组织等。这类人才群体，对群体成员的素质要求比较高，通常要求每个成员都具有某"一"方面的专长。

（2）职能群体

这类群体是为了完成某一特定的职能而设的，一般说来，它从属于核心群体，为核心群体服务，因而它的重要性略低于前者。这一群体性质，决定了它对群体成员的基本素质，既要求体现分工上的差异，又要求拉开层次上的档次，即：只要求一部分成员具有某"一"方面的专长，其他成员即使没有明显偏长也无妨，他们可以从事较低层次的辅助工作。显然，在组建职能群体时，企业经营者只要根据工作需要，重点挑选若干名具有偏长的业务骨干即可，对于其他辅助人员，选用标准可适当放宽。

（3）外围群体

这类群体层次较低，结构松散，人员素质也比较一般。在整个管理体

系中，它们或者依附于核心群体和职能群体，或者以独立的组织形式出现，作为前两者的外围和基础。显而易见，在这类群体中，除了少数成员需要有一定的偏长外，对于绝大多数成员来说，只要求他们能够从事某些简单的重复性劳动即可。企业经营者在组建这类群体时，通常感兴趣的并不是把有偏长的人才调入这类群体，而是从中发现具有发展前途的有偏长的人才，及时将他们调出这类群体。

根据上述三类人才群体的不同特点，**灵活把握选用偏长的标准和比例，着重选配好核心群体和职能群体的主要成员，是企业经营者取得用人主动权的关键**。

2. 科学判断偏长的能级和能质

企业经营者在用人过程中，考虑问题的角度是经常变换的。有时候，需要为适当的工作岗位物色适当的人选，也有时候需要为某些人物色适当的工作岗位。决定工作属性的，不仅是工作岗位的种类，还包括工作岗位的"能级"和"能质"；决定人才去向的，不仅在于他有无偏长，还在于他的偏长的"能级"和"能质"。**企业经营者用人的根本宗旨，就在于使下属的能级和能质与所在岗位的能级和能质相对应**。

从理论上说，人才的能级和能质肯定大于人才偏长的能级和能质，因为前者几乎包括人才全部内在素质的能级、能质之和，但是，在用人实践中，当企业经营者执意使用某个下属的偏长时，这个下属的偏长能级和能质是否和工作岗位的能级和能质相对应，就成为企业经营者重点考虑的关键问题了。

以著名数学家陈景润的偏长为例，当他在北京市一所普通中学担任数学教师时，从表面看上去，他的偏长似乎得到了充分发挥，其实则不然。原因是：陈景润的数学偏长能级，远远高于普通中学数学课程的岗位能级，他的偏长能质，也与岗位能质明显不符。因此，让陈景润担任中学数学教师，确实是大材小用了。后来，当他调到高层次的科研单位专门从事数学研究工作时，他的偏长能级和能质，才与工作岗位的能级和能质相对应，从而使他很快就取得了事业上的巨大成功。

在企业经营实践中，企业经营者感到最伤脑筋的，不是对岗位能级和能质的评估，也不是对人才偏长的发现。一般说来，要做到这两点，还是比较容易的。关键在于对人才偏长的能级和能质的准确判断，即某下属的偏长究竟有多大能量？能挑多重的担子？放在现有的工作岗位上合适吗？要做到这一点，就比较难了，因为这不仅需要企业经营者自身具备较高的内在素质，诸如非凡的见识水平、合理的知识结构和超群的组织管理能力，而且还需要企业经营者去做艰苦细微的调查研究工作，力争在较短时间内取得对某一专门知识领域的发言权。唯有这样，才能准确判断人才偏长的能级和能质，不至于发生大材小用或者小材大用的用人失误问题。

为此，**有经验的企业经营者在分析判断下属的偏长时，通常很少单凭自己的主观印象去给出结论，而是尽量多听听群众和有关专家的意见。**这样一来，效果也就好得多。

3. 活用"能耐人"：宽容与约束并重

在实践中，一些具有专业知识与技能的人往往由于过度自信而显得趾高气扬，凡事自以为是，不愿接受企业规章的约束。这就是人们通常所说的"能耐人"。

当然，企业经营者为了借用这类"能耐人"的特殊技能，往往对其加以宽容，殊不知如此只有使其更增加其气焰。

事实上，这些"能耐人"不外乎存有两种特质：其一为富有强烈工匠意识者，经常致力于本身的技能成果，于是难免与现实的行为原则脱离；另一种类型则为精通实务、强调行动者。对于前者，企业经营者若能给予适当的工作，让其获取某方面的成就，不但其本身深感心满意足，对组织而言也是一大贡献。对于后者，企业经营者与其施行管理，不如成为他的顾问，放手让他去做，往往可产生意想不到的效果。

企业是一个团体，团体中的每一个成员都应该有互相协作的精神，然而有的下属自认为才高八斗，对同事甚至对上司也不屑一顾，独来独往，这是另外一种类型的"能耐人"。

有能耐的下属即使具有相当的实力，也极易造成领导者在管理工作上的负担。

对待这样的下属，既不能随便解雇，也不要让其长期如此，否则，会损害整个团体的工作效率。

面对这种类型的下属，需要先好好地分析其性格倾向，等到有一番了解后，再加以管理。既应多加以约束，让其能耐得以施展，又不可太放任自由。

4. 要能容人所短，而不要求全责备

企业经营者在用人所长的同时，要能容其所短。短处包括两个方面：一是人本身素质中的不擅长之处，二是人所犯的某些过失。一方面，越有才能的人，其缺陷也往往暴露得越明显。例如，有才干的人往往恃才自傲，有魄力的人容易不拘常规，谦和的人多胆小怕事，等等。另一方面，错误和过失是人所难免的。如果对贤才所犯的小错误也不能宽恕，就会埋没贤才，这样一来世间就几乎没有贤才可用了。西汉文学家东方朔在向汉武帝的奏疏中说："水至清则无鱼，人至察则无徒。"水太清，鱼就养不活；对人过于苛求，则不可能有朋友。其实用人识才也是如此。

企业经营者用人切忌求全责备。求全责备是指经营者在选拔和使用人才时，不是着眼长处，而是着眼不足，专挑毛病，百般刁难，宁肯用碌碌无为四平八稳的庸才，也不愿用有某些小过的干才。

司马光在上书朝廷论述"人之才或长于此而短于彼"，"中人安可求备"的道理时，说过两句极其简洁深刻的话："若指瑕掩善，则朝无可用之人；苟随器任授，则世无可弃之士。"鲁迅曾尖锐地指出："倘要完全的书，天下可读的书怕要绝灭，倘要完全的人，天下配活的人也就有限。"德鲁克在《有效的管理者》一书中指出："倘要所用的人没有短处，其结果至多只是一个平平凡凡的组织。所谓'样样都是'，必然一无是处，才干越高的人，其缺点也往往越显著。有高峰必有深谷，谁也不可能十全十美。与人类现有的知识、经验、能力的汇集总和相比，任何伟大的天才都不能及格。世界上实在没有真正的能干的人。"他还说："一位管理者如果仅能见人之短而不能见人之长，因而刻意于避其所短而非着眼于展其所长，则这位管理者本身就是一位弱者。"企业经营者在任何时候都不能因为一个人有缺点，就埋没他的才能。

"金无足赤，人无完人"。这个道理人人都懂，但做起来却是另一回事。把这个人尽皆知的道理，融会在生活实践中，往往需要付出代价，甚至需要血的教训。企业经营者常常错误地认为，选用人才的首要任务是看被选者有无过错，他们习惯于先看不足，然后再决定是否起用。这样往往会误入歧途，物色的对象虽然是最不易于出差错的人选，但其结果，要么是平平庸庸的人入选，要么是完人难觅，空叹人才难求。**要防止这种悲剧，除了更新人才观念、改革人才管理体制之外，还要对人才选拔、任用的程序进行必要的调整**。在选拔人才时，要先看被选者能干什么，就是说要注意对方有什么长处，然后再看其不足。

第六章
经营规模权变：企业大与小的抉择

在现代经济中，面对灵活多变的现实世界，以长期追求规模经济和大批量为目标而形成的大企业已经不合时宜了。企业正在进一步重视建立多功能、多单元小组。这种减少层次和压缩规模的趋势源于降低成本的需要，同时也反映了信息和通信技术对管理的冲击。然而，事情并非这么简单，现实中有把大企业变成稍小一些的事实，但也有很多的中型企业正迅速成长为大企业，甚至大企业变得更大。所以"大"和"小"不仅仅是一种表面规模关系，而且反映了企业内部管理结构、生产结构等诸多方面的实质。规模经济并没有过时，只不过规模经济作用的方式发生了变化。

一、理性地认识企业的经营规模

1. 认识规模的经济性和不经济性

从经济学的角度分析,企业的经营规模有经济性和不经济性两种情况。

在认识规模经济性和不经济性之前,先要了解企业短期平均成本曲线和企业长期平均成本曲线。

我们知道,在短期里,企业的厂房、设备等固定资产不会发生较大的变化,经常变化的只是能源、原材料、劳动力等的数量。在这种情况下,产量与成本的基本关系构成了短期成本的数学模型。它直接反映出企业一定量产出的总成本就是总固定成本和总变动成本之和,单位产品的成本就是单位产品的固定成本和变动成本之和。短期成本曲线见图6-1。

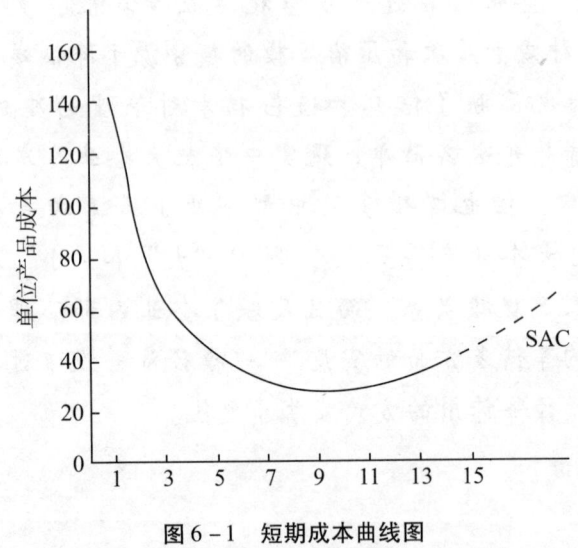

图6-1 短期成本曲线图

从图6-1可看出,**短期平均成本曲线由于受固定成本和可变成本的影响而成U字形。**

企业的长期平均成本曲线与短期平均成本曲线有区别。因为从长期来看,企业的所有投入要素,包括厂房、设备、能源、原材料、劳动力等的数量都是可以变动的。因此，长期成本曲线只能根据一些短期平均成本曲线来形成。它被称为短期平均成本曲线的包络线。我们假定企业有不同规模的选择，其短期平均成本曲线分别为 SAC_1，SAC_2，SAC_3，SAC_4，SAC_5。连接各短期平均成本曲线的切点就可以获得长期平均成本曲线 IRAC（见图6-2）。

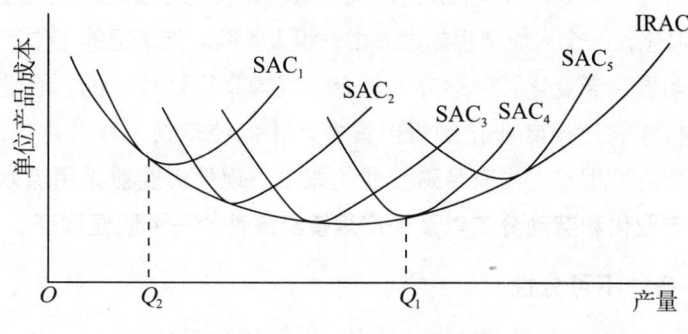

图6-2　长期平均成本曲线图

图6-2表明，**长期成本曲线也是呈 U 字形，这表明产出量（规模）与长期平均成本曲线之间也存在着一定的规律：**当生产规模逐步扩大时，长期平均成本下降，长期成本曲线向下倾斜，这时就被认为具有规模经济性；当下降到某一点时，长期平均成本开始上升，长期成本曲线向上倾斜，这时就被认为是规模的不经济性。

在现实生活中，这种规模的经济性和不经济性的现象是大量存在的。据有关资料反映，企业生产汽车由年产1千台增至5万台时，生产成本下降40%，由5万台增至10万台时生产成本下降15%，增至20万台时又下降5%。纺织企业也提供了类似的材料，据有关统计资料，在现有技术经济条件下，纺织企业平均每一纱锭提供的税利情况是：1~1.99万锭的为174.4元，2~2.99万锭的为209.3元，3~3.99万锭的为247.9元，4~6.99万锭的为319.9元，7~9.99万锭为405.1元，10~11.99万锭的为391.9元，12万锭为349元。

2. 产生规模经济性的原因

为什么在一定限度内企业扩大规模能够降低成本，提高经济效益呢？

这是由以下技术经济因素决定的：

(1) 专业化和劳动分工

英国古典经济学家亚当·斯密写道：制针厂的劳动分工为劳动生产率的提高创造了条件。首先，各特殊工人的灵巧程度提高了；其次，节省了一个特殊工作到另一个特殊工作损失的时间；最后，使用专业化的机器生产，使劳动生产简化，一个人能承担起过去由一组人共同才能承担的工作。

十分明显，专业化和劳动分工与企业规模是密切联系的，企业只有达到一定规模才能使用专业化的机器设备，才能使用在工程、生产、市场、财政以及信息处理等方面有特殊技能的职工。**现代大企业采用流水线方法就是实行专业化和劳动分工以及生产规模经济性的一个明显例证。**

(2) 各种不可分性

一是技术装备的不可分性引起的规模经济性。其典型形式是企业的机器设备在使用过程中的合适的利用率。规模扩大时，技术装备会产生好的经济效益。

二是销售的不可分性而引起的规模经济性。如果为企业销售产品的人员和机构的潜力比较大，不作更多努力和不花费更多的开支就能销售现有生产线上追加生产的产品，其成本增加的比率一定会比产量增加的比率少。

三是财政不可分性引起的规模经济性。它首先表现在企业的广告方面。大批量生产的企业，其单位产品所负担的广告成本一定会比小批量生产的企业要低。而且，对通过广告使其产品已取得消费者承认的企业来说，如果扩大规模，增加产量，其广告费也要比最初取得的消费者承认时低。

四是研究和开发的不可分性引起的规模经济性。假如大企业和小企业都设研究开发部门，靠自己的力量开发新产品，究其总投资来说，大企业可能比小企业要多，但是单位产品分摊的研究开发成本大企业则肯定会比小企业要少。

(3) 先进技术和生产组织的采用

企业规模大，有条件采用先进的工艺和技术装备，也为采用流水线、自动线等先进生产组织形式打下了基础。这样就可以降低成本，提高经济效益。

（4）学习的效果

大企业在扩建中如果使用同类型机器，由于设备安装维修人员和操作人员过去已掌握安装和使用这种机器的技术，不需要再经过学习和较长时间的实践就会熟练地安装使用、维修保养它们，能够取得较好的经济效益。

（5）大量购买

在一般的情况下，企业的采购成本会随着大量购买而降低。这不仅因为采购人员签订数量大的购买合同并不一定比签订数目比较少的合同需要付出更多的努力，而且大量购买时卖方在价格上还会作某些让步（如按批发价格销售），运输费用也会降低。

（6）储备的节约

企业要正常生产经营，必须储备一定数量的原材料和备品配件，对于一些需求容易变化或有风险的物资更是这样。但是，使用几台相同机器设备的企业比只使用一台机器设备的企业所需储备的备品配件就要少，因为前者的机器设备的某一部位不可能同时被损坏。相同的经济性在原材料、制成品、货币储备等方面也一样存在。

除以上原因产生规模经济性外，企业在经营过程中也可能产生一些规模经济性方面的原因。

其一，由于竞争，有较大规模的大企业迫使它们的供应商按低于市价的价格为它们供应原材料、零部件或半成品。这是一个企业利用垄断势力去挤压另一个企业的结果。这种行为是简单地把一个企业的利益再分配给另一个企业，一些企业的获得就是另一些企业的损失，从全社会来看，它并不增加经济效益，但这种情况在有竞争的经济中是确实存在的。在分析规模经济性时，我们不能不给予适当注意。

其二，有较大规模的大企业比小企业更能招收到高质量的劳动者。我国企业的职工过去是由国家统一分配的，由于国家重视大企业，所以大企业的人员质量一般比小企业要高，但是，即使现今的企业自由招工，这种现象也不会消失。因为由于收入、福利、荣誉感等方面的差异，威望高的学校毕业的学生一般都愿意去大企业工作。

其三，在筹措资金方面，有较大规模的大企业比小企业有更多优势。由于大企业的信誉比较高，其利润率比较稳定，取得贷款不仅比较容易，利息率也可能比小企业低，发行债券也比较容易。因此，大企业获得资本的成本也通常比小企业要低。

3. 产生规模不经济性的原因

（1）技术条件方面的原因

产生规模经济性的许多技术方面的原因，在一定条件下又会产生规模的不经济性。例如，倍数原则表明，企业的专业化设备的能力要按最小公倍数配置，如果违反了这个原则，某些设备的能力就不能充分利用，造成浪费；又例如，一些设备容积增加到某种程度之后，其外壁就要加厚或者需要使用某些特殊贵重材料，才能保证安全使用。同时，安装设备的技术标准也会提高，设备体积大了，还会给运输带来问题。要解决这些问题，都要增加费用，从而影响经济效益。

（2）管理上可能出现失控方面的原因

随着企业规模的扩大，管理越来越复杂，而且管理机构更加庞大，从上层管理到基层管理，环节增多，"管理链"延长，企业高层领导人的命令、意见、意图传递给基层领导人时容易被遗漏、误解或歪曲，而且容易产生互相指责、推诿的情况，使传递的速度也受影响。下层和外界的信息传递给企业高层领导人时也会出现类似情况，企业的管理机构越庞大，这种失控现象就越严重。尤其当上级管理层次和下级管理层次的目标不一致时，下级可能歪曲上级的意图或向上级传递不真实的信息，如对上级的决策阳奉阴违，隐瞒生产能力，夸大困难的程度等，用这些办法来维护自己的利益。

（3）员工的积极性方面的原因

在小企业里，职工更能把自己的工作和企业生产方面的成果联系起来。管理人员，特别是企业厂长、经理能较多地和职工保持直接的接触，听取他们的意见，关心他们的工作和生活。因此，在小企业里，职工更忠于自己的企业，积极性也能得到更好的发挥。相反，在大企业里，职工众多，有的达几万人，一般的工人和管理人员可能感觉他们是默默无闻的——他们的贡献任何人也分辨不出来，对他们的辛勤工作也很少有人去鉴别，这就使他们的积极性不能像小企业的职工那样得到很好的发挥。

4. 大批量生产所带来的技术规模的经济性

通过实现大批量的生产可以形成技术规模的经济性，这在需求大于供给的市场条件下是非常有效的。欧美特别是美国的企业曾运用这样的一条金科玉律实现了迅速的增长。**大批量生产的魅力可以从如下几个方面表现出来：**

首先，可以获得生产专业化分工的利益。按照早期经济学家的研究，劳动的专业化分工至少可以实现三个方面的好处：一是分工可以使劳动者专门从事一种单纯的操作，从而提高劳动熟练程度，增进技能。二是分工可以使劳动简单化，使劳动者把注意力集中在一种特定的对象上，有利于促进改革和发明。三是分工可以减少劳动工作的转换，节约从一种工作转到另一种工作所需要的时间等。这三个方面的利益被称为是专业化经济或分工经济。大批量生产使用的劳动较多，所以要尽可能采用效率更高的专用设备以取代非专用设备，从而使生产专业化分工成为可能而获取利益。

其次，大批量生产可以实现原材料等投入的节约。在某些情况下，随着产出的增加所需的原材料等投入趋递减，而不是一般认为的不变。

第三，大批量生产可以充分提高设备利用率从而提高生产效率。在企业生产中，有时可能需要昂贵的设备，只有充分发挥这些设备的作用，才能证明投资是合理的。而要达到充分利用，往往需要扩大产量。例如，生产某一种产品需要三道工序，第一道工序是手工操作的，每人每小时生产60个单位产品毛坯；第二道工序是半自动化的，每小时机器能生产400个单位中间产品；第三道工序是全自动化的，每台机器每小时能生产1000个单位的制成品，要使整个生产过程得到最有效的利用，就要求后两道工序的机器设备得到充分利用，只有使产量等于三道工序产量的最小公倍数，即每小时生产制成品6000单位产品才能做到这一点。这就要求第一道工序雇用100个工人，第二道工序安装15台机器（包括操作者），第三道工序使用6台机器。那么少于每小时6000单位产品的产量，都将使设备不能得到最充分的利用。

机器设备是固定成本中的一种，充分利用设备实际导致了分摊在每件产品上的固定成本降低，对于厂房以及其他生产设施而言，这种随产量增加而使单位产品成本下降的趋势更为明显。

5. 大企业所产生的管理规模的经济性

当企业整体规模大到一定程度时，管理规模的经济性就可以充分体现出来。

首先，大企业可以通过分摊某些市场研究、营销服务和管理费用来取得经济效果，这一点有时是很明显的。对于一种产品的市场营销和服务费用来说，大规模的企业可以在大批量生产的该产品或多品种的其他产品中进行分摊从而使产品成本降低。如果两种产品主要通过一个销售系统来销售，肯定会使企业销售系统得到充分利用。广告、宣传费用也是一样。

其次，大企业比小企业在资金融通方面更具有优势。一方面，大企业容易进入资本市场，并且通常拥有充足的自有资金，因此其资金来源广泛。而小企业却常常由于规模小的原因而无法筹集到它所需要的全部资金。另一方面大企业由于筹资数额大，信用好而容易获得资金融通优势。大企业比小企业的贷款利息通常低些。而贷款数额大时，与其有关的管理费用的分摊也能使得筹资成本降低。这些是筹资中规模经济的表现。

第三，大企业的集中统一管理还可以获得企业资源配置和利用上的一体化效果。比如在生产上，大企业内部的子企业间能够共享生产设备、原材料供应、人员培训等好处；在技术研究与开发上，大企业及子企业可统一安排新技术的研制和新产品的推广，节约创新时间和成本；在采购上可实现企业所需原材料和零部件的统一采购，降低采购和库存费用，还可以以买方独家垄断地位，寻求最低的买价和最佳的进货条件；在财务上，大企业可雇用专职的金融专家，实行资金统一调度和运营从而获得税收等方面的利益等等。

最后，大企业还可能获得经营多样化的好处，对一种既定的产品来说，一个企业很可能受到市场的限制，而不可能成为一个大企业。比如，对于市场很小，或者高度专门化的产品来说，像"高档"汽车，由于市场限制而不大容易实现技术规模经济，此时企业要成长就只能实现多样化，即不限于生产一种产品，比如"高档汽车"产品制造商可以生产其他类型的汽车，此时即可实现管理规模的经济性。

6. "大"的代价：大企业病的出现

以"大"为特征之一的美国经济在二次世界大战后不久达到顶峰，随后进入了长时期的衰退期。与此同时，随着日本、德国、亚洲"四小龙"等国家工业竞争力的增强和经济的迅速增长，美国人开始对一贯追求的"大"就是好的经营哲学产生了怀疑，甚至产生了越来越多的批评。实际上大批量生产在现代社会经济条件下早显得不合时宜，而规模巨大的企业本身也隐藏着诸多问题，"大"本身也要付出代价。

大企业的问题在 20 世纪 80 年代后变得越来越突出，不仅在美国是这样，即使是在日本、德国等国家也是如此。在日本 20 世纪 50～60 年代高速发展时期迅速崛起的大企业，特别是骨干企业的董事长们在那时一见面便异口同声地说："怎么回事，我们的企业似乎走进了死胡同！"日本立石电机公司董事长立石一真先生较早地注意到了这一现象。1983 年 1 月，在东京经济团体联合会例会上，立石先生第一次使用了"大企业病"这一名词并对这一现象进行了评论，从而掀起了关注"大企业病"的热潮。为了探索治疗"大企业病"的良方，立石一真总结创办"立石电机"半个多世纪的经验，于 1986 年提出一整套的措施和方法，因为 1986 年是日本昭和 61 年，故取名为"61 措施"。"61 措施"在实践中起到了立竿见影、妙手回春之效果，对日本企业界产生了很大的震动，"大企业病"也因此变成日本大众传播媒介的日常用语，立石一真先生被誉为"经营名医"。

"大企业病"的表现有很多，并且在不同的环境下有不同的表现。 与"大"本身有本质联系的病状主要有如下一些方面：

首先，组织规模大，结构层次多，信息反馈的渠道长甚至失真。大企业都曾多次进行过组织结构改革，美国大企业采用最多的是事业部结构，这种结构的最大特点是分权。据估计，从第二次世界大战结束到 1970 年，在《幸福》杂志 500 家大企业中有 90% 采用这种结构。然而由于规模的巨大，享受分权的单位越来越膨胀，有的事业部竟有十几个管理层次。实际上无论什么组织结构，当规模大到一定程度时都会出现这种问题。其结果是第一线的生产和销售的信息和机会，需要层层上报决策，而决策又要不断地开会研究，最终导致对一线部门答复的无限期拖延，使企业丧失诸多宝贵的市场机会。一线部门的意见也需要很久才能反映到掌权者。其间，意见的中肯和紧迫程度被逐层过滤掉，甚至在各级负责人中有些人只想保住自己的位置，将坏消息隐瞒不报，导致信息完全失真，使决策建立在错误的基础上。

其次，企业规模大，要享受一体化的利益就必然需要中央集权以统一调配人、财、物等资源要素。一个中央集权的大企业必然伴随着庞大的官僚系统。官僚系统的存在使得人浮于事，权限变成权力，为推脱责任，而不断召开会议，相互推诿，大大降低办事效率。同时，使下属产生按部就班，甚至偷懒怠工，使整个企业组织毫无生气。

再次，大企业中形式主义程度也较高。一般来说，大企业专业化分工程度较高，为了协调和保证大企业的正常运转，一般要用预算、工作职务说明书和各种会议等方法，把由专门化和控制幅度的局限性所造成的分离结合起来，这一过程中会产生内部摩擦和矛盾，产生烦琐的办事程序，导致管理费用大大增加。这和官僚作风与信息传递低效率往往联系在一起。甚至有的大企业会议泛滥成灾，会议和文件等形式主义严重，解决问题毫无效率可言。

第四，大企业具有庞大的技术系统，虽然从表面上看，开发和研究能力强，其实如果处理不好则往往走向另一极端——降低创新能力。很多大企业投入巨资建成了技术研究中心，形成了技术研究的"深宅大院"，技术人员被从生产现场和市场割裂开来，结果失去了创新的基本源泉。有的大企业过分追求投资增长，结果形成了庞大的装备系统，难以进行技术改造，设备更新和转产的难度也大。在不正确地运用多样化战略的企业中，这一问题更为突出。还有的大企业凭借自身实力，过分追求制造系统的全自动和现代化，结果造成成本过高而失去竞争力的困境。

"大企业病"现象的普遍存在，充分说明了现实中规模经济的复杂性。

很多企业有时并不能取得其潜在的利益，而规模经济性本身也会受到诸多限制，甚至可能存在规模不经济的情况。一些学者经过长期研究之后认为，规模经济并不像传统观点中认为的那么大，并且随着企业经营环境的改变，规模经济也许会变小。

7. 企业需要确定合适的规模

确定企业规模实质上就是要寻找企业的合适规模（或优化规模），其方法较多。但是，**任何一种方法都不可能单独用来确定企业的合适规模，应该利用多种方法进行比较研究才能比较准确**。确定和衡量企业合适规模的方法有以下几种。

（1）利用企业长期平均成本曲线来确定企业合理规模

现在假定有四个可能的工厂规模，其短期成本曲线分别为：SAC_1，SAC_2，SAC_3和SAC_4，长期平均成本曲线（短期平均成本曲线的包络线）为 IRAC。如图 6-3 所示。

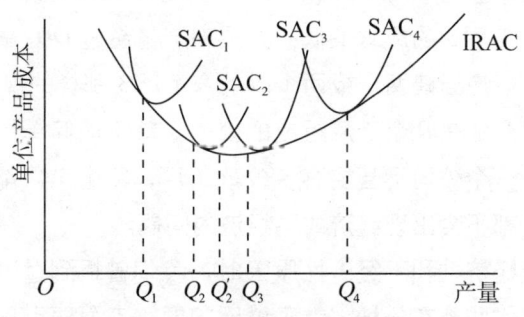

图 6-3　长期成本曲线图

在图 6-3 中，当我们把工厂规模 1 变到工厂规模 3 时，长期平均成本曲线向下倾斜，存在规模经济性，而把工厂规模 3 变到工厂规模 4 时就出现规模的不经济性。只有在产量 Q_3 这一点，短期平均成本曲线和长期平均成本曲线的最小点才会重合。从理论上来说，Q_3 就是最优化规模。但是否选择 Q_3 作为工厂的规模，还取决于以下两个方面的原因。

①技术上是否能建成。有时由于技术方面的影响，不仅 Q_3 的规模达不到，甚至在某一区域内的规模都达不到。假如，由于技术方面的原因，

不可能在 Q'_2 和 Q_3 之间设立工厂，那么最简便的方法就是选择 Q'_2 的规模建厂。如果是这样，包络线就会像图 6-4 那样呈 W 字形。

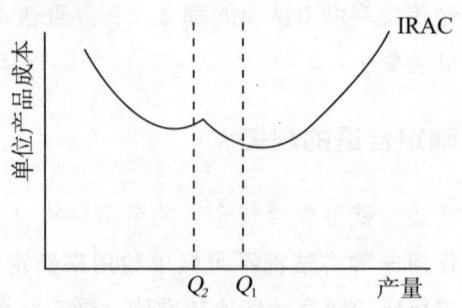

图 6-4　长期平均成本曲线图

②预期产量。如果在任何位置建厂技术方面都没有问题，是否选择 Q_3 作为工厂规模就主要取决于预期产量，当企业的预期产量为 O 到 OQ_1 时，应选择工厂 1 的规模，因为在这个范围内，工厂 1 的成本最低；如预期产量 OQ_1 到 OQ_2 时，应选择工厂 2 的规模，因为在这个范围内，工厂 2 的成本最低；如预期产量为 OQ_2 到 OQ_3 时，则应选择工厂 3 那样的规模，因为在这个范围内，工厂 3 的成本最低；如预期产量超过 OQ_3 的 2 倍，为了取得规模经济性，就应当建两个或两个以上像工厂 3 那样的规模。

当然，如果企业是几个工厂组成的公司，就不能简单地运用这一理论模式了。因为，一个公司不管拥有多少家工厂，每个工厂都可按优化规模建立，工厂生产都不会出现经济或不经济的问题。

在分析规模经济性和不经济性原因时，我们曾提到过管理所产生的影响，这里我们将作些补充分析。为了说明问题，下面要引出市场摩擦成本（简称摩擦成本）和企业组成成本（简称组织成本）这两个概念。

摩擦成本是由市场信息不完全引起的，对企业来说，它是一种外部成本，在市场对企业充分起作用后，市场信息是企业决策的重要根据之一。但是企业并不是任何时候对信息的收集都能做到全面、准确、及时。如果把信息收集的延缓、失真等造成的损失货币化，即构成摩擦成本。几个工业企业合并成一个公司企业，就会减少摩擦成本。所以，摩擦成本和工厂企业数目成负相关。

企业组织成本是由企业内部管理"失控"引起的，对企业来说，是一

种内部成本，显然它和公司规模成正相关。

公司规模是由以上两种成本的比较确定的，也就是说，摩擦组织成本之和的极小值是决定规模的均衡点。用数字公式计算出这种均衡点是困难的，在现实中，实现这种均衡的基本条件是竞争，即大企业摩擦成本较少的优势和中小企业组织成本较少的优势之间的较量。

（2）用统计分析方法确定企业的合理规模

这种方法是通过对各种规模的历史资料进行分析、比较，为确定企业的合理规模提供参考。近些年我国的一些工业部门开始采用这种方法。

纺织行业的研究人员通过对全国万锭以上的47个棉纺厂和251个棉纺织厂的规模分析，大致确定了单纺厂和棉纺织厂的合理规模。见表6-1和表6-2。

表6-1　　　　　　　47个棉纺厂的规模效益

规模分组（万锭）	平均每锭提供税利（元/年）
1~1.99	145.7
2~2.99	168.7
3~3.99	196.2
4~6.99	222.8
7~10.44	240.6

表6-2　　　　　　　251个棉纺织厂的规模效益

规模分组（万锭）	平均每锭提供税利（元/年）
1~1.99	174.4
2~2.99	209.3
3~3.99	247.9
4~6.99	319.9
7~9.99	405.1
10~11.11	391.9
12以上	349.0

从表6-1可以看出，7~10.44万锭的单纱厂效益最好，平均每锭提

供税利为240.6元，4万锭以下的效益较差。因此，他们得出结论，单纱厂的规模宜在4万锭以上，最佳规模为8万锭左右。

从表6-2可以看出，7~9.99万锭的棉纺织厂效益最好，平均每锭提供税利405.1元，因而他们认为棉纺织厂的最佳规模应该为10万锭左右。

(3) 利用生存考验方法确定企业合理规模

在市场经济中，优胜劣汰的竞争规律会发生作用。经过价格、品种、服务等方面的竞争考验而生存下来，并不断求得发展的企业一定是有效率的，相反，被淘汰或走下坡路的企业则是效率比较低的。

用生存考验方法选择企业合理规模首先要把所要研究的企业按规模等级进行分类，然后观察各个等级规模的产出在总产出中所占比重的变化情况。如果来源于同一等级规模企业的产出在总产出中的比重是增长的趋势，这种等级规模则被认为是有效率的；相反，呈下降趋势的那一等级规模的企业则被看作是相对的无效率的。

用生存考验法选择企业的合适规模是建立在有许多同行业企业竞争的基础上的，而且观察的时间要足够长，以至各企业有足够充分的机会去调整它们的经营。我国企业过去都是在没有竞争的条件下按国家要求而建立起来的，所以我们暂时还不能用这种办法来分析它们的合适规模，而只能参考国外的研究成果。

用以上方法来确定企业规模，严格说仅仅是确定理论规模，也就是说为企业的规模确定一个大致的范围，**在具体确定规模建在什么等级时，要受许多因素的制约。**

一是要受资源、原材料等条件的制约。对采掘工业来说，资源情况是制约企业规模的决定性因素。资源多而集中，可形成大型企业，资源少而分散，则只能建立小型企业。对加工企业来说，原材料的供应状况对企业规模有很大影响，原材料供应充足，可以建立大型企业，相反，则只能建立小型企业。

二是要受工业的组织程度的制约。专业化协作水平高，有条件使企业规模小些，什么事情都要自己干，企业规模就可能大些。同时，实行联合化，也会促使企业规模扩大。

三是要受现有技术水平和管理水平的制约。理论认为具有最佳经济效益的规模，由于受现有技术水平和管理水平的限制，往往不能实现，或者在别的国家能实现，在我国却不能实现。比如，国外一条汽车装配线年产几十万辆，一个企业拥有几条生产线年产汽车几百万辆，而我国最大的汽车制造企业年产量只有几十万辆。

四是要受资金需求方面的制约。大企业需要几亿，甚至几十亿的资金才能建成，要筹集如此多的资金需要花很大的精力和很长的时间，尤其是我国现在正处在百业待兴的发展时期，资金十分短缺，要筹集建大企业的资金就更不容易。因此，有时不得不先建成次合理规模的企业，然后通过改造逐渐达到合理规模。这样做虽然比一次就建成合理规模要多花投资，但它能尽快建成投产，并带来收益，也不能说它就一定是下策。

五是要受市场需求的制约。所谓需求制约就是市场能最大限度吸收新建企业的产品数量。它必须根据市场对该类产品的总需求、本企业产品的异同程度、市场范围、时间方式、需求的价格弹性、与别的产品的关系等因素来决定。

很显然，**市场的绝对规模是影响新建企业规模的一个十分重要的因素。**如果产品还处于刚刚开发阶段，而市场对该产品的需求量又很大，企业规模就可以大些，如果产品已倾向成熟，市场已接近饱和，则不宜建大企业。

市场需求直接制约工厂企业的规模，而对公司企业的规模虽然也有影响，但不如对工厂企业那样直接。因为一些公司是由生产不同产品的工厂组成的，市场需求虽然对每个工厂有直接的制约。但公司可以通过增加生产不同产品的工厂数目来扩大其规模，所以公司规模主要受其他因素的制约。因此，在企业的理论规模确定以后，还必须全面考虑以上制约因素，只有这样才能把企业的合适规模确定下来。

二、企业经营规模的权变

1. 企业规模权变策略之一："双向协调"发展

在20世纪中叶之前，在企业规模问题上认为"大就是好""大就可以多得收益"的观念似乎是不容置疑的。但是，20世纪70年代中期以后，伴随着能源危机而来的西方经济危机，以及新技术革命的影响，人们的看法开始改变了。

我们知道，企业产生以后，在生产组织和管理组织方面大体经历了四个发展阶段，即工场手工业时期、工厂工业时期、公司制时期和跨国公司时期。前三个时期企业逐渐集中化、大型化的趋势是很明显的。但是，到了跨国公司阶段，情况就复杂了。一方面小企业加速发展，另一方面大企业的数目也在增加，大企业的规模仍在增大，企业集中的趋势并没有停止。

在现阶段，企业规模并不是呈单向的向小型化、分散化方向发展，而是出现了集中与分散、大型与小型"双向协调"发展的趋势。那种认为大企业的发展势头已经停止，大企业的优势已经消失的观点，是与实际情况不相符合的。对发达国家来说，大企业的数量和规模都发展到了一定水平，因此，在发展大企业的同时，应该充分注意中小企业的发展。

所谓"双向协调"，就是"大"与"小"的结合。

既然现实中普遍存在规模经济，那么大企业的存在便是合情合理的，并且越来越多的中小企业正在成长为大企业。然而为了预防和医治"大企业病"，实行"大"与"小"结合的策略是必要的。在实践中这一策略已经有了很多种表现形式。**一是化大为小，"大"中含"小"，在大企业内部建立相对独立的"公司中的公司"，赋予小公司更多的自主权**，这些小企业同其他小企业一样，面对市场的变动而具有较大的灵活性和适应性。这些"公司中的公司"一般是作为利润中心组织起来的，使整个企业即使规模不小但同样充满活力。美国德克萨斯仪器公司下设了 90 个附属小公司，而约翰逊公司也被划分成了 150 个附属小公司。在这一策略运用过程中，要注意的问题就是切实做到"分权"。"大企业病"的出现大多与企业集权有关，有很多企业口头上标榜着"分权"，而实际上依然是集权，其效果当然不好。

"大"与"小"结合的第二种形式是在规模大的企业中注重吸收"小"的优点。首先"大"也要简单明了、避免复杂，例如为消除大企业信息传递过长的通病，一定要保持组织结构的简化，消除多余的中间层次，疏通渠道。美国纳科公司是一家资产近 10 亿美元的钢铁企业，它总共只设了4个管理层次,即工长或领班、部门领导、总经理和董事会,从而获得了很好的效果。其次"大"同样要注重质量,这里的质量不仅包括产品质量,而且包括从产品开发到售后服务各环节的质量。这也是任何成功企业一条公开的"秘诀"。彼得斯在对诸多企业进行了长期观察后得出结论:用户都愿为更优的质量花较多的钱,提供优质产品的企业将生意兴隆,提供最优质量产品或服务的机会能鼓励企业中所有部门的人勤奋工作,总之质量是企业中压倒一切的工作。第三大企业要注重从"小"处着手,寻找企业的增长机会。许多大企业往往热衷于搞一些缺乏适应性的大项目,而对一些小项目不屑一顾,这是很多大企业尝试失败的重要原因之一。大企业应该纠正"贪大求全"的思想倾向,避免陷入大规模行事的陷阱。

"大"与"小"结合的第三种形式是用"小"环绕"大"。用许许多多的中小企业与核心大企业建立起协作关系,以实现更大规模的生产经营。这种做法不同于以兼并方式形成的垂直多样化或综合多样化的做法,协作企业的独立性很高,可以灵活适应核心企业以及外部市场的变化和要求,而双方在研究与开发、生产、质量管理和产品销售等方面又有密切的利益关系,有的甚至可以形成互相持股、合资经营等血缘关系。日本的大企业基本上采用这种形式。此外用"小"围绕"大"的另一层含义是大型企业发展中可以设置许许多多的风险型小企业,开展形形色色的创新活动,这是保持大企业持续活力的一种主要的方式。风险型企业投资少,规模小,失败率也比较高,但如果一旦成功,收效却很大。美国通用电器公司早在20世纪80年代就推行这种做法,它创建了由15名专家组成的"公司中的公司",脱离原组织系统,相对独立地专门从事生物工程学的研究。国际商业机器公司也建立了7个类似机构,利用市场缝隙,为公司开辟出具有很大增长潜力的新领域。

企业规模呈现"双向协调"发展趋势的原因如下:

(1) 多样化、多层次的科学技术的发展

随着科学技术的发展,特大功率、特大容积、特高精度的动力、运输和生产设备日益涌现,这必然会促进生产和使这些设备的生产企业也向大型化方向发展,如建立生产流水线、自动线使生产过程实现连续化、自动化。另一方面，科学技术也使某些技术设备向小型化方向发展，如出现了小型和微型电动机、柴油机和发电设备，小型精密机床，微型计算机等，这些设备都具有体积小、重量轻等特点。比如，有的超小型水电设备，重量只有60公斤，发电能力有2千瓦。不久前美国一个工程师研制出一种超小型计算机，其体积是一个边长不到8厘米的立方体，它的运转功率为20瓦，允许温度为摄氏71度，可以管理16台每秒能处理800万个指令的微机并行运行。这些设备的广泛运用，使一些企业朝"小而精""小而专"的方向发展，从而取得了较好的经济效益，在某些部门和行业，其优越性甚至超过大型企业。

(2) 专业化协作的发展

在现代经济中专业化已经由"产品专业化"过渡到"零部件专业化""技术服务专业化"。因为现代工业产品，特别是机电产品结构十分复杂，许多产品由成千上万个零部件组成，比如，一部汽车有2万多个零部件，而一架B-747飞机所有零件多达450万个。这些产品都必须经过协作才能完成。一般做法是总装厂生产部分主要零部件和进行组装，它们的规模比较大，而一般的零部件则由许多中小企业来生产。

日本的丰田汽车公司是一个大企业集团，但是丰田汽车公司只生产汽车引擎、车体等30%的零部件，其余70%则由协作厂生产。丰田汽车公司只有10个工厂，而协作企业达1240个。其中240家工厂生产零部件，其余的1000家工厂为丰田公司制造机械设备、卡具等。美国通用汽车公司也有6000多家中小企业与之协作，日本松下电气公司向中小企业采购零部件的比率也达80%以上，日本柴油汽车工业公司甚至达到90%以上。

这样做的好处是：大企业不仅可以减少零部件种类的生产，集中力量主攻某些关键部件和建立流水线、自动线完成产品的组装，形成大批量生产；而且可以集中人力、物力、财力进行科研和新产品开发，加速产品的更新换代，提高产品的市场竞争力，取得更好的经济效益。小企业虽然设备、技术比大企业要差，但是由于它们往往只生产一种或几种零部件，产品比较单一，技术专一，不仅有利于它们扩大产品的批量，进行大批量生产，而且有利于它们在技术上精益求精，并有所突破。据美国商务部统计，21世纪科学技术的发展，有一大半是由小企业创造出来的。《美国经济考察》，中国社会科学出版社 1980 年版，第 74 页。据美国 1978 年 4 月《国会记录》所载，战后美国工业生产中共有 61 项基本发明，其中，45 项是中小企业的科研成果（美国 1978 年 4 月《国会记录》，第 5025 页）。可见，在现代生产中，由于分工协作的深入发展，大、中、小企业各有其优势，它们互相协作、互相依存、共同发展。

（3）**行业规模经济性的差别**

随着分工的深化和科学技术的发展，工业的行业越来越多，各个行业企业的规模大不相同。产品和服务的性质、用途不同，其对规模的要求大不相同。如电力、煤炭、钢铁、有色金属、石化、汽车等行业的产品，多作生产资料用，或品种比较单一，或同一规格的产品需求量大，有条件采用大功率的设备，或组成流水线、自动线进行连续生产，因此，一般说来，大企业就比较多。相反，像轻工、食品、纺织等行业的产品，多作生活资料用，它们具有品种规格多市场需求变化快，原料分散等特点，适宜采用中小企业进行生产。比起生产资料行业的企业来说，它们的规模就要小得多。

（4）**企业成长规律**

对一般企业来说，都有一个由小到大的过程。这首先受技术水平的制约。某些产品开始生产时，或功能没有被充分认识，或成本高、价格昂贵，一般人买不起，因而不能大量生产。其次是受资金的制约。许多企业在初创阶段，自有资金都比较少，又没有条件贷款或向社会筹集资金，只能先建成小企业，然后再发展壮大。

综上所述，现代科技要求巨型生产与微型生产同时存在，专业化协作要求大企业与小企业配合，行业规模经济性并不是以"一刀切"的方式规定经济效益，市场已经给那些竞争的优胜者提供有利条件，而不再仅仅垂青于大中型企业或小企业，**在企业演变规律的作用下，不断形成大企业也不断产生小企业。**所以"双向协调"发展的趋势是不以人们意志为转移的规律性现象。

2. 企业规模权变策略之二：以"收益"定"规模"

在现代，一味地追求规模经济，一心扩大生产批量的做法再也行不通了，然而这并不意味着企业可以不考虑规模经济了。实际上，现在许多行业中，如果没有规模经济将根本谈不上竞争力。任何企业如果达不到本行业规模经济的要求将不可能处于最好的收益状态之下。值得注意的是现在的规模经济与传统的规模经济在本质上和作用方式上有了根本的变化。现在的规模经济一改过去的单一品种大批量生产的做法，而是通过许多品种的小批量生产的叠加而实现的。对系列产品中的某一规格产品来说，生产量可能很小，根本谈不上规模经济，而如果一个企业生产成千上万种规格的产品，其累计产量将可以达到很高的程度，所以对于现代企业来说，企业规模的量的规定性可以说是扩大了而不是变小了。现代经济中之所以能产生比过去大企业还要大得多的巨型公司原因之一就在于此。所以，**现代企业的经营管理同样要追求规模经济，并且是在不断地创新，不断地使产品差别化，在适应市场需要的条件下实现规模经济。**

从理论上讲，企业规模的大小取决于其规模经济的大小。企业的合理规模的确定应该以充分利用规模经济的利益为前提，确定的方法可以通过规模收益的关系分析来进行。企业的合理规模应该处于规模收益不变的区间内。因为当规模收益递增时，说明产出水平尚未达到最优，规模的经济性尚未达到最高，企业有相当的增长余地；而当规模收益递减时，规模的增加使边际产出减少，扩大规模反而会降低效益。

应通过判断现有生产规模与规模收益的关系来确定企业合理规模：当企业生产规模收益没有达到最大时，可以通过扩大规模的传统方法使企业效率提高；当规模收益达到最大时，扩大规模已不能使效率提高，为了实现增长，企业可以另行新建企业，实现产品差别化或多样化经营；而当企业规模收益处于递减时，必须采取措施，防止出现"大企业病"以及最大限度地减轻"大企业病"带来的种种不利影响。实际上，企业管理规模的确定十分复杂，要考虑诸多影响因素。比如企业的生命周期阶段。新兴的中小企业往往显得比成熟期的大企业更具活力，这是因为从规模收益和利用规模经济利益的潜力上来看，中小企业比大企业更具有优势。再如企业所在的行业，在采用大量资本化设备，而这些设备在生产规模较小时是没有效率的，规模经济十分显著，像钢铁、汽车行业等，而在零售业中，规模经济相对要小得多。

3. 企业规模权变策略之三：围绕增长的主题而变化

小企业发挥"小"的优势是为了实现增长，大企业解决"大企业病"同样是为了实现增长，所以说企业规模的确定问题是一个动态问题。在企业规模的变化过程中，企业将会一直面临着机遇和挑战，矛盾和冲突。小企业一开始的发展是迅速的，但是小企业同时也是脆弱的，一有风吹草动就将会偃旗息鼓，美国弗吉尼亚大学教授拉尔夫和比加戴克曾作过一项研究，揭示了小企业特别是风险小企业失败率较高的情况，从总体上看，被研究的 68 个小企业都显示出了一个令人吃惊的增长率——每年增长 45%，然而这些企业却只有几家能保持三年或四年这样的继续增长。这些企业的市场占有率太小，发展势头太不稳定。所以小企业的增长不仅仅表现在增长率上，而且表现在市场占有率和规模上。日本企业有一个共同特征，这就是把市场占有率作为企业发展的第一目标，它们认为，企业只有有了客户和市场，才会有持续的增长，为此它们追求规模经济，降低生产成本，采用一切有效的方法扩大企业的市场份额。

要保持企业的持续增长，需要解决很多重要问题，其中最重要的问题便是"人"。小企业发展中推进的力量是企业家本身，他的成功在于他对经营的投入与专心，他经常参与技术、产品、制造过程和分配渠道等各项工作，始终如一地深入到客户和职工中去。而大企业却不是这样，权力和知识通常遍及整个组织，而不是集中在一个人身上，这通常是"大企业病"的原因之一。因此，实现企业不断增长要使创业者的精神和直观技能一直伴随着企业规模的扩大而有所提高。在这个过程中，企业的管理者要注重"企业文化"的建设，最大限度地发挥"霍桑效应"，提高职工士气，善于沟通和联系，注意组织中的每一个方面，使企业适应环境的变化，并把企业变化同企业目标、企业文化等有机地结合起来，只有这样，企业的不断增长才会成为可能。

第七章
技术权变：企业的技术创新

  技术创新，是当代企业的活力之源，也是企业核心竞争的强大支撑。在时代变化日新月异和社会进步日趋加快的今天，没有哪个企业可以凭借吃老本而存活于市场。失去创新能力的企业必将遭到市场的无情淘汰，唯有依赖技术的不断创新，企业才能在残酷的市场竞争中领先于人。技术权变，是21世纪企业生存与发展的必然选择，也是企业现代化管理的创新要求。

一、技术创新：企业腾飞的羽翼

技术创新是企业市场生存的客观要求，是企业不断发展的保证条件。当今时代，技术落后的企业，竞争必输。唯有以技术创新为羽翼，企业才能在今天的市场竞争中获得更多的成功和机遇。

1. 技术创新的本质与特征

（1）技术创新的含义与本质特征

技术创新是指与新产品的制造、新工艺过程或设备的首次商业应用有关的研究开发、设计、制造及其他商业活动，包括产品创新、工艺创新和服务创新。对于企业来说，技术创新就是将一种新产品、新工艺、新服务引入市场。

科学和技术创新都是改变人类生活方式的重要手段。如果说科学的测度是增进对自然现象的理解，那么创新的测度则是影响人们生活方式的程度，用现在的话说，是产生的经济效益。有时一个非常小的技术发明可产生非常大的影响，集装箱便是一例，它的技术含量很低，但却产生了一场运输革命。

所以，**技术创新的本质是将科学技术应用于产品、工艺以及其他商业用途上，以改变人们的生活方式，提高人们的生活质量。**

（2）技术创新的主要特征

技术创新涉及研究开发、设计、制造及其他环节，所以，技术创新是一个过程，为了更好地说明技术创新过程的特点及与其他活动的区别，它具有如下特征：

①创新收益的非独占性。所谓非独占性，是指创新者难以获取从创新活动所产生的全部收益。原因是，技术创新活动主要产生一种无形知识，它通过产品实物而体现出来，如一支可给消费者带来效用的新牙膏，其配方便是一种知识。由于知识复制要比知识创造容易得多，所以，其他厂家可通过非正常或正常的手段掌握这种新配方，也生产这种牙膏或其变种。

这就造成了创新收益的非独占性。知识产权法的出台正是社会对技术创新的一种激励措施，使技术创新者对其创造的知识拥有垄断性的产权，以保护创新者的权益。但知识产权的实施要比有形产权的实施难得多，可以这样说，正是实施知识产权的难易程度决定了创新收益的独占程度。

②创新的不确定性。与成熟产品的生产相比，技术创新的不确定性要高得多。一是研究开发的不确定性。一种新方案往往要经过成百上千次的试验、探索，才能成功。失败是常见的事，但也是成功之母。二是试验和试生产阶段的不确定性。研究开发成果是在实验室特定环境里完成的，需要小试、中试以发现问题，为规模生产找到合适的工艺、材料、环境等。有些实验室成功的成果往往不能通过小试、中试。三是市场的不确定性。一般而言，一个新产品从立项到最终研制成功需历时数年。如一个新药的开发常需10年以上的时间。在这样一个时期里，市场会有很大变化，这包括竞争者先于自己而将新产品投向市场，或者是人们的消费观念发生变化。这既可能使新产品一开发成功就被市场淘汰，也可能会有意想不到的市场成功。

③创新的市场性。技术创新与纯科学技术活动的区别是它对市场的强调。**技术创新活动必须围绕着市场目标而进行，纯粹技术突破而没有市场价值的技术并不属于创新。**

④创新的系统性。系统性有两层含义。一是指创新要求企业内各个部门的密切配合，如研究开发部门与生产、销售部门的配合。二是指创新的实现依赖于外部环境的密切配合，这包括经济、政治、与创新相关的其他产业的技术水平等。

2. 实施技术创新的战略意义

当今，世界各国普遍关注本国的技术创新的投入产出比，以提高本国的技术竞争力及技术创新的效率。

在我国，随着经济的高速度增长，国民经济实力的不断提高，创新比以往任何时候都迫切。首先，传统的靠增加数量、降低质量的增长方式已不适应我国的经济发展要求，需要我们走以技术创新——新产品、新工艺和新服务——来推动经济增长的道路。其次，传统的靠引进来发展的模式已受到严重的挑战。因为引进难以引到国外最先进的技术，且不在引进基础上走自主创新的道路，就难以摆脱跨国公司、国外势力对我国的技术控制，就难以求得民族工业的长期发展。第三，随着市场经济体系的建立，国内外竞争日趋激烈，企业只有创新，才能确保在市场上立于不败之地。

在当前，实施技术创新对企业发展有如下重要意义：

- 可使企业摆脱粗放式经营的道路，走以技术创新为核心的集约式发展道路。
- 可使科技与经济两张皮的现象得到根本性扭转，提高科技成果的转化率。
- 可使企业有一个良性的发展机制，提高企业的市场竞争力。
- 可使企业不再靠盲目引进、乱铺摊子求发展，而是靠有市场的产品、高质量的产品求发展。
- 可使企业形成自己的知识产权，生产他人难以模仿、有市场竞争力的产品，以确保企业在国内外市场上的竞争地位。

3. 影响企业技术创新成败的因素

(1) 企业规模与创新成功的关系

①随着企业规模增大，高层领导支持力度也会增大。研究开发部门与市场营销部门、生产部门合作，高水平人才、体制合理也表现出增大趋势。

随着企业规模的增大，技术带头人作用比重由大到小。这说明，技术带头人在小企业创新成功中起的作用比大企业大。虽然技术创新离不开技术带头人，但大企业可谓人才济济，能担任技术带头的不乏其人，而小企业中，这类人才是少数，如果缺乏技术带头人，技术创新会很困难。

②在组织因素方面，大中小企业都承认企业内各部门合作的重要性，但大企业认为体制合理更重要。体制合理指有一个有利于技术创新的体制，大型企业似乎首先看到技术创新成功不仅存在于企业内部的合作中，还包含在合理的体制中。

③随着企业规模由小到大，政府支持、用户/供应者合作与支持、与

研究机构合作、与其他公司合作和获得咨询服务等外部因素对创新成功的作用由大变小，只有与大学合作一项是由小到大。大企业创新成功对外部因素的依赖性小于中小企业，大企业与大学合作对创新的作用比中小企业高，说明大企业在基础和应用研究上比中小企业有更高要求。

（2）企业性质与创新成功的关系

技术创新成功的内部因素在不同性质企业间存在程度差异。民营企业和中外合资企业对"高层领导支持"和"研究开发部门与其他部门合作"的重要性有更多共识。

不同性质的企业在技术创新成功的外部因素上的差异较大。政府支持对国有、集体企业来说处于首要地位，但对民营企业、中外合资企业属次要项，居首要地位的是用户/供应者的合作与支持。股份制企业则认为"政府支持"和"用户/供应者合作与支持"同等重要。如果进行不同性质企业间的比较，国有和集体企业的"政府支持"度高于其他性质企业，而民营企业、中外合资企业在"咨询服务""得到用户/供应者合作与支持""与研究机构合作"项上的选择集中度高于国有和集体企业。这一结果充分说明，全民和集体企业更依赖于政府支持，而非国有企业的创新成功依赖的外部因素更多地集中于那些与企业经济利益密切相关的合作上。

二、企业技术创新的机制与模式

1. 企业技术创新的机制

技术创新活动常常是在一定的诱导或者说引导机制下完成的。人们常把这些机制归为两类：技术推动和市场拉动。前者是先有技术突破，被技术推动而产生的技术创新。后者是先有市场需求，引导人们去从事某种创新。**在不同的产业，技术创新的主导模式并不相同。**

（1）科技先导型创新

20世纪50年代以来，科学技术对经济的渗透越来越深，影响方式也越来越多，由于科学研究已成为人们一项重要的活动，其间经常有技术突破发生，这些技术突破改变了人类的生活方式，所以，技术推动型创新已具有十分重要的意义。当然，在不同的产业，科学技术的作用并不一样。研究表明，在化学、材料科学、计算机科学等领域，所发生的技术突破对经济有着深远的影响。而像化工、建筑等领域，技术创新与科学研究的联系并不密切。

技术创新的源头是科学研究，然后是设计，样品生产，规模化生产，走向市场。 在产业史上，技术推动型创新并不少，最有名的例子是激光。激光刚被发现时，许多人并不知道它有什么价值，它也不是市场需求的结果，只是到了后来，人们才发现激光所具有的价值直至导致一个产业的兴起。类似的例子还有 DNA 重组技术等。

由于科学研究是人们探索自然的过程，在这一过程中，许多活动事先并不带有商业目的，但这些活动的成果都可能有意想不到的价值。要想用科学技术来推动创新，企业必须有一定的技术积累，有较好的市场眼光、风险意识，才能挖掘科学发现的经济价值。在历史上，有很多企业错过了技术突破带来的创新机会。

在实践上，从科学技术突破到创新，并非是一件易事。有时，从一项科学技术突破，到能大规模地生产，需要 10 年左右的时间，短的也需要 2~3 年。原因是，科学技术突破常常是实验室里的产物，从实验室样品到大规模地生产，需要解决工艺、中试、生产制造、消费者的接受这一过程中的一系列问题。因此，**科技成果转化需要大量的资金投入且风险也很大**。但企业也没有必要惧怕创新，因为风险与高报酬是相互依存的。

不同的国家有不同的科技推动创新方式。在发达国家，从研究开发到商业化，大多是在企业内完成的。而在我国，科学研究常常是企业以外专职研究机构的活动，这种科学技术活动与市场的脱离，使许多科学技术活动在一开始就缺乏市场意识，使技术创新的成功率不高。

(2) 市场拉动型创新

在 20 世纪五六十年代，人们都信奉技术创新的技术推动说。但后来人们渐渐发现，在有些产业领域，技术创新常常是在本产业投资、产业高潮之后才出现，即产业的需求在先，发明创新在后。这就是创新的市场拉动说。

历史上存在有许多例子支持创新的市场拉动说，如通讯产业、化工产业、汽车产业的许多创新。一般而言，消费者占主导地位的产业，常常是创新需求拉动较多的产业。现在看来，在技术创新中，需求和技术突破常常以一种相互作用的方式而共存。在有市场需求的地方，会引致人们从事各种研究开发工作。**在有技术突破的地方，必须有市场眼光，用市场引导科学研究的方向，科学突破才能真正转化为创新**。正如美国经济学家罗森堡所说："创新活动由需求和技术共同决定，需求决定创新的报酬，技术决定创新成功的可能性及成本。"

（3）技术创新的诱导

与创新的技术推动、市场拉动说相共存的还有其他学说，其中创新的诱导说值得一提。

罗森堡是一位学识渊博、著述甚丰的经济学家，他在技术创新研究上有许多独到的见解。他认为，创新的诱导机制是存在的，原因如下。

①技术发展不平衡。在任何时刻，都有技术发展的不平衡现象，许多重大的技术创新，都是为了解决技术不平衡而做出的。如早期贝氏转炉，炉底只使用了几次便会因高温而穿孔。当时，厂家只得停产，待炉冷却后再让人进行修补，这既费时又费钱。这是一个与贝氏炼钢法很不相称的技术弱点。工程师阿·霍利针对此弱点进行了研究，提出了可抽象炉底的设想。这一发明，大大提高了贝氏转炉的效率。

②生产环节的不确定性。在任何一个生产环节，都有出现故障的可能性。最著名的例子是在过去几个世纪内，工人常常联合起来，或罢工或与资本家讨价还价。为了解决这一问题，资本家就鼓励节省劳动的发明。

③资源供给的不确定性。常有这样的情况，一条原来畅通的供给渠道突然被中断，迫使人们研究其他替代物。在第二次世界大战早期，日本占领了许多东南亚国家，切断了美国的橡胶供应来源，迫使美国加紧研制复合橡胶。

上述是三个较典型的诱导机制，这些机制的共同点是：它们是生产的卡口，或者说是瓶颈，是生产进一步发展的障碍。**这种障碍形成一种压力，诱导厂家围绕这些障碍进行创新**。当然，每一次创新都不可能是一劳永逸的，它会造成新的瓶颈，诱导人们进行再创新，如此循环往复。

2. 技术创新的主要模式

我国是一个发展中国家，与发达国家相比，我们的技术水平还较落后，这就决定了我们在自主创新上可以有多种途径。我们在此主要讨论三条途径：一是在模仿的基础上创新；二是在引进技术的基础上创新；三是结合技术轨道的发展模式进行自主创新。这里的自主创新，是指创造了自己知识产权的创新。

(1) 在模仿的基础上创新

所谓在模仿的基础上创新，是指在解剖他人样机的情况下，掌握他人的设计、工艺、制造原理，并进而在这一基础上引入自己的技术创新，以改进产品性能、提高产品质量、降低产品成本。

模仿成立的依据在于：有些技术是体现在商品上的，如产品的设计、工作原理等。有些技术不是体现在商品上，如一些难以用文字描述的诀窍，一些工艺知识及一些仅有少数人知道、流传不广的科学技术原理。那些体现在商品上的技术，大多可以通过解剖、逆向工程了解到。而有些非体现的技术，却可能借助文献（如专利说明书），借助专家之间的交流等途径而得到。像我国这样一个原来技术基础很差的国家，借助模仿以发展自己的工业，是无可非议的。因为无论如何，**就掌握一项技术而言，有样品可以模仿，比自己从零做起，在经济上、时间上要合算得多，它可以使我们少走许多弯路，以较快的速度掌握许多技术。**

但历史表明，纯粹模仿，虽能有助于一个落后国家经济、技术水平的提高，但这种提高是有限度的。在不知产品、技术"为什么这样做"的情况下，我们就难以在这一技术基础之上更进一步，就难以摆脱老是跟在人家屁股后面跑，却总是跟不上人家的局面。

为了更好地理解在模仿基础上的创新，先让我们看一看自主创新与模仿创新的区别。

在这里，创新思想、研究开发都是非常重要的阶段，是自主创新的龙头。但在模仿创新中，上述发展将有所不同。

模仿创新与在自有技术基础上创新的最大不同点是：模仿创新无须再

进行研究开发活动，甚至无须再搞市场调研了，因为这一产品已被证明是市场上可行的，这可省去大笔此类开支，从而使得投资小、风险小，但唯一的问题是如何通过反向工程、解剖样机来弄清产品的制作原理。比如，在制药业，据我们调查所知，一些企业搞创新的方式是：取得产品样本后，结合产品说明书，再查看一下专利文献，就大致可知这一产品应该用什么工艺流程生产了。接着便是做实验室实验。一旦成功，便可向卫生部申请药品生产许可证。许可证下来之后，再做些中试、放大性实验，便可规模生产了。

正因为模仿有这样的特点，所以，在模仿基础上从事自主创新的较好方式如下：

- 进行工艺创新，以降低产品成本。
- 对产品进行渐进创新，以改善产品的质量。
- 重新设计生产系统，使生产方式、工艺流程更科学。

在中国，在模仿基础上创新一般需走的几个阶段是：

- 用反向工程解剖样机，掌握样机的工作原理、制造方法。
- 引进或自制产品所需的零件、主件，若引进组装件，则还有一个国产化的问题。
- 针对中国市场进行产品时再开发，创新。
- 针对世界市场进行产品的再开发，创新。

日本被认为是在模仿基础上进行产品创新、工艺创新的典型。它通过这一战略，一跃成为世界工业强国。在50年代，日本的技术水平很低，为了追赶英美等发达国家，他们从美国引进了许多消费品和先进技术，为的是在他人产品的基础上，开发出适用于本国的产品。为此，他们对引进的许多产品进行了大量的反向工程工作。他们的做法是：由多个部门的技术人员组成的产品开发小组对某台机器进行反向工程，以了解产品的性能、工艺原理等。日本在模仿基础上创新的一大特色是，**在国外引进的产品上或已有的产品之上，用系统的方式重新考虑产品的设计、工艺、制造方式，引进工艺创新，以降低产品成本，使产品更具竞争力。**

在我国，常见的情况是，一旦模仿能够顺利地生产出产品，整个过程就完结了。企业领导会高兴地要求职工加快生产，以提高经济效益，至于如何重新设计工艺路线，如何改进产品，那已不是企业该做的事了。这种模仿自然难以成为再创新的基础。

进行模仿基础上的创新需注意的一个问题是：一定要围绕他人的专利搞再开发，切不可在侵犯他人产权的情况下创新。日本佳能公司在进入复印机行业时，就是围绕施乐的专利开发出自己的技术而进入复印机市场的。当然，有时也可在购买他人的专利的基础上创新。

（2）在引进技术基础上的自主创新

在本身技术水平较低的时候，采用在引进技术基础上的自主创新可说是一种事半功倍的创新方式。遗憾的是，我国企业在这方面虽有所成绩，但与日本、韩国等比较，我们做得并不好，甚至在某些方面是失败的。主要原因在于：一是把技术引进的目的看作是提高生产能力的手段，而不是技术创新的基础。二是在引进技术时，只注意引进技术装备，不注意引进相应的软件技术。三是在技术引进中用行政决策代替科学决策，影响了引进的效率。

在技术引进基础上的创新与在自有技术基础上的创新的不同体现在下述几个方面：

● 在技术引进基础上创新可节省大量的研究开发经费。因为此时产品概念、原理、制作方法已基本完备。

● 在技术引进中，许多技术并不完全体现在设备、产品上，从而许多"为什么这样"的问题仅靠技术引进是无法知道的。而自有技术基础上的创新却并非如此。

● 引进来的技术是在国外特定环境下开发出来的，而技术是有一定的地理、环境特色的。所以，引进技术不一定适用于本土的情形，而自有技术却没有这一问题。

所以，在引进基础上进行自主技术创新，关键的是要做好以下三个步骤或三个阶段的工作。

第一阶段是学习。所谓学习，与我们常说的消化吸收相同也不相同。消化吸收被看作是引进技术后的事，而我们所说的学习则包括以下内容：

①在所引进的技术领域有一定的研究、跟踪。这种研究、跟踪有助于

工程技术人员对引进技术的原理"Know why"的理解。

②在引进之中，对技术供给方进行访问、参观、学习，以掌握技术的秘诀、运作环境。

③在技术引进后，不断地通过从干中学、从用中学以掌握引进技术。

第二阶段是引进技术的本土化。为了使引进技术成为技术创新的基础，必须首先要做到使引进技术适应予本土情形。这既可使引进技术更好地发挥作用，又能使引进技术成为再创新的基础。在20世纪50、60年代，日本每年都要花大量经费用在使引进技术适应本国的情况。

引进技术的本土化主要解决以下问题：

- 让国外的技术适应本国的原材料、环境。
- 让国外技术适应本国的其他配套措施。
- 让国外的技术、产品适应本国的消费习惯。

强调对引进技术的学习，主要是基于这样几点认识。引进技术是外来技术，在这一技术的最初开发过程中，并没有我们的技术人员参与。而技术的发展有连续性、累积发展的特点，对后来者会构成一道入门壁垒。这样一来在以后阶段接触这一技术的人就会难以掌握、理解它。

第三阶段是在引进技术基础上创新。一旦我们走过了前两个阶段，就为创新打下了一个良好的基础，也意味着我们已较好地掌握国外技术。

在引进技术基础上的创新可从以下几个方面着手。

- 改进国外产品的工艺路线，引入工艺创新，以降低产品成本，使产品更具吸引力。
- 重新设计产品，使产品适应本国的消费模式。
- 找到引进技术的弊端所在，通过研究开发，进行产品创新和工艺创新，使产品提高一个档次后，重新打入国际市场。这是在引进基础之上进行创新的最高阶段。

第八章
资本权变：实施资本运营

　　进入21世纪，企业并购重组在全球已发展到相当大的规模，并逐渐呈现出范围大、数量大、力度大、巨额化等特点，这一潮流对世界经济结构和全球市场态势正在产生不可低估的影响。中国企业在规模上、生产能力上和盈利能力上与西方国家比还有很大差距，改革开放30多年了，多数国企还并没有真正进入世界的大门。因此，企业必须采取各种相应对策，以适应形势的迅猛发展。

一、全面深刻地认识资本的本质

长期以来,"资本"曾被认为是资本主义生产方式的核心,是"榨取剩余价值的价值",使经营者受到了极大的束缚。正确认识资本的本质,有助于与世界经济接轨,有利于企业的创新发展。

1. 资本是生产经营的基本要素

资本是企业从事生产经营活动而垫付的本钱。资本是一种稀缺的生产性资源,是形成企业资产和投入生产经营活动的基本要素之一。

资本一词由来已久,其原意为本金和本钱。在西方,"资本"一词来自拉丁文,其原初意义指人的"主要财产""主要款项"。它最早是在15世纪和16世纪由意大利人提出来的。当时,正是资本主义的曙光时期,商人资本和高利贷资本最为活跃。国外古老"资本"的概念指可以凭借营利、生息的钱财。

随着社会化大生产的形成和商品经济的日益发展,资本已成为联结生产要素,配置社会资源,形成现实生产力的基础性因素。**增加资本的效果,追求资本的保值和增值,已成为现代企业生产管理的核心目标。**

2. 资本具有增值性、运动性等特征

资本的基本特征主要有以下几个方面:

(1) 资本的增值性

追求价值增值是资本的直接目的,也是资本最根本的特征。资本不同于货币的根本特征,在于它在运动中要带来剩余价值。如果资本不能在运动中带来剩余价值,也就不称其为资本了。

(2) 资本的运动性

资本增值是在运动中实现的。**运动性是资本的重要特征**。资本的运动性表现在资本循环和周转的无限性以及资本向外转移的开放性两个方面:

资本对于价值增值的无尽追求决定了资本不断地、周而复始地进行循环的特性。资本运动的内容包括实物形式的运动（物质替换）和价值形式的运动（价值补偿）。资本运动具有跨行业、跨地区、跨国界的全面开放性，不断地促进资本增量和存量调整，促进结构化、合理化的资源优化配置。

（3）资本的竞争性

资本的增值本性决定了资本与资本之间必然要展开竞争。而竞争一旦形成，对于资本的存在和运动又会转化为一种外在的强制力，**所以，竞争性既是资本内在属性的要求，又是面临外在压力的反应**。资本在部门之间的竞争表现为生产不同种类产品的生产者之间的竞争。竞争的目的是追求能取得高利润率的投资场所，竞争的手段是资本从利润率低的部门向利润率高的部门转移，竞争的结果是平均利润率和生产价格的形成，实现了等量资本要求等量利润的平等权利。

（4）资本的独立性和主体性

资本的存在形式和运动形式具有独立性的特点。微观资本要求有明确的利益和产权界区，要求独立地进行投资，表现为独立的利益主体，资本成为经济运动的一般主体或真正的主体。

（5）资本的开放性

在市场经济条件下，企业资本既可以自由地输入，也可以自由地输出。从企业资本的形成看，既有国内资本，也有国外资本；既有国有资本，也有法人资本和个人资本。从企业资本输出来看，它既可以从一种资本形态转向另一种资本形态，提高资本利润率，也可以向其他企业投资、参股、入股，以此来分散风险，发展壮大自己；既可以通过兼并、收购等途径扩大企业规模，也可以通过出售自己的部分产权来盘活存量资产，调整产品结构。这种开放性的特征，有利于资本的迅速积聚与集中，有利于资本规模的扩大与发展。

3. 资本可以实现生产力的转化

资本具有以下几方面的功能：

(1) 联结生产要素，形成现实的生产力，推动价值的增值和积累

在市场经济条件下，生产资料、劳动力及各类生产要素处于某种分离状态，它们只有通过资本购买，才能转化为现实的生产力。

(2) 联结流通要素，促进商品流通和货币流通，实现剩余价值和分配价值

流通要素从价值上看，就是流通资本的存在形式。只有流通资本的投入才能实现流通要素的结合，流通资本的根本职能在于通过促进商品流通和货币流通，完成剩余价值的实现和分配。

(3) 资源配置的职能

资本为了追求高利润率的投资场所，就会不断从利润率低的部门转出，转入高利润率的部门，这必然带动资源从低利润率的部门转到高利润率的部门，从而优化资源的配置。

(4) 激励和约束的职能

为了追求超额利润，各企业必然努力改进技术，改善管理，降低个别成本，这是资本追求超额利润的激励功能。资本要取得较高的利润率，就要尽可能减少预付资本的投入和固定资本的占用，尽可能发挥现有资本的作用。要提高资本的利润率，就要尽可能节约不变资本的支出，消除原材料方面的浪费和闲置现象，就要尽量压低工资、奖金的支出。这些方面，客观上形成了对企业行为的有效约束。

在西方经济学中，资本是一种稀缺的生产性资源，是投入生产活动的要素，一般分为物质资本、人力资本与金融资本。狭义的资本指物质资本（厂房、机器设备、存货）。资本这种生产要素与劳动和土地有所不同，劳动和土地一般是属于自然禀赋，而资本则是在经济过程中劳动和土地发生作用的产物。因此，劳动和土地通常被称为"初级"生产要素，资本则叫作"中间性"生产要素、人为的生产要素。人们利用迂回生产方法（指先用劳动和土地生产出暂时不能满足消费需要的生产资料或生产工具，即资本品）比直接生产方法（指用劳动和土地直接生产出满足人们需要的消费品）具有更高的生产率，这个更高的生产率是由于使用了大量资本的

缘故。

所以在西方经济学中，资本必须是能够增值的，而且是在运动中增值，并给这一生产要素的所有者带来报酬。利息就是资本这种生产要素的报酬。

二、实施资本运营，让企业产生裂变

资本运营是一个新的经济范畴，人们对它的认识和理解还很不一致。纵观当代企业家在市场运作中的大手笔，往往都是通过资本运营实现的，资本运营已成为当今企业快速发展的捷径。

1. 资本运营的内涵与特征

所谓资本运营，是指对企业可以支配的资源和生产要素进行运筹、谋划和优化配置，以最大限度实现资本增值目标。**资本运营的目标在于资本增值的最大化，它的全部活动都是为了实现这一目标。**

长期以来，由于受计划体制的影响，许多企业经营者对企业的物质管理了如指掌，对资本运营则较为生疏，不善于根据市场的长期预测，决定企业的经营战略和资本流动方向，致使企业资源在闲置和凝固中浪费和流失。资本运营理念强调要将资金、劳动力、土地、技术等一切生产要素都通过市场机制进行优化配置，即要将一切资源、生产要素在资本最大化增值的目标下进行结构优化。这一经营理念对于将企业的经营者思考问题、解决问题的思路和方式转到市场经济上来有着重要意义，将对企业的发展产生深远的影响。

资本运营的内容包括以下几个方面：

第一，从资本的运动过程划分，它包括从资本的组织、投入、运营、产出和分配的各个环节、各个方面。

第二，从资本的运动状态来划分，可以将其划分为存量资本经营和增量资本经营。存量资本经营指的是投入企业的资本形成资产后，以增值为目标而进行的企业经济活动。资产运营是资本得以增值的必要环节。企业还可通过对兼并、联合、股份制、租赁、破产等产权转让方式，促进资本存量的合理流动和优化配置。增量资本经营实质上是企业的投资行为，因此，增量资本经营是对企业的投资活动进行筹划和管理，包括投资方向的选择、投资结构的优化、筹资与投资决策、投资管理等。

第三，从资本运营的形式和内容来划分，可以将资本运营分为实业资本运营、金融资本运营、产权资本运营以及无形资本运营等。实业资本运营是以实业为对象的资本运营活动。金融资本运营是指以金融商品（或称货币商品）为对象的资本经营活动。产权资本运营是指以产权为对象的资本运营活动。无形资本运营是指以无形资本为对象的资本运营活动。

资本运营相对于生产经营来说，是一种全新的理念，它具有如下特点：

（1）资本运营是以资本导向为中心的企业运作机制

在传统体制下，人们对经营概念的理解都很狭窄，将经营仅仅理解为生产经营，对资本的概念深恶痛绝，更不用提资本经营了。传统的生产经营是以产品导向为中心的运作机制，企业只注重产品的生产和开发，不注重资本的投入产出效率；只注重产品的品种、质量问题，不关心资本的形态、资本运行的质量，资本负债结构等问题；只关注产品价格和原材料、设备成本的变动，不注重资本价格和价值的变化。而资本经营是以资本为中心的导向机制，要求企业在经济活动中始终以资本保增值为核心，注意资本的投入产出效率，保证资本形态变换的连续性和继起性，**资本经营的主要目标是实现资本最大限度的增值。**

（2）资本运营是以价值形态为主的管理

资本运营要求将所有可以利用和支配的资源、生产要素都看作是可以经营的价值资本，用最少的资源、要素投入获得最大的收益，不仅考虑有形资本的投入产出，而且注重专利、技术、商标、商誉等无形资本的投入产出，全面考虑企业所有投入要素的价值，充分利用、挖掘各种要素的潜能。**资本运营不仅重视生产经营过程中的实物供应、实物消耗、实物产品，更关心价值变动、价值平衡、价值形态的变换。**

（3）资本运营是一种开放式经营

资本运营要求最大限度地支配和使用资本，以较少的资本调动支配更

多的社会资本。企业家不仅关注企业内部的资源，通过企业内部资源的优化组合来达到价值增值的目的，还利用一切融资手段、信用手段扩大利用资本的份额，重视通过兼并、收购、参股、控股等途径，实现资本的扩张，使企业内部资源与外部资源结合起来进行优化配置，以获得更大的价值增值。资本运营的开放式经营，使经营者面对的经营空间更为广阔，资本经营要求打破地域概念、行业概念、产品概念，将企业不仅看作是某一行业、部门中的企业，不仅是某一地域中的企业，也不仅仅是生产某一类产品的企业，它是价值增值的载体。企业面对的是所有的行业，所有的产品，面对的市场是整个世界市场，只要资本可以产生最大的增值。

（4）资本运营注重资本的流动性

资本运营理念认为，企业资本只有流动才能增值，资产闲置是资本最大的流失。因此，一方面，要求通过兼并、收购、租赁等形式的产权重组，盘活沉淀、闲置、利用率低下的资本存量，使资本不断流动到报酬率高的产业和产品上，通过流动获得增值的契机。另一方面，要求缩短资本的流通过程，以实业资本为例，由货币资本到生产资本、由生产资本到商品资本，再由商品资本到货币资本的形态变化过程，其实质是资本增值的准备、进行和实现过程。因此，要求加速资本的流通过程，避免资金、产品、半成品的积压。

（5）资本运营通过资本组合回避经营风险

资本运营理念认为，由于外部环境的不确定性，所以企业的经营活动充满风险，资本运营必须注意回避风险。为了保障投入资本的安全，要进行"资本组合"，避免把鸡蛋放在同一个篮子里。同时，不仅依靠产品组合，而且依靠多个产业和多元化经营来支撑企业，以降低或分散资本经营的风险性。

（6）资本运营是一种结构优化式经营

资本运营通过结构优化，对资源进行合理配置。结构优化包括对企业内部资源结构如产品结构、组织结构、技术结构、人才结构等的优化，实业资本、金融资本和产权资本等资本形态结构的优化，存量资本和增量资本结构的优化，资本经营过程的优化等等。

（7）资本运营是以人为本的经营

企业的一切经营活动都是靠人来进行的，人的潜能最大，同时，也是最易被忽视的资本要素。资本运营将人看作是企业资本的重要组成部分，将对人的管理作为资本增值的首要目标，确立"人本思想"，不断挖掘人的创造力，通过人的创造效益获得资本增值。

（8）资本运营重视资本的支配和使用而非占有

资本运营把资本的支配和使用看得比资本占有更为重要，因为利润来源于使用资产而非拥有资产。因此，要重视通过合资、兼并、控股、租赁等形式来获得对更大资本的支配权，即把"蛋糕做大"。还可通过战略联盟等形式与其他企业合作开拓市场，获取技术，降低风险，从而增强竞争实力，获得更大的资本增值。

2. 企业并购：资本运营的重要形式

企业并购是现代经济生活中一个极其重要的现象，是市场经济高度发展的产物。作为一种重要的企业产权的交易形式，并购是企业从资产运营向资本运营转化的有效扩张手段，充分体现了市场经济下优胜劣汰的竞争法则。企业并购的意义在于，它能使存量资产得以合理流动，从而带动增量资产的合理使用，有利于社会资源优化配置和规模经济的实现。在市场机制发育比较成熟的西方国家，企业间的并购行为已是司空见惯的现象，它对各国经济的发展发挥着极其重要的作用。在我国，企业并购浪潮方兴未艾，这一经济现象日益受到政府部门、企业界、理论界及全社会公众的广泛关注。

（1）企业并购的含义与法律特征

①企业并购的含义。所谓并购，是兼并与收购的合称。国外学者在研究兼并时，通常将兼并和收购结合在一起使用。企业并购是一种企业产权的资产性交易行为，通过这种形式，企业的所有权或产权得以按照市场规则实现让渡和转移。

一般认为，兼并有广义和狭义两种含义。广义的兼并是企业产权变更和终止的方式之一，包括收购、合并、混合、接管等几种形式。狭义的兼并则是指一个企业收购另一个企业或多个企业，前者依然保留自己的法人资格和企业象征，后者则失去法人资格或改变法人实体，只作为收购企业的一个组成部分存在。

收购，是指一家公司在证券市场上用现款、债券或股票购买另一家公司的股票或资产，以获得对该公司的控制权，但该公司的法人实体地位并不消失。收购是实践中经常用到的一个重要概念。收购的对象有两种，一种为股权，一种为资产。收购股权与收购资产对于收购方和被收购方分别产生的影响是不同的。在前一种情况下，收购方成为被收购公司的股东，承受该公司的一切债务；而在收购资产的情况下，收购方不成为公司的股东。

②企业并购的法律特征。企业并购既是一种经济现象，又是一种法律制度。

从法律角度，企业并购的特征可以从以下四个方面理解：

● 企业并购是企业法人接办、吞并其他企业法人的法律行为。其直接后果是被吞并的企业法人归于消失。

● 企业并购是在竞争规律作用下企业之间有偿转让企业产权的法律行为。

● 企业并购是以并购企业的存续和被并购企业丧失法人资格为直接结果的法律行为。

● 企业并购是企业潜在扩张欲望作用的结果，是为实现规模经济而进行的"优吃劣"的行为。这种扩张欲望不表现为量的扩张，更重要的表现为质的优化，有利于生产要素的合理配置，提高资源使用效益。

（2）企业并购的类型

企业的并购有多种类型，从不同的角度有不同的分类方法，下面分别从并购双方所处行业、并购的方式、并购的动机、并购的支付方式进行分类。

从并购双方所处的行业情况来看，企业并购可以分为横向并购、纵向并购和混合并购。

①横向并购。是指处于相同行业，生产同类产品或生产工艺相近的企业之间的并购。这种并购实质上是资本在同一产业和部门内集中，迅速扩大生产规模，提高市场份额，增强企业的竞争能力和盈利能力。

②纵向并购。是指生产或经营过程相互衔接、紧密联系的企业之间的并购。**其实质是通过处于生产同一产品不同阶段的企业之间的并购，从而实现纵向一体化。** 纵向并购除可以扩大生产规模，节约共同费用外，还可以促进生产过程各个环节的密切配合，加速生产流程，缩短生产周期，节省运输、仓储能源。

③混合并购。是指处于不同产业部门，不同市场，且这些产业部门之间没有特别的生产技术联系的企业之间的并购。资本混合并购有三种形态：

- 产品扩张型并购，即生产相关产品的企业间的并购；
- 市场扩张型并购，即一个企业为了扩大竞争地盘而对其他地区生产同类产品的企业进行并购；
- 纯粹的并购，即生产和经营彼此间毫无联系的产品或服务的若干企业之间的并购。

混合并购可以降低一个企业长期处于一个行业所带来的风险，另外，通过这种方式，可以使企业的技术、原材料等各种资源得到充分的利用。

从并购是否通过中介机构进行来看，企业并购可以分为直接收购和间接收购。

①直接收购。指收购企业直接向目标企业提出并购要求，双方经过磋商，达成协议，从而完成收购活动。如果收购企业对目标企业的部分所有权提要求，目标企业可能会允许收购企业取得目标企业新发行的股票；如果是全部产权要求，双方可以通过协商，确定所有权的转移方式。由于在直接收购条件下，双方可以密切配合，因此，相对成本较低，成功的可能性较大。

②间接收购。指收购企业直接在证券市场上收购目标企业的股票，从而控制目标企业。由于间接收购方式很容易引起股价的剧烈上涨，同时可能会引起目标企业的激烈反应，因此，会提高收购的成本，增加收购的

难度。

从收购企业的动机划分,可以分为善意并购与恶意并购。

①善意并购。收购企业提出收购条件后,如果目标企业接受收购条件,这种并购就称为善意并购。在善意并购下,收购条件、价格、方式等可以由双方高层经营者协商进行并经董事会批准。由于双方都有合并的愿望,因此,这种方式成功率较高。

②恶意并购。如果收购企业提出收购要求和条件后,目标企业不同意,收购企业只有在证券市场上强行收购,这种方式称为恶意收购。在恶意收购下,目标企业通常会采用各种措施对收购进行抵制,证券市场也会迅速对此做出反应,股价会迅速提高,因此,**恶意收购中,除非收购公司有雄厚的实力,否则很难成功**。

按并购过程支付方式的不同,并购可以分为:现金收购、股票收购和综合证券收购。

①现金收购。是指收购企业通过向目标企业的股东支付一定数量的现金而获得目标企业的所有权。现金收购在西方国家存在资本所得税的问题,这可能会增加收购企业的成本,因此,在采用这一方式时,必须考虑这项收购是否免税。另外,现金收购会对收购公司的资产流动性、资产结构、负债等产生影响,所以,应该进行综合权衡。

②股票收购。是指收购企业通过增发股票的方式获取目标企业的所有权。采用这种方式,企业不需要对外付出现金,因此不至于对财务状况产生很大的影响,但是增发股票,会影响企业的股权结构,使得原有股东的控制权会受到冲击。

③综合证券收购。指在收购过程中,收购企业支付的不仅仅有现金、股票,而且还有认股权证、可转换债券等多种形式的混合。这种方式兼具现金收购和股票收购的优点,收购企业既可以避免支付过多的现金,保持良好的财务状况,又可以防止控制权的转移。

(3) 企业并购的动因

企业并购有多种动因,其主要包括以下几个方面:

①企业发展的动机。在激烈的竞争环境中,企业只有不断地发展才能生存下去,通常情况下,**企业既可以通过内部投资获得发展,也可以通过**

并购获得发展。两者相比,并购方式效率更高,其主要表现在以下几个方面:

其一,并购可以节省时间。企业的经营与发展是处在一个动态的环境之中时,在企业发展的同时,竞争对手也在谋求发展,因此,**在发展过程中,必须把握好时机,尽可能抢在竞争对手之前获取有利的地位**。如果企业采用内部投资的方式,将会受到项目的建设周期、资源的获取及配置等方面的限制,制约企业的发展速度。而通过并购的方式,企业则可以在极短的时间内,迅速将规模做大,提高竞争能力,将竞争对手击败。尤其是在进入新行业的情况下,谁先行一步,就可以取得原材料、渠道、声誉等方面的优势,在行业内迅速建立起领先者的地位,这一地位一旦建立,别的企业就很难取代。在这种情况下,如果通过内部投资,逐渐发展,显然不可能满足竞争和发展的需要。因此,**并购的方式可以使企业把握时机,赢得先机,获取竞争优势**。

其二,并购可以降低进入壁垒和企业发展的风险。企业进入一个新的行业会遇到各种各样的壁垒,包括资金、技术、渠道、顾客、经验等,这些壁垒不但增加了企业进入这一行业的难度,而且提高了进入的成本和风险。如果企业采用并购的方式,先控制该行业原有的一个企业,则可以绕开这一系列的壁垒,以此作为进入该行业的桥头堡,继续扩张,实现企业在这个行业中的发展,这样可以使企业以低的成本和风险迅速进入这一行业。尤其是有的行业受到规模的限制,而企业进入这一行业必须达到一定的规模,这必将导致生产能力的过剩,引起其他企业的剧烈反抗,产品价格很可能迅速降低,如果需求不能相应得到提高,该企业的进入将会破坏这一行业的盈利能力。而通过并购的方式进入这一行业,不会导致生产能力的大幅度扩张,从而保护这一行业,使企业进入后有利可图。

其三,并购可以促进企业的跨国发展。目前,竞争全球化的格局已基本形成,跨国发展已成为经营的一个新趋势,企业进入国外的新市场,面临着比进入国内新市场更多的困难。其主要包括:企业管理方式、经营环境的差别、政府法规的限制等。采用并购当地已有的一个企业的方式进入,不但可以加快进入的速度,而且可以利用原有企业的运作系统、经营条件、管理资源等,使企业在今后阶段顺利发展。另外,由于被并购的企业与进入国的经济紧密融为一体，不会对该国经济产生太大的冲击，因此，政府的限制相对较少。这些都有助于跨国发展的成功。

②发挥协同效应。并购后两个企业的协同效应主要体现在以下几个方面：

一是生产协同效应。企业并购后的生产协同主要通过工厂规模经济效益取得。并购后，企业可以对原企业之间的资产及规模进行调整，使其实现最佳的规模，降低生产成本；原有企业间相同的产品可以由专门的生产部门进行生产，从而提高生产和设备的专业化，提高生产效率；原来企业间相互衔接的生产过程或工序，并购后可以加强生产的协作，使生产得以流畅进行，还可以降低中间环节的运输、储存成本。

二是经营协同效应。经营协同通过企业的规模经济来实现。企业并购后，管理机构和人员可以进行精简，使管理费用由更多的产品进行分担，从而节省管理费用；原来企业的营销网络、营销活动可进行合并，节约营销费用；研究与开发费用可以由更多的产品进行分担，从而可以迅速采用新技术，推出新产品。并购后，由于企业规模的扩大，还可以增强企业抵御风险的能力。

三是财务协同效应。并购后的企业可以对资金统一调度，增强企业资金的利用效果，由于规模和实力的扩大，企业筹资能力可以大大增强，满足发展过程中对资金的需求。另外，并购后的企业由于在会计上的统一处理，可以在企业中互相弥补产生的亏损，从而达到避税的效果。

四是人才、技术协同效应。并购后，原有企业的人才、技术可以共享，充分发挥人才、技术的作用，增强企业的竞争能力，尤其是一些专有技术，企业通过其他方法很难获得，通过并购，因为获取对该企业的控制而获得该项技术或专利，促进企业的发展。

③加强对市场的控制能力。在横向并购中，通过并购可以获取竞争对手的市场份额，迅速扩大企业的市场占有率，增强企业在市场上的竞争能力。另外，由于减少了一个竞争对手，尤其是在市场上竞争者不多的情况下，可以增加企业的垄断能力，增强对供应商和顾客讨价还价的能力，因此企业可以以更低的价格获取原材料，以更高的价格向市场出售产品，从而扩大企业的盈利水平。

④获取价值被低估的公司。在证券市场中，从理论上讲，公司股票市价的总额应该等同于公司的实际价值，但是由于环境的影响，信息的不对称和未来的不确定性等方面的影响，上市公司的价值经常被低估。如果一个企业认为自己能够比原来的经营者做得更好，那么该企业可以收购这家公司，通过对其经营获取更多的收益，该企业也可以将目标公司收购后包装重新出售，从而在短期内获取巨额收益。

⑤避税。各国公司法中一般都有规定，一个企业的亏损可以用今后年度的利润进行抵补，抵补后再缴纳所得税。因此，如果一个企业历史上存在着未抵补完的正额亏损，而收购企业每年产生大量的利润，则收购企业可以低价获取这一公司的控制权，利用其亏损进行避税。

3. 控股经营，企业迅速壮大的经营方式

虽说企业竞争是实力的较量，但企业之间时有小吃大、弱胜强的现象发生。力量外延的控股则是解释这一现象的合理说明。很多企业的超速发展，为此做了更直观的注解。

即使企业间的实力内核差不多或者相对变化不大，但只要其实力外延有差异，则其总体实力也就存在着差异。而力量要外延就要找到合理的渠道，通过这条渠道把自己的力量与外部的力量结合，从而提升自己总体的力量。

企业结合扩张的渠道复杂多样，但只有通过资本的合作，关系才会更密切、更长久，而资本合作中，尤以控股企业形式最为有效和普遍，成为控股经营的一项基本组织形式，这是企业自身力量外延的主渠道。

股份公司是资本的社会化经营，向社会发行的股票是企业所有权的凭证，而股份公司的集团组织结构是以股权形式设置成员企业之间的关系，以股权来协调。股权成为集团内部的联结纽带。**股权经营成为股份公司管理中的重要内容**。企业的投资方式不仅可以筹资新建企业，而且可以采用"并购"等股权经营的方法。

股权经营重在股权结构和持股方式上，根据股权比例和控制强弱有"完全接受""控股""参股""相互持股"等方式。

控股公司是指依靠拥有其他公司达到决定性表决权的股份，而行使控

制权或从事经营管理的公司。控股公司不但拥有子公司在财政上的控制权，而且拥有经营上的控制权，并对重要人员的任命和大政方针的确定有决定权，甚至可以直接派人去经营管理。也称为母子公司，或者称为父子公司制。

拥有其他公司的股份并能够实际控制其营业活动的公司称为母公司，有时也称总公司；资产全部或部分地归母公司拥有，但在经济上和法律上都是相对母公司而独立的公司就称为子公司，或称为附属公司。随着控制权的延伸还有孙公司，即子公司又控制的公司等。

在英美等国家，所谓控股公司或母公司，是指拥有其他子公司的股份（资本或表决权）合计超过50%的公司。持有股份超过10%，但在50%以下时，该公司即为其关联的公司，称为关系公司或伙伴公司。持股10%以下时只能称为资本参加或资本提携，是为了通过资本结合关系以巩固彼此的业务协作、提携，使交易关系稳定化。

一家公司购买另一家公司达到控制权股形式，就是控股。同时通过委派管理人员、进行业务往来等活动，使多个企业在经济上一体化。但母公司与子公司各自仍然是独立的法人或会计实体，实行独立核算，母公司并不承担子公司的债务和亏损。

可口可乐公司总裁兼首席执行官戈伊祖艾塔认为，可口可乐公司的扩张之路就是通过控股经营而实现的。

可口可乐是世界著名的饮料公司，拥有世界著名的品牌，两家公司能有今日的辉煌，同它的控股经营战略密切相关。

可口可乐是世界第一品牌，长年以来稳坐饮料市场的头把交椅。自1886年创建以来，因其独特的口味和遍设世界各地的特约装瓶厂得以畅销全球。直到1960年，公司基本上是一家单一产品的制造商，60年代，随着合并热潮的兴起，公司陆续兼并、购进了其他一些企业的股权，才逐步向多种经营业务发展。例如：1960年购进了密纽特·梅德冷冻果汁公司，1961年又购进了邓根食品公司（主要经营咖啡业）及其他一些企业。随着多种经营业务的不断发展，公司从单纯从事一些软饮料及其他食品的生产，发展到还从事其他工业生产活动。例如，1970年购进了化学溶液公司，从而开始水净化系统的业务；1977年又购进了普莱斯托产品公司，增加了塑料薄膜包装材料的生产业务；特别是在1977年购进了泰勒酿酒公司后，公司业务突飞猛进，一跃而成为美国第五大酒商；在70年代，该公司陆续买进了各国多家装瓶厂，为其产品行销全球奠定了稳固基础。

到戈伊祖艾塔担任可口可乐公司总裁兼首席执行官时，他认为要保持可口可乐的竞争优势，必须进一步提升可口可乐的文化品位，加强其美国经典象征的形象，于是一再坚持公司战略应进一步向娱乐进行分化。公司成功地收购了哥伦比亚制片公司的股权，这被后人认为是一个精明之举。1985年，可口可乐公司买下了使者通讯公司的全部产权，它是几家主要的电视节目制作公司。不到一年，即1986年春天，他们又买下了默芜·格时机芬制作公司。一系列成功的收购使华尔街为戈伊祖艾塔领导下的可口可乐所震动，同样的，可口可乐股票在戈氏出任总裁那天以29美元的价格出售，5年之后则卖到100美元以上。从可口可乐公司的发展历程，我们可以看出，通过控股经营，它支配资本、技术、顾客及文化影响力的力量陡然猛增延伸，使之成为一个饮料王国的龙头老大。控股已是今天企业在新经济时代图强、超大发展的常用模式。

4. 资产重组：盘活企业的资产与资源

资产重组是指对一定范围内的企业资产进行分拆、整合或优化组合的活动，资产是指企业拥有或控制的能以货币计量的经济资源，包括各种财产、债权和其他权利，资产分为流动资产、长期投资、固定资产、无形资产、递延资产和其他资产。在企业资本运营中，资产重组主要侧重于固定资产重组、长期投资重组和无形资产重组。

（1）企业固定资产的重组

固定资产是指使用年限在一年以上，单位价值在规定的标准以上，并在使用过程中保持原来物资形态的资产，包括房屋及建筑物、机器设备、运输设备、工具器具等，是企业的主要劳动资料。固定资产的重组是资产重组的核心，同时也是企业重组的核心。

（2）企业流动资产的重组

企业的流动资产是指可以在一年内或超过一年的一个营业周期内变现

或者耗用的资产，包括存货、现金及各种存款、短期投资、应收及预付款项等。流动资产的重组一般比较简单，一般按照"流动资产随固定资产重组"的原则进行重组。

（3）长期投资的重组

长期投资是指不准备在一年内变现的各种投资，包括股票投资、债券投资和其他投资，股票投资和其他投资构成股权投资。长期投资的重组是企业重组的重要方面。

（4）无形资产的重组

无形资产是指得到法律承认和保护的不具有实物形态的、受益期一般在一年以上的权利的成本或估值，它包括专利权、商标权、专有技术、土地使用权和商誉，专有技术和商誉一般不存在重组问题。

（5）企业债务重组

负债是企业所承担的能以货币计量、需以资产或劳务偿付的债务。负债是一种债务责任，企业对债权人的负债必须到期还本付息。负债分为流动负债和长期负债。流动负债一般包括短期借款、应付票据、应付账款、预收账款、应付内部单位款、应付工资、应付税金、应交利润、应付股利和应付福利费等；长期负债是指偿还期在一年或超过一年的一个营业周期以上的债务，包括长期借款、应付债券、长期应付款项等。

债务重组是指将企业的负债通过债务人负债责任转移和负债转变为股权等方式的重组行为。债务重组可分为流动债务重组和长期债务重组两大类，通过债务重组，企业原有的应该在一定时期偿还的债务就变成了企业的股权，或者转移到了其他的法人实体，企业对债务的偿还责任就没有了。因此，债务重组从企业内部来看是一种资产与负债的转移，从企业外部来看是一种所有者权益的变化。

5. 运筹股市，发行股票以放大资本

股票是股份公司为筹集资金发给股东作为其投资入股的证书和索取股息的凭证，也是持股人拥有企业股份的书面证明。

世界上很多企业在不增加资本、出于扩大经营需要或其他目的发行股票的方式有以下几种：

（1）为筹集资本而发行新股

发行新股是最普通的增资方法，这种方式又可分为两种不同的情况。第一种是公司成立时发行的股票不是法定的注册资本，初次发行股票后尚有一定金额，根据实际需要再次发行其余股票。在这种情况下发行新股不必再经股东会讨论同意，也不必再经审批，仅由董事会做出决定即可。显然，这种方式虽然会增加公司实际财产，但公司的股份总数不会变化，因而基本上不会影响到持股人的收益。第二种是公司的注册资本全部发行之后，公司发行新股以增加资本。这种发行方式的程序较为复杂，工作量大，对新老股东的收益都可能产生影响。需要注意的是，当公司资产不足抵偿债务，或连续几年发生亏损时，股份公司将不能公开发行股票。

（2）为把盈利转化为资本而发行新股

股份公司为了增加资本，可以采取把盈利转化为资本的方法，即公司不把盈利以现金的形式支付给股东，而是根据股东大会的决议将公司盈利即股息、红利的全部或部分划分为股份，按照原有股东持有股份数额，分配给各股东。显然，这种新股票不用交纳股金。

（3）将公司资产重新估价，增值转作资本，发行新股

在盈利企业，对其拥有的固定资产进行重新估价，超过原有价值而发生资产增值，经股东大会决议可将增值部分转作资本来增加公司原有资本总额，并以发行新股方式分配给原有股东。这种做法可以在物价上升、通货膨胀到一定程度，股票总额与企业实际资产总值严重不符的情况下采用，即将重估资产总值与原有资产总值之差的增值部分转化为资本，并以股票形式按原有股份的比例增发给原股东。

（4）将公积金转为股本，发行新股

股份公司为了实现增加资本的目的，在获利较多、提取较多的公积金后，根据股东大会或董事会决议把部分或全部公积金按原有股东的股份数额比例，分成若干股份发给原有股东。这种股票也不用交纳股金。

(5) 为把公司债转化为股份而发行新股

股份公司在发行公司债券时，可以有条件地授予债权人有将公司债转换成股份的权利（即可转换公司债券）。根据债券持有人的要求，经股东大会决议，可以把债券转换成新股票。公司债券向股票的转化，表明原有公司债券的消失，也就是说公司资产负债表上的有关负债项目已向资本项目转移。

对于很多成功企业而言，股票发行的意义及作用可以从这几个方面加以认识。

(1) 通过发行股票筹集资金以组建新厂

在股份制企业新成立时，通常是通过发行股票筹集股东资本的。企业靠购股者交纳的股金组建公司并开展业务经营。在组建方式上，公司企业有两种组建形式：一是由发起人发起成立，发起人要承购全部股票；二是通过招股来成立，发起人只承购一部分股票，其余部分通过招股由其他人认购。**公司企业筹集的这种资本是其自有资本，不必偿还，可以长期使用，它代表着公司的实力，对公司的发展有着举足轻重的作用。**

(2) 通过发行股票筹集新资本来扩大经营

公司为了上新项目，购置新设备来扩大生产规模或筹措周转资金，也要发行股票来获取所需资金。人们一般称这种追加资本为增资。如果拟发行的股票在核定的资本额度之内，需经董事会批准，如果超过了核定的资本额度，则需召开股东大会重新核定资本额，尔后在新确定的资本额内增资。最后将增资呈报政府有关机构，在手续齐全后才算增资完成。增资时原先的股东一般有权按股份份额优先购买。

(3) 通过发行股票来收购其他企业

在收购其他企业时，增发股票进行收购是一种好办法。例如：A 公司准备拿一笔资金来收购公司，此时，A 公司可发行本公司的普通股票来更换 B 公司股东手中持有的 B 公司的股票，从而完成收购行为。原 B 公司的股东将持有的 A 公司的股票卖出，也可以保留 A 公司的股票从而成为 A 公司的股东。

(4) 通过发行股票的方式来代替现金给股东分红

企业可经股东大会或董事会批准，将超过资本总额的股东资产转化为资本金，将这部分资本金按增发股票方式无偿地交与股东，其实质是给企业股东分红。

(5) 通过发行股票来提高企业的自有资本比率

对于企业来说，自有资本比率的高低是衡量其经营安全度的重要指标。如果比率过低，企业主要靠负债经营，则抵御风险的能力低，不利于企业经营的稳定性。因此，随着企业生产规模的扩大，企业需要不断增发新股以提高自有资本占整个资金来源的比重。

6. 发行债券，借他人的"鸡"来生自己的"蛋"

债券是债务人为借到一定金额的款项而交付给债权人的，承诺按一定的利率在约定的日期支付利息，并在约定的日期偿还本金的书面债券凭证。发行债券者即为债务人，购买债券者便成为债权人。债权人凭债券领取利息和本金，二者之间的债权债务关系一直到债券利息全部付清、债券本金全部还清时为止。债券与股票均属于有价证券，但二者之间有很多不同之处。在性质上，股票是股份企业所有权的凭证，而债券只是履行债务的契约。股票每年可以享受分红，但其数额大小却要受企业经营状况的制约；债券持有人则可能得到事先定好的利息，利息的多少与企业经营状况无直接关系。股票不能收回本金，与发行股票的企业共存亡；债券则到期还本，买债券的人与发行债券的企业之间再没有什么关系。股票持有人可以根据持有股票数量的多少而占有发行股票企业的一定控制权，有权过问企业的经营状况；而债券购买者却无权干涉发行债券企业的经营。对于企业来说，发行股票和发行债券筹集到的都是长期性资金，都可以安排较长时期的资金使用项目。但是，发行股票筹集到的资金可以作为自有资金使用，而发行债券筹集的资金只能算是借入资金。发行股票过多，企业控制权可能旁落；发行债券再多，买债券的人也不能控制企业。

与银行贷款相比，发行债券对企业有如下好处：

其一，用发行债券方式筹来的资金期限长，而且比较稳定，便于企业按计划使用资金和合理匡算成本；银行贷款量的大小和期限的长短则受申请贷款时银行资金状况的制约，不一定能满足企业对贷款的全部需求。

其二，用发行债券方式筹来的资金可由企业自由支配，而银行贷款的使用则受到银行的监督。

其三，银行贷款的审查非常严格，尤其是对长期贷款，审查近乎苛刻；企业自己发行债券则省掉申请贷款审批手续。

但是，发行债券也有一些不利之处和制约因素。首先，发行债券筹来的都是较长期资金，不适宜短期使用；其次，发行债券对企业信誉和实力有较高的要求，并非任何企业都能发行；再次，债券筹资的利息成本与企业信誉和知名度密切相关，信誉好、影响大的企业可以用比银行贷款利率低的成本筹得资金，而信誉差、影响小的企业在发行债券时却要付出较高的利息和手续费，反而不一定比银行贷款成本低。

7. 进行期货投机，长期保值或获利

期货是对现货而言的，它是指为了未来交易而买卖的商品，包括金融商品。这种买卖关系通常以期货合同的形式确定下来。所以，**一般讲到期货就是指期货合同，期货交易实际上就是期货合同的交易，通常都不交割货物。**

期货合同是为在将来一定时期以指定价格买卖一定数量、质量的商品而由商品交易所制定的统一的标准合同。它是确定期货交易关系的一种契约，是期货市场的交易对象。

企业买了期货合同，就等于同意在将来某一指定时期、指定地点，按约定价格接收某等级和数量的商品。企业卖出期货合同，就等于同意在将来某指定时期、指定地点，按约定价格交付某等级和数量的商品。

期货包括商品期货、金融期货两大类。

在期货市场上，各交易所进行期货交易的标的是期货合约。从表面上看，期货合约与现货交易中的远期交货合同有很多相似之处。在实际业务中，不熟悉期货交易的人经常将期货合约等同于远期现货合同，这仅仅是从现货交易的角度去推理得出的不正确的结论。期货交易与现货交易有很大区别，期货合约与现货合同是在两种不同交易机制下达成的两种截然不

同的契约。

现货交易又称为实物交易，是即刻或未来交付某种特定商品的销售或购买方式。交易双方就所交付商品的质量、数量和交货日期等达成的协议，我们称之为现货合同。以现货合同达成的交易是完成商品流通、转移商品所有权的主要方式，例如，典型的现货谷物交易通常是在售粮的农场主和粮食储运商之间进行的。现货合同的种类很多，按交货和履行合同的时间划分，可分为即期交货合同和远期交货合同。前者按当时的市价出售或购买某种约定的商品，交易双方在达成交易后，立即履行合同，办理货物的实际交割手续。许多农场主在秋季收获谷物时多采用这种现货交易方式。后者是按合同规定，卖方同意在将来某一时间，将一定数量的现货商品出售给买方，如农场主可在冬季与谷物储运商签订在来年7月份交付1000吨小麦的现货远期合同。在签约时，农场主与谷物储运商就所交付的谷物质量、数量、交货地点和时间，以及价格等内容达成协议。在进行实际交割时，买方再按合同约定的品质等条件对实际货物实施检验，并根据双方商定的质量和数量差异调整价格。远期合同是实物市场上进行交易的一种主要方式。在许多情况下，这种交易方式给双方带来很大方便，因为他们可以预先确定买卖价格，而且通过远期交货买方还可以节省仓储费用。

期货交易是商品经济发展到一定阶段的必然产物，**期货投资是企业金融资本运营的一种重要的投资方式。**

在大多数世界500强企业的直接参与和带动下，目前许多国家和地区，如英国、美国、日本、澳大利亚、中国香港等都在积极开展期货交易业务。期货投资所以能有如此普遍和迅速的发展，主要是因为它有以下作用：

其一，期货投资可以转移价格波动的风险，保证企业生产经营活动持续稳定地进行。

其二，期货投资有利于推动市场竞争，形成商品价值正确的测度标准——价格。

期货投资是为了避免经营风险或实现营利的目的而投资。期货投资有两种方式：一种是套期保值，另一种是投机性交易。套期保值指把期货市场当作转移价格风险的场所，利用期货合同作为将来在现货市场上买卖商品的临时代替物，对其现在拥有或将要拥有的商品的价格进行保险。进行套期保值投资的企业可以是某种商品的生产者或拥有者，也可以是某种商品的购买者或未来需求者。这些企业面临着因商品价格和货币价格（利率）波动而遭受损失的风险，所以需要在期货市场上进行与未来现货交易方向相反的期货买卖。如一家企业 3 个月后有 50 吨玉米出售，为防止价格下跌，就先在期货市场买进 50 吨以现行价出售玉米的期货合同。

套期保值投资所转移的风险一般要由投机性交易者来承担。投机性交易者是指那些自认为可以正确预测期货市场价格的趋向，甘愿利用自己的资金冒险，不断地买卖期货合同以期从中获利的个人或企业。进行投机性交易投资的企业并不是真正要购买或出售某种商品，而只是想从商品价格波动中获利。当其预测价格上涨时，就会买进期货，当其预测价格下跌时，就会卖出期货。

期货合约的交易要严格遵循一定的规章制度。期货交易规则既详细，又非常规范，其目的就是要保障期货交易在公开、平等的竞争基础上进行，每一位交易者都拥有均等的机会达成交易。期货交易所的规则很大程度上沿袭了中世纪英国和法国集市贸易的规则和制度。中世纪集市贸易的基本规则就是使所有的交易都局限于指定的统一的市场，履约的时间以及所有的报价和递价都要保证公开进行，并接受监督，而且市场上的所有交易者都要有接受价格的均等机会。另外，交易规则还严格禁止任何交易者囤积商品垄断供给，操纵价格，不允许任何人在交易场内私下交易。一旦出现争议，则由交易所指定的仲裁机构进行处理。

第九章
产品权变：企业的产品创新

在全球科技竞争日益激烈的今天，面对残酷的市场争夺，企业为保持自己的竞争优势和提高经济效益，最有成效的战略之一就是以新产品代替老产品。产品创新，是开拓、创造新市场的金钥匙。世界上的优秀企业，它们不是消极地满足市场的需要和适应市场的变化，而是能源源不断地开发出新产品来创造新的市场，使自己永远走在世界的前列。

一、产品创新：企业生存与发展的根本

1. 产品创新的重要意义

产品创新主要包括产品开发、更新速度及产品的质量和水平。公司产品创新能力的强弱，不仅反映了一个公司的综合素质，而且集中反映了公司在市场竞争中的潜力。长期以来，我国企业界存在一种模糊认识，以为增加产品产量，就万事大吉了，从而不重视科学技术和产品创新，导致产品更新慢、质量差、效益低、缺乏市场竞争力。**企业要在市场竞争中取胜，必须依赖卓越的产品和服务去占领市场，因而，企业必须追求产品不断创新。**

(1) 新产品与消费欲望

产品是企业一切生产经营活动的主体。企业的一切生产经营活动都是围绕如何使其产品（或服务）满足社会消费需求这个中心进行的。产品的概念有狭义与广义之分。狭义的产品是指公司生产的某种有用物品实体，广义的产品是指企业向市场提供的能满足顾客需要的物质产品与服务的总和。

新产品是指产品的结构、物理性能、化学成分和功能用途与老产品有着本质的不同或者有着显著的差异的产品。新产品一般具有下列一项或多项特点：

- 具有新的原理、构思和设计；
- 采用新的材料和原件；
- 具有新的性能特点；
- 具有新的用途或市场需要。

现代新产品的概念，不是以生产者的观点来看待的，而是以市场或顾客需求的观点来看待的。新产品并非仅仅指新产品本身，而是指与新产品相关的一切，其中包含了新产品的品牌、新产品的质量、新产品的规格、新产品的包装、新产品的安全保证以及新产品的售后服务等。因此，新产品概念不仅是与老产品相比较而言的，而且还包含了消费者所追求的新产品的特殊性质和效果，**它能够引起消费者的购买欲望，即满足他们希望花钱少，借助于购买新产品而提高社会地位的欲望。**

（2）研究与开发新产品的重要意义

企业之间的竞争集中表现在产品或服务方面的较量，能否研究、开发、生产出适销对路的产品或能否提供高质量的服务，是关系企业生存与发展的大问题。为什么这样说呢？原因在于如下几个方面：

①新产品的研究与开发是提高企业对市场适应能力的重要途径。产品是有经济寿命的，在产品进入衰退期后，销售量大幅度下降，利润越来越少，直到最后消失。在这种情况下，即使增加推销、广告等支出，也很难避免销售量和利润的下降。**企业只有利用新产品去代替老产品，使自己的产品处于最佳竞争状态，才能适应市场的需要**。据分析，西方市场经济国家的许多企业，其销售额的增长主要是由于新产品的投放。

②新产品的研究与开发是开拓、创造新市场的金钥匙。能满足市场需要、适应市场变化的企业，也可以取得成功，但是它们还不是优秀的企业。世界上的优秀企业，它们不是消极地满足市场的需要和适应市场的变化，而是能源源不断地开发出新产品来创造新的市场，使自己永远走在世界的前列。

③新产品的研究与开发是推动企业技术进步的动力。企业的新产品开发和技术改造之间存在着密切的关系。首先，一项成功的技术改造会为新产品的研究与开发创造条件，促进企业新产品的研究、开发；其次，新产品的研究、开发、生产必然要求企业有先进的技术装备做保证，否则，开发出来的新产品也不能投产，或者勉强投产也不能保证达到设计的质量、价格，这就要求企业的技术改造应该围绕新产品的研究与开发来进行；再次，新产品投产后取得的收入反过来又能支持技术改造和新产品的研究与开发工作，从而使企业走上良性循环的道路。所以，新产品的研究与开发必然会推动企业的技术改造，这两者是紧密联系、相辅相成的。过去，我国许多企业的新产品研制工作总是停留在"样品、展品、礼品"阶段，而不能变成大规模生产的产品，除企业不具有完善的机制和充足的动力外，还有一个重要原因就是企业缺乏技术改造的机制和资金，不能为新产品的

生产提供相应的技术装备和条件。现在，这种情况有了一定的改变。**不少企业为了减少技术改造的盲目性，提高技术改造的经济效果，使技术改造围绕新产品的研究与开发进行，这取得了较好的效果。**

④新产品的研究与开发是提高企业竞争力和经济效益的重要手段。面对激烈的市场竞争，企业为保持自己的竞争优势和提高经济效益，最有成效的战略之一，是以新产品代替老产品。

据统计，美国企业的利润有 50% 是来自近 10 年内产品结构调整后推出的新产品。我国的一些企业面对激烈的竞争，也采用开发新产品的办法来提高自己的竞争力。为了保持企业的竞争优势和取得较好的效益，中外竞争力很强的企业一般都有四个档次的产品：第一档是正在生产的；第二档是已经研究开发出来，等待适当时机投入市场的；第三档是正在试制、改进的；第四档是正在构思或开始试验的。某些研究开发力量雄厚、在国内外处于技术领先地位的大型企业甚至还有第五档产品，即正在进行基础理论论证和技术研究的产品。有了这几档产品，企业就可以立于不败之地。

2. 新产品研究与开发的新趋势

面对激烈的市场竞争，面对日新月异的技术进步和社会环境方面的影响，企业对新产品的研究与开发也出现了一些新的发展趋势。

（1）把研究与开发高技术含量、高附加值的新产品作为重点

目前正在蓬勃发展的世界新技术革命对企业提出了严峻的挑战。以电子信息、生物工程技术、宇航太空技术、新材料和新能源技术为核心的世界新技术革命对人类社会的影响，无论是从广度还是深度上，都将大大超过前几次技术革命。面对这种形势，不仅高新技术产业研究开发的产品越来越具有技术含量高、附加值高的特点，而且传统产业也正在利用高新技术进行改造，其产品的技术含量和附加值也在增加。比如，将现代生物技术用于农业、畜牧业和食品加工工业，生产出优质高产的农产品、畜产品和营养丰富的其他食品；将电子技术、新材料等用于汽车制造业，开发生产出性能更加良好、功能更加齐全的新型汽车；用新的电子技术、卫星技术对传统的通信业进行改造，开发生产出高效、快捷、方便的现代通信设

备，等等。正因为如此，在工业发达国家，企业产品的技术含量越来越高，一般来说，高新技术产业的产品技术含量都在 70% 以上，传统产业的产品技术含量也在增加。

（2）研究与开发具有多功能的产品

研究设计人员在开发新产品，保证产品基本功能的同时，总是力图使产品具有更多的附加功能，以便给消费者提供更多的方便，特别是新的消费品的研究与开发，这种趋势更为明显。大到汽车，小到电视机天线，都可以看出这种特点。

比如美国生产的一种大型旅游车，既可以像一般汽车一样作为交通工具，而且上面还设有厨房、厕所、居室和客厅（白天作客厅，晚上作居室），可供人居住。有的老年人买这样一部车，走遍全美国，走到哪里，就把家搬到哪里，十分方便。我国一些企业的产品设计人员也在朝这个方向努力。

（3）研究与开发系列产品

研究与开发一种新产品要投入大量的资金、人员和物资，而且还要冒很大的风险。**为了降低新产品的研究与开发成本，提高企业的经济效益，开发系列产品的做法越来越被企业所接受。**开发系列产品是指企业研究开发出一种新产品后，充分利用其原理和开发试制办法生产出更多不同规格、品种、花色、形状的系列产品；或对原产品的某些部分稍作改进生产出改进型产品；或将某些新技术运用到原产品中去，生产出升级换代的产品。总之，系列产品和主产品的基本原理和功能并没有大的差别，只是对主产品的改进，它们能满足用户和消费者的不同需要和要求。如收录机研究开发出来后，就开发出了许多系列产品，在这个系列中既有简单而廉价的小型收放机、录放机、收录放多功能机，也有采用许多新技术的高级的价格昂贵的音响设备。系列产品中的每种产品本身也可以保持自己的系列。

（4）缩短产品的使用期

传统的观念认为产品要结实、经久耐用，但是随着新技术和新材料的不断出现，产品的更新周期大大缩短。如果产品的使用寿命很长，成本一定较高，用户或消费者花了很多钱去买它们，总舍不得淘汰，但也用不上新的产品。对相当多的产品来说，不是想办法去延长它们的使用寿命，而是将它们的使用寿命限制在一个合理的年限内，并使其经济合算，不造成大的浪费。

（5）体现民族特色

在当代，一个国家经济的发展越来越离不开国际环境和国际市场，各个国家的经济正在通过各种形式进入国际经济一体化的进程。在这种情况下，一方面，新产品的研究与开发不仅要考虑本国市场的需要，也要考虑国际市场的需要，特别是一些消费品，要尊重商品进口国的宗教信仰、文化传统、风俗习惯；另一方面，新产品的设计与开发人员也越来越相信"越是民族的，越是世界的"论断，在开发设计新产品时，注意体现本民族的特色，发挥本国在文化传统方面的优势，并使这种体现民族特色的产品走向世界。这种趋向，在旅游产品、服装、食品等方面表现得特别突出。**我国的中医中药技术和产品也正在发挥它们的优势，并为世界上越来越多的人所接受。**

（6）保持自然特色

随着各种人造的、合成的产品充斥市场，人们对纯自然产品的需求越来越多。为了满足人们的需要，新产品的设计人员也把如何保持自然特色作为考虑的重要因素。

在食品工业上，要求使用天然的色素、添加剂、防腐剂等，美国的一些消费者甚至联合起来反对生产厂家对牛、猪、鸡等使用激素，纯自然食品、绿色食品越来越受消费者的青睐；在服装设计上，贴身的内衣、内裤、高档时装的面料都尽量使用自然纤维，让人们感到更舒适；一些日用化学品，如牙膏、化妆品、香水、香皂等产品也更多地使用自然原料，日本的厚生省和企业协会甚至已经做出规定，要求生产化妆品的企业在未来的10年内不再使用化学原料，在某些产品的形状、颜色上也越来越要求保持自然特色，这使人们有一种返璞归真的感觉。

（7）节约原材料

由于世界人口的急剧增加，消耗的资源越来越多；由于过度开采和使用，某些本来就不丰富的资源已接近枯竭，如铁矿石、石油、某些有色金属等；一般资源也总是有限的。因此，社会经济的发展和有限资源之间的矛盾越来越突出。为了缓和这种矛盾，除积极开发新的原材料之外，就是千方百计节约原材料。一方面，在保证产品基本功能和质量的前提下，产品的设计开发人员应该积极寻找一些代用品，以替代某些短缺的或价值昂贵的原材料；另一方面，就是想办法降低原材料消耗，争取用较少的原材料生产更多的产品。在资源严重匮乏的国家和地区的企业，都把降低原材料消耗、提高原材料的利用率作为新产品研究与开发的重要主攻目标之一。

（8）保护人类的生存环境

随着工业的发展，人类生存环境受到了越来越严重的破坏，如何处理好经济发展和环境保护的关系已成为社会经济发展中的大问题。**保护人类的生存环境已经成为各国政府、企业界普遍关心的问题**。各国政府制定的保护环境方面的法律更加全面、严格，企业研究开发的新产品必须符合这些法律法规的要求才能投入市场。所以，企业在研究开发新产品时保护环境的意识也越来越强烈。在化工、造纸、制革等设备的研究开发上，都把减少污染作为重要的指标对待；在汽车方面，都把研究开发低污染或无污染的汽车作为方向，除研究现在的汽车如何降低废气排放外，还积极开发太阳能汽车、电动汽车等新型汽车；在食品保存方面，正在研究开发不使用氟利昂作为制冷剂的电冰箱和全新的保鲜设备；在农用产品方面，正在研究开发能腐化并被土壤吸收的新产品来代替传统的塑料薄膜，正在开发更多的低毒或无毒的农药，正在研究开发更多的不破坏土壤结构的优质化肥；在医药方面，正在研究开发既能治病，又对人的身体无副作用的新产品。总之，**企业在研制开发新产品的时候，都应把保护人类生存的环境作为最重要的因素之一来考虑**。

二、工业设计与新产品开发策略和技巧

1. 工业设计：商品高附加值开发

美国哈佛大学商学院教授罗伯特·海斯曾说过："过去企业在价格上

相互竞争，今天是在质量上相互竞争，明天则在设计上相互竞争"。**工业设计（国外简称 ID）是市场经济的产物，是对常规技术设计（或称工程设计）的一次创造性的革命。**

产品设计的基础是工业设计，工业设计自 21 世纪初在德国兴起后，普遍受到世界各国的重视。德国捷足先登使其经济如虎添翼，短期内迅速崛起；美国也不甘落后，掀起工业设计革命，成为世界经济最发达的国家；日本的"设计立业"大搞"创新设计"，形成了"轻、薄、小、巧、美"的日本商品风格，畅销全球；英国前首相撒切尔夫人也大声疾呼，忘记设计的重要，巩固工业将永不具备竞争力。因此有人称工业设计是商战中的第三种竞争，20 世纪 90 年代将是工业设计的年代。

(1) 工业设计的含义

工业设计，是人类进入市场经济高度发达的工业社会后发展起来的一门综合性的交叉学科。在 1964 年召开的国际工业设计教育讨论会上，学者们给工业设计做出了统一的定义："工业设计是一种创造性行为，它的目标在于决定产品的正式品质。所谓正式品质，除了指产品的外形和表面特点外，更重要的是决定产品结构和功能的关系，以获得一种使生产者和消费者都能满意的整体。"

根据工业设计的目的与定义，工业设计师就不是纯搞技术的工程师，也不是纯搞艺术创作的美工师。工业设计师是作为消费者的代理人的美学设计大师。

工业设计的应用领域十分广泛，凡是有人的行为的地方，就应该有工业设计的存在。工业设计的重点应用领域是轻工业消费品领域。

(2) 工业设计的目的

工业设计的目的是既能使消费型商品获得"人见人爱"式的畅销，又能确保获得高附加值的经济效益。

工业设计者主张设计的目的是对人而不是对产品，以考虑人的因素为着眼点，来协调人与物的关系。工业设计一般应以工业设计师为主要设计者，与工程师共同合作完成。

因而，**工业设计必须建立以顾客为上帝的原则，从消费者的角度来搞开发，使所开发的商品做到"人见人爱"。

高附加值则是商品经济效益的主要渠道。排除垄断与欺诈行为非正当的高附加值，市场经济的正常追求，并不是暴利。

商品的附加值可以分为以下几类：

①科技附加值。这是靠增加商品的科技含量提高商品的深加工程度，以及降低商品生产中的能源消耗、材料消耗和提高劳动生产率等方面的措施而获得的。

②艺术附加值。这是通过对商品的外观、造型、包装及文化含量的艺术性设计而获得的。

③营销附加值。这具体包括由商品的名牌商标、企业的名牌商号、广告、公共关系活动等带来的促销附加值，有助于心理满足、显示身份、适应社会价值观念追求的心理附加值，通过适销对路、匮乏紧俏、增加纪念与收藏价值等方面获得的市场附加值。

④管理附加值。通过价值工程（VE）、工业工程（IE）、全面质量管理（Toc）等现代管理手段，降低成本并提高功能而获得附加值。

工业设计的一个重要目的，便是要从设计的角度同时实现为商品开发高额的科技附加值、艺术附加值与营销附加值，从而大幅度地提高商品的经济效益。

（3）**工业设计在增加新产品附加值上所起的作用**

从实质上来讲，**工业设计是由科技、艺术与社会经济三大方面组成的新型的综合性交叉学科**。其中，科技方面包括各个学科的硬科学及以创造学为主要内容的软科学；艺术方面具体包括工艺美术、外观美学、包装装潢、人文学与生态学等；社会经济方面具体包括市场营销学、销售心理学、经济学与法学等。科技、艺术与社会经济这三个方面也正好是商品附加值的主要方面。

更具体来说，工业设计是一门以商品的创新构思（创造学）为核心，以商品的技术设计（硬科学）为基础，以商品的外观设计（艺术学）为重点，以商品的营销策划（社会经济学）为关键的新型的综合设计学科。其中营销策划具体指对商品的功能、特点、外观、包装、名称与广告等方面的设计。企业通过营销策划来促进消费者的主动购买欲望，而绝不是通过回扣、红包等手段来实现销售目的。

根据工业设计的这种思路，人们可以设计出种种既"人见人爱"，又有高附加值的新型产品。

美国的"芭比娃娃"就是工业设计的典型产物。芭比娃娃自1959年推出以来，至今畅销不衰，已在全世界销出6亿个以上，据说美国的小女孩平均每人拥有6个以上。销路这样好的原因，就在于工业设计。芭比娃娃现今采用电脑程序搞组合设计，造型品种极多，实现了千人千面，许多娃娃还带有雀斑、酒窝等，非常富有个性。如果把自20世纪60年代到90年代的芭比娃娃排列出来，人们将可以看到世界服装与发型的变化潮流。另外，芭比娃娃还有许多服装与附属用品可配套供应，如睡衣、婚礼服、泳衣、晚礼服、裙子、裤子、大衣、尿布以及娃娃用的家具、汽车、餐具、卧具、雨具等。而且，一会儿又推出芭比娃娃的弟弟、妹妹、母亲、父亲，一会儿又推出芭比娃娃的"白马王子"，因为芭比娃娃要结婚了。然而购买芭比娃娃时，商场营业员会说芭比娃娃只供"领养"是不能出售的。不过领养也要付出相当一笔"领养费"，营业员才给你一个屁股上盖有"接生员"印章的芭比娃娃，并给你开具"出生证"。到一年后，商场还会发来生日贺卡，"娃娃一周岁了，祝生日快乐"。甚至娃娃损坏后还可去"芭比娃娃医院"，内中也画着红十字，悬着"安静"牌，戴着白帽子、白口罩的"医护人员"在修理好芭比娃娃后，还会出具一份"出院证明"……

芭比娃娃的设计充分体现了创造性构思、技术设计、外观设计与营销策划的有机统一。从中我们不难理解，为什么芭比娃娃既"人见人爱"，又具有很高的商品附加值了。

工业设计在家用电器方面的应用，则主要体现在由功能、构造及外观造型等方面而产生的"人见人爱"的促销效果上。例如，洗衣机已由单缸、双缸而迅速发展到了带电脑的全自动型，选好程序后只要一按按钮即行。日本松下公司更推出了可以自动识别衣物的肮脏程度，自动称量衣物重量，自动选择水位、水温、洗衣粉添加量、漂洗次数等新型模糊控制功能的傻瓜型洗衣机。

工业设计在机械方面的典型应用，是通过机电一体化技术而获得的众多高性能又易操作的新型机械。一些带电脑系统的金属加工机床,成本仅比普通金属加工机床提高25%,但售价却能提高1倍至数倍,工业设计对附加值的提高由此可见。

小轿车经过不断的工业设计改进,已从流线的造型演变为"子弹头"造型,而且有了可以电控的车门、车窗,可以后移及改变靠背角度的舒适座椅以及空调、冰箱、电剃刀等车内豪华附件,使轿车更加舒适;波音飞机的空中列车式设计与优良性能,也使乘客们更愿乘坐该种机型。

我们国内一些畅销的轻工业消费品,都是自觉或不自觉地按照工业设计的思路而开发成功的。**工业设计可以极大地增加商品的竞争力。**

2. 工业设计的设计要点

工业设计从整体上说是一种创造性设计,而且是从科技、艺术、营销等角度进行的全面性的创新设计。

(1) 开展情感设计

情感设计意味着不仅要用脑来设计,还要用心来设计,工业设计认为"最好的设计源于心"。开展了情感设计的产品应该可以运用这样的一句广告词"什么都为你想到了"来概括。为了实现情感设计,设计者必须牢固树立"顾客是上帝"的观念,并经常通过与顾客间的换位思考来实现"什么都为你想到了"。在具体开展情感设计时,应该先尽量列举老产品的缺点,再尽量列举对所设计产品的希望点,从而将消费的意愿作为设计的出发点。

(2) 开展情趣设计

情趣设计的意思就是"使产品变得好玩儿",以增加消费者的购买欲。具体办法是把商品的实用性与情趣性相结合,从而让商品增加个性化,更加悦人与宜人。开展情趣设计时可以运用组合创造技法,把实用性与装饰性、舒适性通过信息组合来获得创新构思。

(3) 开展多功能与简单化设计

对于机电、仪表、家电类的消费品,既要以先进的功能来满足消费者的需要，还要做到方便操作使用。具体来说，则应向傻瓜型的全自动方向发展，傻瓜型实际上意味着高性能，它必须依靠高科技。应该看到，聪明人设计"傻瓜"，普通人使用"傻瓜"。

(4) 开展文化价值设计

文化价值可以增加商品的吸引力附加值。例如一些果园利用光照遮盖法的创造，给生长中的苹果晒上"福""禄""寿""喜"等字，即形成俏销的喜庆苹果；又如日本曾设计了一种伊斯兰手表，可按照伊斯兰的宗教要求，每天5次用音响信号向消费者提醒祈祷时间，并附有指南针机构，标示了圣地麦加的相对方向，让消费者按宗教要求明确祈祷方向，在伊斯兰地区获得了畅销；而美国的可口可乐与麦当劳汉堡包则通过商品形式、经营方式与广告策划等，把美国文化与商品紧密结合，使商品带着独特的个性传向世界。

3. 新产品开发中工业设计的基本要求

从工业设计角度分析，在新产品开发设计中应遵循一定的原则和满足一定的要求。

(1) 新产品开发艺术造型的美学原则

新产品的艺术造型，是一项以确定产品优异的外观质量为主要目标的创造性活动。但新产品的造型并不是随意的、无所依据的，而是在满足产品功能的前提下按美学原则进行的创造。美是客观事物对人的心理产生的一种好的感受。就产品的造型而言，如果某一产品具有美的形态，在人们的视觉上就容易引起诱导，吸引观察者的视线，同时在观察者的心理上也会产生愉悦的感受，这样的产品造型进入市场后必定会有一定的竞争力。

美学原则是人们观察自然界万事万物，以人的心理、生理、社会实践等方面为基础，经过长期的探索、归纳总结出来而又被人们普遍公认的基本规律。人们在新产品的造型设计过程中，**应该以美学原则作为设计的基本理论，同时还要根据具体情况灵活应用，不可生搬硬套，不然很难设计和创造出美的造型。**

①比例尺度。美的造型一般都具有适当的比例和尺度，正确的比例尺

度是新产品完美造型的重要基础。所谓比例，是指造型物各组成部分之间、各部分与整体之间的大小、长短关系，也包括某一部分本身的长、宽、高三者之间的量的关系；尺度则是造型物的整体或局部与人的生理或人所习见的某种特定标准之间的大小关系。机电产品艺术造型设计中，一般是先解决尺度问题，然后才能进一步推敲其比例关系，造型的尺度涉及人—机系统分析。产品的艺术造型中，需要的尺寸比例有整数比例、均方根比例和黄金分割比例等，选择比例时，可以用一种或多种，但一般要有一个主要比例，以达到造型协调和统一。例如，设计矩形产品时，对于长和宽之间的比例关系，一般是在满足功能和结构等条件下，采用黄金分割的比例或均方根的比例，像收音机、钟表、仪器板面、电视机等，大都接近黄金分割的比例，这样可以在人们的视觉上给以协调美观的感觉。另外，产品的造型设计随着科学的发展，人们文化素质的提高，审美观点的变化，而选用不同的比例关系，在功能要求相同的情况下，产品按不同的原理所设计的结构，其尺寸比例随技术条件和材料而改变，如高强度材料的应用能缩小其结构尺寸。

②均衡与稳定。**产品的造型要给人一种稳重安全的感觉，就必须注意造型的均衡与稳定原则**。均衡，指造型物的前后左右的体量关系。其表现形式可以是等量而不同形，或是同形而不等量，它是视觉上的一种平衡关系。因为任何静止的物体都要遵循力学原则，保持平衡和安全，因此，造型物的体量关系必须符合人们日常生活中形成的平衡安全的概念。造型体的体量关系是指形体各部分的体积，在视觉上感到的相互间的分量关系，任何造型物，都可按形体分析的方法分解成为几个简单的几何形体，且表现出一定的体积，占有一定的空间，在人们的视觉上和心理上认为它们是一个个的实体，并有一定的重量感，这种感觉即为体量。体积小者轻，立方体与球体相比，立方体在体量上感到重而球体在体量上感到轻。为了取得造型的均衡感，在具体的造型设计中，产品各个部件的布局和安装必须考虑整体上的均衡，其基本方法是取支撑面的中心线作为假想的对称线，然后从整体上做粗略的平衡设计，使整体左右两边的体量矩之和相等。像这样的体量组合，在视觉上大致趋于均衡。但它基本上是从外观上的体量关系入手的，目的在于解决人们视觉上和心理上的不平衡，而非真正的物

理上量的平衡。为了解决好产品整体上的均衡问题，对产品主体进行造型时要考虑主体的附属装置的造型和布局；对于附于主体和靠近主体的附件，更应该与主体一起综合考虑均衡问题。

除了上面所说的均衡之外，稳定问题在产品造型中也是较重要的。稳定，是指造型物上下部分之间的轻重关系。**稳定的造型使人有安全、轻松的感觉，而不稳定的造型则给人以不安全、动摇、倾倒、危险和紧张的感觉。**稳定分为实际稳定和视觉稳定。实际稳定，是指根据力的分析，物体的实际重心必须落在该物体的支撑面之内。当物体的重心越低或越靠近支撑面的中心时，其稳定性越好。视觉稳定是指人们对产品的外部体量重心产生的视觉感。重心低，稳定感强。产品的造型设计，应该在保持功能的前提下，确保产品的稳定性，这种稳定性不仅满足实际稳定，而且适应视觉稳定的心理要求，所以，产品设计中应同时考虑实际稳定和视觉稳定，以获得良好的造型效果和可靠的稳定性。

③统一与变化。**统一与变化是产品造型设计中比较重要的美学原则，它不仅涉及产品的形态设计，还涉及产品色彩设计、线型和装饰设计等。**统一，指产品外观的设计是一个统一的整体，其造型、风格等的一致性，也即造型对象在形和色等方面、在整体设计上的统一性和一致性，使产品具有整齐划一的美感；变化，指产品外观设计虽然在整体上应尽量统一，但在形和色方面应有所差异，以打破过分统一的单调感，使造型对象生动活泼，从而引起人们心理上的兴奋感。处理统一与变化的原则是统一为主，变化为辅，即在统一中求变化，在变化中求统一。如果在产品的造型中过分强调统一，则产品将给人们以呆板、单调的感觉而失去美感；如果太强调变化，则产品将失去主题，给人以杂乱无章的感觉。因此，二者按一定的美学规律有机地结合，可以使产品的造型达到统一和变化的完美结合。产品造型设计的统一，主要是指形式和功能的统一、比例尺度的统一和风格基调的统一。形式和功能的统一是处理统一和变化的主要依据。实现整体设计的统一，其基本原则应首先是由产品的功能确定产品的形和色，使功能与形和色有着统一的客观效果。反之，脱离功能而单纯地追求形式上的统一，这样的造型将不会完美。其次是格调的统一使产品的各部分尽可能突出形、色、质等方面的共性，如线性风格的设计尽可能取得一

致，是以直线为主，还是以曲线为主？又如色彩设计，应该体现主色调的统一，有了主色调，以辅助色进行适当地美化装饰，其造型效果就比较生动活泼。如石英钟的主体线型为直线，那么直线与直线间的过渡配以大圆角或小圆角，钟摆配以圆形，这样的统一和变化就减少了呆板感。

（2）新产品的色彩设计

所谓产品的色彩是光照射在产品上，通过产品表面对色光的吸收和反射再作用于人的视觉器官而形成的色感觉。产品色彩和产品的包装一样，最先作用于人的感觉，如果产品的色彩给人以赏心悦目的美感，在市场上必增加其竞争力。因此，**在新产品的造型设计中，色彩是极为重要的构成因素**。

新产品的色彩设计应注意以下几个方面：

①满足功能色。产品造型的色彩设计要与产品的功能相适应，即产品的色彩设计要为产品的功能服务，如厨房用具的色彩应给人以清洁感，色彩应以浅淡、典雅为主。产品在配色上应采用下列方法。

• 统一法，就是使产品的色彩获得统一色调效果的方法，这样的色彩设计显得完美协调、格调一致。

• 点缀法，就是在统一完美的色调基础上加上醒目的小块色或行条色做点缀，起到画龙点睛的作用。

• 双比法，就是通过产品色彩的对比，来显示产品的美感。

• 衔接法。

• 呼应法，即在产品涂上同种色和类似色以彼此照应。

②追求流行色。人们对色彩的钟爱，并非永恒不变，而是受心理、社会、环境、时间等因素的影响。因此在新产品开发的色彩设计上要顺应一个时代的审美潮流，追求这一时期流行色将会提高产品的竞争力，尤其是一些轻工产品在这方面表现得更为突出。所以，色彩设计应对市场产品流行色进行调查和预测。

③尊重民族色。由于传统习俗，世界上各国家、地区不同的民族对色彩的爱好和禁忌是不同的。如果产品是出口产品，或对象为少数民族，那么在色彩设计上必须要尊重不同国家和地区的民族色。如巴基斯坦人喜欢

绿色、金色和银色而禁忌黑色,埃及人喜欢红色、橙色、浅蓝色而禁忌紫色,秘鲁人则喜欢紫色。

④创新变化色。近年来,世界变色技术得以发展,而且应用范围日益广泛。产品的色彩设计可应用变色的新技术,使产品的色彩发生变化,给人以新奇的美感,并通过色彩的变化为其功能服务。比如瑞士一公司制成的一种变色防烫奶瓶,这种奶瓶能根据瓶内奶温的变化而改变颜色,当奶温降低时奶瓶呈现某种特定的颜色,而奶温上升时奶瓶的颜色变淡,超过38℃就完全变成白色,这说明奶温太高,不能马上喂小宝宝,从而解决了父母喂奶时常遇到的麻烦。另外,色彩能使人产生明暗、冷暖、轻重、远近的感觉及宁静、轻松、忧郁、紧张、兴奋等心理效应。如红色引起兴奋,减少忧郁;橙色刺激食欲;绿色给人以安全感;黄色引起注意;蓝色产生宁静;灰色让人沮丧;黑色有沉重严肃感等。因此在产品色彩设计中,设计者还要充分考虑色彩与情感联想的象征含意。

三、新产品开发的策略、方法与技巧

1. 新产品开发的两种策略

新产品开发具有一定的风险性。选择适宜的开发策略,可以帮助我们避开风险,胜利地到达彼岸,所以是企业的一项战略性决策。

(1) 进攻策略

进攻策略要求企业具有较强的科研基础、创新型的人才、可靠的信息来源和雄厚的经济实力。可采取以下方式:

①独创式。企业依靠自身的技术力量,研究开发出具有技术优势的新产品,如美国照相机公司开发出价廉、使用方便的傻瓜相机。

②系统综合式。企业将世界各国先进技术系统综合在一起来开发新产品。我们当前面临的新的技术革命,就是系统综合多种技术为一体的。松下电器公司一台小小的电视机是在系统综合了各国400多项技术基础上发展起来的。系统综合就是创造,就能创新。

③超前式。企业产品开发超前市场半拍，从而达到占领市场目的。可从技术方面超前，也可在高、低档化方面超前。如天津磁性材料厂，利用本厂10多年生产磁性材料的技术优势，超前开发出磁保健系列产品而占领市场。

④独辟蹊径式。即开发所谓冷门产品，别人未曾想到的产品"唯我独开"，如开发总统轿车。

⑤重在一次式。即开发一次性产品，不重复使用，如一次性水杯、一次性注射器以及医院里其他避免交叉感染的一次性用品等。

（2）紧跟策略

若企业科研基础较差、技术人员较少、经济实力较弱，企业新产品开发可采取风险小的紧跟策略，即采取引进和改进方式开发新产品，紧跟市场潮流，从而在市场占有一席之地。具体可采取以下方式：

①改进式。即指企业以现有产品为基础，根据用户对产品提出的新要求及市场的需求变化，采取对原产品改进性能，增加功能，在外观造型上下功夫等。一般可采取下列方法：

一是异形新奇化。使产品在造型上、结构上、外观上、使用效果上具有新奇特色，以满足人们求新、求异、猎奇的心理需求。如德国生产了一种会说话的手表，能按主人的需要，到时用德语向您提醒："请抓紧时间！"这对演讲和教师上课很有实用价值；很小的坤表能吸引现代女性，像怀表一样大小的手表也很受女士们欢迎；一些奇装异服所以受青年人欢迎就是迎合了他们猎奇的心理。

二是专业化。从不同专业人员的需要来开发新产品。德国专为开长途汽车的司机设计了一种自动刹车眼镜，在途中如司机打瞌睡，眼镜里的光电开关会自动接通电源，使司机面前的警告灯发亮，如未奏效，就会自动接通刹车，使汽车停下来。

三是康复健美化。开发和人体健康、美容、保健、康复、长寿等有关的产品，如保健药物、保健饮料、保健器械、保健服装、康复器具、美容器具等。日本推出一种新颖床单，看上去无异于一般床单，只不过印有带圆点的花纹，但是当入睡在上面时，由于人体体温的作用，床单会放出红外线，改善人体血液循环；我国推出的一种香波，选用高科技产品"九曲纤维"为材料，放入各种固体香料，经高温浸泡，具有提神醒脑、解乏等多种保健功能。

四是轻便高效化。产品开发从方便用户，提高功效，急用户之所急出发，在省时、省力、省心、携带、储存、使用方便以及工效超出常规上下功夫，化大为小，化重为轻，化繁为简，浓缩、省略。如方便食品，节省了人们"烧""煮"的时间；日本三洋电器公司投放市场的微型彩电长8.4厘米，厚1.75厘米，可放在笔记本中，携带使用十分方便。

五是组合替代化。按照用户的需要，运用现代科技成果，加以组合形成新产品，如日本人把米缸、微波炉、热水器、咖啡壶、调味瓶放在一起，组成电气炊事柜，既美观、整洁，又使用方便、节省空间；另一种组合是使产品本身具有组合功能，可以根据用户的意愿进行装卸与重新组合，如组合柜。而替代主要是材料、工艺、过程、方法的互相替代。

六是功能移植化。把其他产品或动物的功能移植到现有产品中去，不断增加产品的用途。比如，荷兰人研制的"太阳能伞"，能把伞面聚集的太阳能转化为电能，为旅游者烧水、煮饭；国外还有"催泪伞"，只要按一下伞柄上的微型开关，就会喷出催泪瓦斯，以阻击对方，保护自己。

②引进式。通过技术引进来开发新产品，是开发新产品的一种有效途径。企业可引进先进技术、科技成果，也可搞许可证贸易、咨询、服务，可采用"三来一补"形式，也可采用其他形式。我们不能停留在仿制阶段，而应当走"一学二用三改四创"的路子，只有这样，我们开发的新产品才会有生命力。

2. 激发产品创新的方法

由五种不同的设想激发原理可派生出多种激发方法，这五个原理可分类如下：

- 在审视已有产品过程中可以产生新的观点，这种相当机械的方法称为属性分析。
- 考察组成一种产品的用户的公司或个人是另一种方法，这种将注意力集中在用户需求上的技术称为需求评估。
- 创造性的一个基本理论是要促使头脑以一种新的独特的方式去看待

事物，有些技术能促使我们在正常看来毫无关系的事物之间发现联系，这些方法归类后以相关分析命名。

- 有些人认为新产品主要来源于新需求或新情况，所以他们力主以对将来工作和生活环境的预测来激发新产品的设想，这种方式称为规划分析。

- 还有一种理论认为，对同一个问题，一个人单独研究无法同一个有机结合的群体的创造性相比，因此形成了各种各样的群体创造性方法。

不用说，那些以创造性为研究对象的人们自己就很富有创造性，他们开发了许多不属于以上任何一类的新方法。这些方法归入传统的各种形式的相应部分。

但是，我们不能认为这些方法中的每一类可独立使用，或者是每一位研究者都要在这众多方法中找出一个"最好的"。许多人也正致力于寻找与以前不同的方法。目前，大部分企业使用第二类即需求评估中的一种或多种方法，并常辅以第五类即群体创造性方法中的一种来适应各种不同的情况；规划分析对于长期激励则特别有效；当遇到正常系统碰到意外困难而需要一种完全不同的方法来冲出困境时，属性分析和相关分析就变得非常有用；其他方法在这种紧急情况下也常常使用，其中更为常用的是技术预测的方法。

有一点很遗憾，就是我们还不能确定每种方法适用的确切条件，而这一点正是大家想知道的。经验告诉我们，方法在很大程度上取决于个人，因而要确定适用条件很困难。在相同的条件下，不同的人会采用完全不同的方法；即使任务相同，每个人也会从所有方法中找到他认为合适的方法并对这种最有效的方法做出迅速的判断。在这种情况下，许多方法的发明者认为他们的方法可以作为手段，但是我们也应该记住，这些方法只是用来激发创造性的工具。

3. 新产品开发创新手段与技巧

客户对产品的需求常常存在一种求新心理，所以，最新产品往往会对顾客有特殊的魅力。众所周知，日本产品在世界上一直很畅销，它的产品为什么能如此走红，原因很多，但其中一个重要原因就是求新求异，以变制胜。日本企业家有一种居安思危的意识，当产品很畅销时，就会想到将来的滞销，于是就不断地开发新产品。以日本的电子产品为例，录像机、电视机等几乎是一年换一个型号，市场上很难看到他们的老面孔，给顾客一种常新的感觉，所以吸引了更多的消费者。

据世界市场行情调查，像汽车、照相机之类的产品，推出一种新产品，也最多只能行销 2~3 年，其他日用品行销周期更短。所以，企业家为赢得市场，就不得不花更多的精力更新产品。瑞士的钟表很有名，但他们绝不躺在名牌上睡大觉，为了保持他们的市场占有率，他们也不断加速开发新产品，平均每天就有一种新产品问世；美国企业为使微型计算机站稳世界市场，他们常年投入大量的人力、物力，使微机开发出现雪崩式的发展趋势。可以说，任何一种商品，如果老是一个面孔，不更新换代，质量再好也不会有销路。美国某咨询公司曾对 700 多家企业进行调查发现，50 年代新产品获得的利润只占企业利润的 1/5；而到了 90 年代，企业总利润的 1/3 来自新产品的销售。因此，**现代精明的企业家在产品开发上常常保持"四代同堂"的风格，即"销售一代""试制一代""设计一代""构思一代"**。也许有人说，要使产品常常变新并不容易，这是自然，任何一个企业想要不断更新自己的产品，那都必须做出很大的努力。但这绝不是说不能做到，实践证明，产品创新途径有很多，考察一些名牌企业可以发现他们都有自己"变"的策略。总结起来，创新手段主要有以下几种。

（1）巧妙综合

从创造学的角度看，综合就是创造，从小小的电子门铃到巨大的宇宙飞船，无一不是某些物品的上下左右延伸和综合。

日本生产了一种"妈妈闹钟"，能及时向孩子发出"起床了""上学时间到了"等叮嘱；欧洲生产了一种电子门铃，能根据不同的情况告诉来客"请稍等"或"主人不在，请过会儿再来"；美国人设计了一种催眠枕头，待人入睡后，催眠曲就会自动停止；美国人还生产了一种音乐书，翻开目录，就能听到音乐伴奏和解说声。这些产品都很新颖，一上市就成了抢手货。其实若做些分解，就会觉得它们并不神奇，都只是几种产品的综合："妈妈闹钟"是闹钟和录音装置的组合；电子门铃是门铃与电子装置的组合；催眠枕头是枕头与电磁装置、收录装置的组合；音乐书是书与微型收录机的组合。

而且可以肯定地说，任何一种新产品的诞生，都是在某种或某几种前人设计的产品的基础上的延伸，高精尖产品也不例外。**美国阿波罗登月计划总指挥韦伯说："阿波罗计划中没有一项新的发明，技术都是现成技术，关键在于综合"。**

（2）不断改进

许多精明的企业家都很注重产品问世后的反馈信息，指定专人甚至发动全体员工都去收集顾客对产品的反馈意见，然后根据这些意见，对产品做某些关键性的改进。这些改进也许不大，可能是转换了一个把柄的位置或是变换了某一部位的形状，也可能是增设了某一有价值的功能，但这小小的改进却满足了用户的需求，它不仅使产品有新意，而且使用户对产品的满意度大大提高，因而就会更有市场。

有个法国人，他的公司生产电话机，尽管现在电话机功能是越来越全，越来越先进，但他却从中发现了一个问题，许多人打电话都需要纸和笔记录，而往往手边一时找不到，于是他推出了一种带笔录附件的电话机，虽然这个改进没有什么新技术，却增加了一种实用功能，投放市场后大受欢迎。

（3）标新立异

给产品加上各种新奇的功能，以满足广大消费者的猎奇心理。平平常常的产品，如果增加某种新奇的功能，就可能大大吸引广大消费者。

例如，锁是一种古老的产品，而一些外国制造商给它以特殊的功能，如有能辨别主人声音的锁，不听到主人的声音，你就别想把它打开，也有一碰到它就会发出报警信号的锁，还有见到客人会主动打招呼、唱迎宾曲的锁，新颖神奇。

又如一般香烟盒并不稀奇，但有一厂家设计了一种很有魄力的烟盒，放在写字台上，是一种精美的装饰品，当主人取烟时，它还会提醒主人"吸烟有害健康"或是"请您保重身体"等一类有益的忠告，产品一问世就风靡市场，许多不吸烟者也抢着购买，有的是为丈夫，有的是为父母或家人献上一片爱心。

（4）突破一点，改进产品的技术性能

提高产品质量是无止境的，如果能突破一点，使产品质量得以升华，那就会产生很好的市场效应。如为节省能源，有些厂家推出了节能灯，然而不少节能灯寿命很短，顾客不满意。英国研制出一种长寿灯，灯泡内壁涂有一层发光的磷化物，充氖气后自行发光，无须用电，寿命达到20年，投入市场，当然很抢手。

骑自行车，既可锻炼身体，又可提高效益，自行车自从发明以来，性能不断改善，也一直受到广大顾客欢迎。但丹麦一自行车商人在市场调查时发现，人们对自行车虽有较高的满意度，然而不少人还是认为它自重过重，上楼、下楼等需要提携时，尤其感到不方便。于是他们动足脑筋，选用了强度高、又特别轻的合金材料制造造型美观的自行车，价格虽比其他类型的自行车贵出不少，但投入市场后却很畅销。后来又有人把自行车制造成了折叠型，携带起来极其方便，也受到广大消费者的青睐。

（5）求精求极

产品开发还有一种做法是开发精品、极品。所谓精品，就是通过使用特殊材料和特殊工艺技术，生产出具有特高精度或者是特别精致的产品，满足追求高档次商品顾客的特殊需求。极品，一种是按个别顾客的需求，生产具有特殊规格、质量上乘、用料考究、能代表一定身份地位的商品，这种同类产品数量很少，甚至可以说是唯一，但档次很高，可以满足个别消费者的求极心理。另一种求极就是把某些产品向极大或极小型方向发展，满足社会的某些特殊需求。如彩电生产，目前一种是使之微型化，日本生产出了一种超微彩色电视机，重200克，厚2.1厘米，屏幕对角线6.35厘米；荷兰生产的微型收录机，只有图钉那么大小，可以戴在妇女耳朵上；美国的超微录像机，可托在手掌上。另一个方面就是向极大化高档化发展，现在生产的大型彩电，对角线大至一米，冰箱的容量也发展到300升以上。

(6) 嫁接延伸

一个产品的更新，完全可以靠嫁接新技术、新材料、新工艺来实现。如日本人利用声控技术，使缝纫机能听懂 16 种语言，缝制 120 种款式，完全可以通过录放机下达命令；现在的全自动洗衣机是在原来单缸或双缸半自动洗衣机基础上嫁接了电脑控制技术，根据衣料质地、脏污程度选择最佳的洗涤程序，实现配液、预洗、洗涤、漂洗、甩干等全自动服务。产品更新还有一点就是延伸，在原有产品的规格、花色的基础上进行翻新。美国上岭厂生产的自行车有 2500 个品种。企业家要知道世界上有几十亿人，各人的爱好并不相同，如果我们品种能丰富一些，就能满足各种顾客的需要。

产品创新的办法当然远不止这几种，这里不过是抛砖引玉。如果我们都能开动脑筋，想办法，就不愁没有新产品问世。

四、产品创新的未来方向

1. 开发绿色产品，适应环保时代的要求

工业革命带来巨大的物质财富，但也使人类赖以生存的环境日益恶化，危及人类生存的事件不断出现。这时人们才领悟到，工业与经济的发展、物质文明的繁荣，不能以损害全球环境、破坏生态平衡为代价，必须保护人类赖以生存的地球，建立一个以环境保护为标志的绿色文明，由此绿色产品应运而生。

绿色产品是由国家权威机构——环境标志产品认证委员会制定严格的标准，对产品的生产、运输、消费过程进行审查、监督，向符合"对环境无害"要求的产品颁发正式的"绿色标志"予以确认的。这种带有"绿色标志"的产品即"绿色产品"。**绿色产品不仅在生产过程中符合环境保护的要求，既不能受到污染，也不能造成污染和生态环境破坏**；而且在消费过程中（即运输、使用、回收）也符合环境保护的要求，对生态环境无害或损害极小，并有利于资源的再生利用，即对产品进行从"诞生到死亡"

的全过程的控制。

开发绿色产品的意义如下：

(1) 促进企业的发展，增强其市场的竞争力

海尔集团采取技术措施，使电冰箱发泡材料中对臭氧层有破坏作用的氟利昂含量减少50%，获得了德国的环境标志，并顺利地打入德国市场。目前，产品环境标志在全球日益兴起，这将成为企业在激烈的市场竞争中制胜的锐利武器。

(2) 引领市场潮流，成为市场主导产品

"绿色消费"将逐渐成为主流消费，绿色产品将成为未来市场的主导产品。今日，在欧美各国的人们看来，消费绿色产品的意义已远远超出绿色产品本身，这说明消费者具有崇尚自然的意识，"绿色消费"已成为一种文明时尚。据统计，40%的欧洲人更喜欢绿色产品而不是传统产品。随着我国经济的发展，环境教育的普及，体制的改革，法制的健全，人们对绿色产品的认识将会不断地提高，绿色消费也是大势所趋。

(3) 产品的环境标志，直接促进国际贸易的发展

可以预料，不带有环境标志的产品将被排斥而不能进入国际市场。我国加入WTO后，国内市场与国际市场接轨，企业除了在产品质量、品种、信誉、服务等方面进行竞争外，还要**在环境保护方面进行激烈竞争，没有绿色标志的产品不仅难以占领国际市场，还可能遇到以环境问题为名的贸易壁垒**。

目前，我国环境标志产品认证委员会制定并发布了近期首先开展环境标志的六项产品，它们是：低氟氯化碳家用制冷器具、无氟氯化碳气溶胶制品（发胶、摩丝）、水性涂料、车用无铅汽油、再生的厕所用纸、丝绸类产品。

2. 开发智能性产品，以智慧作为产品的附加值

工业科技的进步，使人类享有高度满足的物质生活，"物美价廉"不再是消费的标准，产品的质量、设计，以及附属于产品中许多无形的价

值，例如方便性、归属感、体贴、安心等感觉，往往才是购买的决定性因素。**"未来，以智慧为主要附加价值的商品会越来越多。"** 日本思想家□屋太一认为："这就是智能型产品"。

这种"涡轮增压器"是指企业提供与主要产品和服务有关的信息从而创造出价值的地方。以深圳的产业发展来看，随着证券业的发展，证券公司、经纪人迅速发展。而随着投资者增加、市场扩大，股民对信息要求越来越多，越来越高，以发布证券信息为主的证券信息业也平地而起。如168证券投资专家分析、即时行情发布股票机等，获利甚丰。"在我们目前所处的经济达到其顶峰之前，许多其他的传统企业将会看到，某些独立的企业家和更加老练的竞争对手从它们的市场中夺走最有价值的战利品，那就是收集、加工和出售由核心企业产生的但却未为它们所赏识的至关重要的信息。"

20世纪末起头的、以"信息高速公路"为最早端倪的下一波经济浪潮，开创的将是一个崭新的信息时代，"微电子技术的不断突破，越来越意味着信息服务可以植入产品之中，并使其出现在客户的桌面或床头柜上"，当**"产品与信息中介联系起来，便会创造从根本上来说是新的形式和功能，因而也就创造新的市场机会"。**

这种智能型产品是市场最有竞争力、附加价值最高、最受顾客欢迎的产品。

在未来的年代，人们对于智能型产品的利用，不论作为消费者或是在工作上，对他们经济上的成功都极为重要，企业的价值也同样因此而受影响：根基于提供信息给顾客的企业，将比未提供者经营得好，并且懂得如何把信息转化为知识的企业将最为成功。科技的进展正驱动着下一波的经济成长，为掌握这一成长优势，我们不仅要应用新科技，还要应用新思考方式。首先而且最重要的是，我们对如何从数据转变为信息，再如何从信息转变为知识的了解程度有多少。

从信息经济到知识经济的转变，正开始引发出一个不同的情境：对知识价值（智慧价值）的认识，超越了许多企业自身商品或服务并从中抽离出其中所隐含智慧价值的能力，例如企业如何能从一双袜子、一笔房地产抵押贷款、一张电子账单中抽离出其中的知识价值。因此能真正理解智慧价值的企业，将衍生出如同资料及信息在过去为其带来的实力及利润。

下一波经济增长的浪潮将来自智能型企业。这些企业和它们的产品与过去有很大的不同。能告诉驾驶员胎压的轮胎，能根据温度变化而自动变暖或降温的外套，都是抢先在市面上推出的"智能型"或"聪明型"产品；婴儿尿湿的时候会变色的尿布，与在击球点会反光的网球拍，则是区别于其他一般产品的聪明例子。

这些产品之所以聪明，是因为它们过滤并解释信息，使使用者能更有效地采取行动。智能型企业所创造的聪明产品，通常可以根据下列特征加以辨别：互动式的，越用越聪明，并且可随顾客意思而定，我们将进一步发掘这些特性。可以确定的是，当知识世界产生更多这样的产品时，更多的特性将不断出现。

智能型的企业可提供满足顾客特定需求的产品或服务。

智能型的产品及服务可分辨顾客的习惯、特殊癖好及特定需求，如电话公司密集推出智能型的电话机。你的电话卡可在你通过接线生打长途电话时知道你将使用的语言；它也可设定特殊的铃声，好让你的朋友知道是你打来的电话。这项新的聪明服务不仅可以通过数字也可以通过姓名来辨别你最常打的电话，如当你拿起电话说"打给我的旅行社"时，系统就知道是要打给谁。语音辨识将是许多这类产品或服务的主要发展方向，并有可能取代卡片本身。

智能型产品及服务，具有相对较短的生命周期。

知识产权的专利保证没有其"硬件"技术发展得那么快，因而导致信息所有权的生命短暂。以由商业及投资银行提供的外汇咨询服务为例，这项知识是高度专业，且产品往往对企业客户而言是个别特殊化的，因为产品根据某些市场情况的存在而不同，它们的变动性极短。然而由于市场信息的广为传播，私有产品会很快被竞争者抄袭，因此，为维护他们利润私有的利器，银行必须不断更新产品。如经营外汇的咨询服务的管理挑战致使在纽约、伦敦及东京的专业人士合作，以使他们能比竞争者更快地开发出下一代的产品。

任何产品或服务都有发展为智能型的潜力。比方说如何将汉堡事业转变为智能型的事业？这可从某些与汉堡相关的基本资料开始，包括它的成分和效益，如营养、方便、便宜及口味。当公司把这些资料转化成为有意义的形态，它就会了解应如何设计菜单及设定目标市场。简单地说，会真正了解它是个什么样的事业。如果这事业真要成为智能型的事业，除了提供好吃、便宜的食物外，它还必须提供顾客使用营养信息的方法，可以在账单上计算并印出食物的热量及脂肪成分，甚至应在顾客决定点菜前就出现，以使顾客对他们的食物做有知识的判断。结果可能产生提供更有营养产品的市场压力，换句话说，这压力就是企业转型的开始。

从未来科学技术的发展趋势来看，智能型产品有着广阔的发展前景，智能型事业将给企业带来源源商机。

第十章
营销权变：实现惊险的跳跃

"商品销售是惊险的跳跃，如果不能实现这个惊险的跳跃，被摔坏的不是商品，而是商品的所有者。"马克思这个形象的比喻说明了营销对于企业的重要性，企业的生命线不在于生产而是在于销售。商品销售如同养了一个女儿。

企业经营的目的是要把自己的"女儿"——商品嫁出去，这个过程中充满很多困难。女儿可以终身不嫁，但产品必须卖出去，否则企业经营就失去了存在的意义。实现商品惊险的跳跃不是件容易的事，现在是买方市场，为了让产品全部销售出去，经营者们唯有打破传统守旧的营销管理方式，不断创新，不断进行营销权变，才能实现生产的目的。

一、对市场进行统筹规划

什么是市场营销？从权变管理的角度出发，阐述得最清楚的一个定义是：市场营销是整个企业以获利为目的，齐心协力进行的创造、识别和满足顾客需求的活动。

1. 实行市场细分，抢占市场"奶酪"

市场是一块人人都想独享的丰美奶酪。但现代经济的发展推进了市场细分化，这种独占"奶酪"的念头永远不可能实现。**建立在市场需求差异性基础上的企业营销，必须随之细分，依据特定的目标，抢占特定的市场。**

在市场这块巨大的奶酪面前，每个商家都是拿着刀冲过去想要独吞的馋嘴人。在疯抢中，恐怕谁也得不到。所以，权变论者认为要事先瞄准，并有所选择，见缝插针或者抢弱者的或者抢强者掉的，市场细分就是这个样子，顾客群体一定，经营者要定位好对象，如做皮鞋，要分清高中低档和性别差异。审美观点、各地习惯经营者都要考虑到。选择了目标，就等于掌握了自己商品的潜在购买者。

市场营销要确定一定的顾客群，这就需要对市场进行细分。细分是建立在市场需求差异性基础上的，因而形成需求差异的因素，就可以作为市场细分的依据。

细分消费者市场主要依据地区特征、人口特征、心理特征和行为特征展开。

(1) 地理细分

地理细分是指将市场分为不同的地理单位，如国家、省（州）、市（地区）等。营销策划者可决定在一个或几个经营地区开展经营活动，但要注意各地区在地理需要和偏好方面的差异。例如，美国通用食品公司的麦氏速溶咖啡畅销全美国，但其口味却因地而异。在西部地区销售的咖啡比东部地区销售的咖啡口味醇厚。有一些企业甚至将主要城市再细分为更小的市场。

（2）人口细分

人口细分是根据消费者的年龄、性别、家庭规模、家庭生命周期、收入、职业、教育、宗教、种族以及国籍等将市场细分为若干群体。人口细分是区分顾客群体最常用的方法之一，原因主要有两方面。一是消费者的需求、偏好以及品牌（产品）的使用率状况常常与人口因素有密切关系。二是人口因素比其他因素更易衡量。即使是用非人口统计的术语描述目标市场，也必须联系到人口统计的特征。

如何使用一些人口因素来细分市场呢？

①根据人口的年龄与生命周期阶段来细分市场。消费者的需要和购买量的大小随着年龄而异。即使是6个月的婴儿在消费潜力上也有差异。美国玩具生产企业阿拉比制造厂认识到这个道理，设计了各种玩具，供婴儿从3个月逐渐长大到1岁期间的各个阶段玩耍：当婴儿想要摸东西时，就提供吉米牌童床供其使用；婴儿刚开始抓东西时，就提供拨浪鼓给他玩，等等。

②根据人口的性别来细分市场。性别细分早已在服装、美发、化妆品和杂志中使用。

③根据人口的收入来细分市场。收入细分在汽车、游艇、服装、化妆品和旅游等产品制造业和服务业中也是一个长期使用的标准。

④根据多种人口因素细分。大多数营销策划者会将两个或两个以上的人口因素结合起来细分市场。

（3）心理特征细分

消费者的生活态度、个性、购买动机、消费习惯等，都与市场需求及促销策略有着密切关系。

①按消费者生活态度细分。辨识消费者的生活态度可以从其活动内容（工作、娱乐、锻炼）、兴趣点（家庭、食物、消遣等）、意见（包括对社会经济、教育问题等）方面着手。例如，可将消费者分为紧跟潮流者、享乐主义者、主动进取者、因循保守者等等，据此来确定自己的目标市场及营销组合策略。有些汽车生产者为"安分守己"的消费者设计经济、安

全、低污染的汽车，为"玩车者"设计华丽的、灵敏度高的汽车等。

②按消费者个性细分。消费者的个性千姿百态，色彩纷呈，对消费者的需求和购买动机都有不同程度的影响。例如，妇女由于个性的差别，在化妆品的选择上各有所好，基本上可分为随意型、科学型、时髦型、本色型、唯美型、生态型等六种类型。这对化妆品公司开发新产品很有参考价值。

消费者个性可分为坚强与懦弱、外向与内向、独立与依赖、竞争性与非竞争性、显耀性与沉默性等。因此，**企业应努力建立品牌个性（品牌形象），以吸引相应个性的消费者**。如服装可分成朴素型、豪华型、新潮型、保守型等等。目前，我国已有不少企业应用这一变数并获得成功。

③按消费者的购买动机细分。动机是个体发动和维持其行为的一种心理机制，购买动机是驱使消费者实现个人消费目标的一种内在力量。购买动机可分为追求产品的耐用性、经济性、安全性，以及满足自尊需要等多种类型，对购买者行为有很大影响，均可作为细分依据。

消费者个性与购买动机是两个很难衡量的变数，运用起来比较困难，但它们对企业却具有重要意义。因而，需要对市场作大量细致的调研工作，注意研究消费者心理活动。**随着经济的发展，人民生活水平的提高，心理因素对购买者行为的影响将日益突出，尤其是在购买非生活必需品方面。**

（4）行为细分

在行为细分中，根据购买时机、消费者所寻求的利益、使用场合、购买频率、使用状况，消费者对品牌或企业的忠诚程度，消费者对营销刺激（价格、服务、广告等）的敏感程度，消费者对产品或品牌的态度，消费者的待购阶段等，可将他们分为不同的群体。

①根据消费者购买时机细分。消费者购买和使用某种商品往往有其特定的时机。例如，消费者一般在圣诞节、国庆日等期间，对食品、礼品等需求激增；在生活的不同阶段（如暑假、开学等）也会引起某些特殊需要。企业通过这种行为细分，抓住有利时机开展营销活动，就可事半功倍。

②根据消费者所寻求的利益细分。消费者对同类商品所追求的利益往

往有所不同。如牙膏，有的消费者是为了洁齿，有的是为了防龋防酸，有的要求口味清爽，还有的希望价廉等等。又如，航空公司的乘客主要有两类：一般旅游者和工商界人士，他们所追求的利益有所不同，旅游者的要求主要是顺利、经济地到达目的地，而工商界人士特别重视的是时间和舒适，对票价却不甚在意。

③根据消费者使用状况细分。根据使用状况的不同可将消费者分为经常使用者、初次使用者、潜在使用者、非使用者四类。一般来讲，实力雄厚的大企业应着重吸引潜在使用者，以扩大市场阵地；而中小企业力量薄弱，应注意吸引经常使用者，以巩固市场，同时也要根据自己的实力去争取潜在使用者。近年来随着经济的发展和收入水平的提高，消费结构正悄悄地发生变化，许多商品都有大量的潜在使用者，尤其是在高档服装、耐用消费品、新兴的家庭装饰、家庭护理等市场。**企业应密切注视需求动态，注意按使用状况细分市场，并制订相应的发展战略。**

④根据消费者使用频率细分。消费者使用频率的不同，一般可分为大量使用者、中量使用者和少量使用者，对有些产品来说，大量使用者占市场总人数的比重很小，但在该类产品总消费量中所占比重很大。例如，玩具的大量使用者是学龄前儿童，化妆品的大量使用者是成年妇女，啤酒的大量使用者是中青年男子等等。这些，都是有关企业应重点开发的目标市场。

⑤根据消费者的品牌忠诚度细分。消费者的忠诚程度可分为四种类型：一是坚定的忠诚者，即始终只购买某一品牌，从不转移；二是动摇的忠诚者，即同时忠于两三个品牌；三是喜新厌旧者，即经常由偏好一种品牌转移到另一种品牌的喜新厌旧的消费者，四是无固定偏好者，指各种品牌都购买，还没有形成品牌偏好的消费者，他们或是追求减价品牌，或是追求多样化，变幻不定。

在每一个市场上都程度不同地存在着各类型的消费者，尤其在食品、化妆、服装、家用电器等市场上，品牌偏好更为明显。对此，企业要分析研究，从中发现问题，采取适当对策。对于自己品牌的坚定忠诚者，企业可进一步研究判断其性质和特征，进一步投其所好，巩固其忠诚度；对于动摇的忠诚者，应摸清谁是主要的竞争者，从而改变自己的产品定位，或者进行比较式广告宣传，突出本企业产品的优点；对于那些经常转移的喜新厌旧者，要注意分析转移的原因，研究自己的弱点，及时弥补；对于无固定偏好的购买者，要努力从促销上下功夫，争取使他们成为本企业产品的偏好者。

⑥根据消费者对产品的态度细分。消费者态度一般可分为热爱、肯定、不感兴趣、否定和敌对五种类型。企业对不同态度的消费者要分别采取相应的营销措施，争取更多的消费者热爱和肯定自己的产品。

⑦根据消费者待购阶段细分。消费者的待购过程可分为知晓、认识、喜欢、偏好、确信、购买等六个阶段。企业对处在不同待购阶段的消费者，必须运用与之相适应的市场营销策略。例如，对那些还不知道本产品的消费者，应重点做好广告宣传，使其进入知晓阶段；对那些处在认识阶段的消费者，要着重介绍购买和使用本产品的好处、销售地点等，以促使其进入发生兴趣和决定购买阶段。

此外，消费者对价格、服务、广告等营销因素的敏感度也可作为企业细分市场的依据。

总而言之，**对市场进行细分对企业改善经营，提高效益，更好地为顾客服务，是至关重要的。**

市场细分具有如下重要作用：

一是有利于企业巩固现有市场阵地。通过市场细分充分把握各类顾客的不同需要，并投其所好地开展营销活动，就可稳定企业现有市场，这对于发展余地不大的成熟行业和不愿或不能转向新市场的企业来说，意义尤其重大。

二是有利于企业发现新的市场机会，选择新的目标市场。通过市场细分，企业可了解市场各部分的购买能力、潜在需求、顾客满足程度和竞争状况等，从而及时发现新的市场机会和问题，及时采取对策，夺取竞争优势。这一点，对于知名度不高或实力不强的中小企业，更具有重要意义。

三是有利于企业的产品适销对路。企业通过市场细分选择一个或几个市场细分部分作为目标市场，就有可能更加深入细致地研究需求的具体特点，集中人力、物力和财力，有针对性地生产经营适销对路的产品，更好地满足目标市场的需要，从而取得更大的经济效益。

四是有利于企业制订适当的营销战略和策略，把有限的资源集中用在目标市场上，以取得最好的效果。一方面企业在市场细分的基础上针对目标市场的特点制订战略策略，可做到"知己知彼，百战不殆"；另一方面由于企业面对的是某一个或少数几个子市场，可及时地捕捉需求信息，根据需求的变化随时调整市场营销组合策略，这就既可节省营销费用，又可扩大销售，提高市场占有率。

2. 精细评估市场，选准细分市场

权变管理认为，不同的产品面对不同的市场需求当采取不同的营销策略，前提是要精细评估细分化的市场，从而选择适合自己产品的市场切入点。企业为了选择适当的目标市场，必须对各个细分市场进行评估。

（1）评估细分市场

企业评估细分市场主要从三方面考虑：一是各细分市场的规模和增长潜力；二是各细分市场的吸引力；三是企业本身的目标和资源。

①市场规模和增长潜力。评估细分市场首先要看是否有适当规模和增长潜力。所谓适当规模是相对于企业的规模与实力而言的。较小的市场对于大企业而言不值得涉足；而较大的市场对于小企业，又缺乏足够的资源来进入，并且小企业在大市场上也无力与大企业相竞争。

市场增长潜力的大小，关系到企业销售和利润的增长，但有发展潜力的市场也常常是竞争者激烈争夺的目标，这又减少了它的获利机会。

②市场的吸引力。所谓吸引力主要指长期获利率的大小，一个市场可能具有适当规模和增长潜力，但从获利观点来看不一定具有吸引力。决定整体市场或细分市场是否具有长期吸引力的有：现实的竞争者、潜在的竞争者、替代产品、购买者和供应者。企业必须充分估计这五种力量对长期获利率所造成的威胁和机会。

③企业本身的目标和资源。有些市场虽然规模适合，也具有吸引力，但还必须考虑：第一，是否符合企业的长远目标，如果不符合，就不得不放弃；第二，企业是否具备在该市场获胜所必要的能力和资源，如果不具备，也只能放弃。

（2）选择细分市场

通过对不同的细分市场进行评估，营销策划者就会发现一个或几个值得进入的细分市场，下一步就要决定进入哪几个细分市场。通常情况下，一共有五种进入模式可供营销策划者选择。这五种模式仅仅提出了可供参考的思路，营销策划者应当权衡各种利弊条件，选择单一的或混合的市场进入方式，以达到企业制订的市场目标。

①密集单一市场。最简单的方式是营销策划者选择一个细分市场集中营销。企业可能本来就具备了在该细分市场获胜所必需的条件，这个细分市场可能没有竞争对手，这个细分市场可能会成为促进企业产品品牌延伸的起始点。

创建于1867年的法国黑默林公司，100多年来一直生产独轮车。现在不论是在海地、巴布亚新几内亚，还是在科特迪瓦或沙特阿拉伯，当你走过一个公园或一个施工工地的时候，你总能看到一种金属制的绿色独轮手推车，它就是黑默林公司生产的独轮车。公司经理贝尔纳·黑默林说："在那些大公司眼里，独轮车不是多高贵的东西。"而他却正好看中了这种不起眼的产品，使公司集中精力于这种产品的生产、营销。现在"黑默林"牌独轮车年销量达100多万辆，有130多个种类，大型号的、小型号的、男人用的、妇女用的、孩子用的，真是应有尽有。

②有选择的专门化。营销策划者采用此法选择若干个细分市场，其中每个细分市场都具有吸引力，并且符合企业的经营目标和资源状况。但在各细分市场之间联系很少或者根本没有联系，然而在每个细分市场上企业都可能获利。**这种多细分市场覆盖优于单细分市场覆盖，可以分散企业的经营风险。**即使某个细分市场失去吸引力，企业仍可在其他细分市场上获利。

③产品专门化。企业用此法集中生产一种产品，并向各类顾客销售这种产品。例如显微镜生产商向大学实验室、政府实验室和工商企业实验室销售显微镜。企业准备向不同顾客群体销售不同类型的显微镜，而不去生产实验室可能需要的其他产品。企业通过这种策略，在某个产品方面树立起很高的声誉。但如果产品被一种全新的产品所代替，就有发生滑坡的

危险。

④市场专门化。市场专门化是指企业专门为满足某个顾客群体的各种需要服务。例如，企业可为大学实验室提供一系列产品，包括显微镜、示波器、本生灯、化学烧瓶等。企业专门为这个顾客群体服务，而获得良好的声誉，并成为这个顾客群体所需各种新产品的销售代理商。

⑤完全市场覆盖。完全市场覆盖是指企业想用各种品牌（产品）满足各种顾客群体的需要。只有大型企业才有实力采用完全市场覆盖策略。而大型企业往往又是领导品牌的生产经营者。

领导型品牌可采用两种主要的方式，即通过无差异市场营销和差异市场营销来覆盖整个市场。

一是无差异市场营销。营销策划者可将细分市场之间的差异忽略不计，只提供一种产品在整个市场上销售。营销策划者设计一种品牌，制定一个营销计划，都是为了要引起最广泛的顾客的兴趣。它采用大规模配销和大规模广告的办法，是为了让该品牌在消费者心目中树立起最佳的品牌形象。例如，可口可乐公司早期曾用单一规格的瓶子装单一口味的饮料，以满足各种顾客的需要。

采用无差异市场营销的理由是规模效益。它是与标准化生产和大规模生产相适应的一种营销方法。经营产品范围窄，可以降低生产、储存和运输成本。无差异广告计划也可以降低广告费用。这种无差异市场营销策略不需要进行细分市场的调研和规划，从而也就降低了企业的经营成本。

二是差异市场营销。是指营销策划者为大多数细分市场提供不同品牌的产品，为每个有明显差异的细分市场精心设计风格各异的营销方案。现在越来越多的营销策划者采用差异市场营销策略。美国爱迪生兄弟公司就是一个典型的例子。

爱迪生兄弟公司经营了900家鞋店，分为4种不同的连锁店形式。每一种都是针对一个不同的细分市场。如钱德勒连锁店专卖高价鞋；巴克连锁店专卖中等价格的鞋；勃特连锁店专卖廉价鞋；瓦尔德·派尔连锁店专卖时装鞋。在芝加哥斯奉特大街3个街区的短短距离内就有勃特、钱德勒和巴克3家连锁店。这3种连锁店互相靠近，并不会影响彼此的生意，因为它们是针对女鞋市场的不同的细分市场，这种策略已使爱迪生兄弟公司成为美国最大的女鞋零售商。

差异市场营销策略往往比无差异市场营销策略赢得更大的总销售额，但也会增加成本，主要增加产品改进成本、生产成本、管理成本、存货成本和促销成本。有的营销策划者发现，市场分得过细，提供的品牌过多，上述几项成本的增加速度将会超过利润的增长速度，因此他们宁愿减少经营的品牌，使每种品牌适应更多的顾客群的需要，他们将这称为"反细分"或"扩大基础"，其目的是为了扩大每种品牌的销售量。

3. 制定并实施市场定位战略

企业在市场细分的基础上选择了自己的目标市场，这就明确了企业的服务对象和经营范围，接下来就应该制定市场定位战略。

(1) 市场定位的概念

竞争是无处不在的，任何一个市场都不会是一家企业独霸的天下。因此，**企业必须在其目标市场上为自己的产品确定一个位置，树立一个鲜明的形象，这就是市场定位问题**。具体而言，市场定位就是勾画企业产品在目标市场即目标顾客心目中的形象，使企业所提供的产品具有一定特色，适应一定顾客的需要和偏好，并与竞争者的产品有所区别。

许多同类产品在市场上品牌繁多，各有特色，广大顾客都有着自己的价值取向和认同标准，企业要想在目标市场上取得竞争优势和更大效益，就必须在了解购买者和竞争者两方面情况的基础上，确定本企业的市场位置，即为企业树立形象，为产品赋予特色，以独到之处取胜。这种形象和特色可以是实物方面的，也可以是心理方面的，或二者兼而取之，如质优、价廉、豪华、名牌、服务周到、技术超群等，都可作为定位观念。

(2) 市场定位的战略

市场上原有产品通常已经在顾客心目中形成一定形象，占有一定地位，如可口可乐被视为全世界首屈一指的软饮料，同仁堂中成药在同类产品中质量最好、信誉最高，等等。在这些产品市场上，参与竞争的企业要想争得立足之地，难度很大，当然，在一般市场上树起自己的形象也并非轻而易举。因此，必须有适当的定位战略。现提供以下几种战略供选择：

①"针锋相对式"定位。把产品定在与竞争者相似的位置上，同竞争者争夺同一细分市场。实行这种定位战略的企业，必须具备以下条件：一是能比竞争者生产出更好的产品；二是该市场容量足够容纳这两个竞争者的产品；三是比竞争者拥有更多的资源和实力。

②"填空补缺式"定位。寻找新的尚未被占领，但为许多消费者所重视的位置，即填补市场上的空位。例如，"金利来"进入中国大陆市场时，就是填补了男士高档衣物的空位。

这种定位战略有两种情况：一是这部分潜在市场即营销机会没有被发现，在这种情况下，企业容易取得成功；二是许多企业发现了这部分潜在市场，但无力去占领，这就需要有足够的实力才能取得成功。

③"另辟蹊径式"定位。当企业意识到自己无力与同行业强大的竞争者相抗衡从而获得绝对优势地位时，可根据自己的条件取得相对优势，即突出宣传自己与众不同的特色，在某些有价值的产品属性上取得领先地位，如"七喜"汽水突出宣传自己不含咖啡因的特点，成为非可乐型饮料的领先者。

在确立了市场定位的基础上，企业市场营销管理的下一个步骤是制订具体的营销组合策略。 如果企业为自己产品的定位是"世界一流产品"，那么，它就必须提供高质量的产品，实行高价策略，寻求服务良好、信誉卓著的中间商，并通过适当的广告宣传树立高档产品的形象，吸引富有的购买者。

二、在不同的产品周期采用不同的营销策略

任何产品都是有生命的。再好的产品，也必然要经历一个由成长到衰退的生命周期。产品营销，就要采取进退有方、根据产品周期特点而经营的市场策略，以创造更多的途径延长产品的生命。

1. 产品引入阶段的营销策略

当产品首次推入市场时，即为引入阶段的开始。 在这个阶段，由于销

售额较少和促销费用高，因此利润低，甚至亏损。要吸引配销商，并填补他们的"产品补全线"，需要花大量的资金。促销费用在销售额中的比例达到最高点。这时，需要高水平的促销活动完成下列工作：向潜在消费者宣传新的、鲜为人知的产品；吸引消费者试用此产品；确保零售网点的配销畅通。

营销策划者要提醒企业经营人员，在引入阶段，该新产品的销售额增长往往非常缓慢。例如，速溶咖啡、冻橘子汁、咖啡奶粉、加湿器等著名产品，都是在徘徊多年之后才进入迅速成长的阶段。

在向市场推出新产品时，策划者可为企业销售部门确定每个销售变量，如：价格、促销、配销和产品质量拟定上限和下限。如果只考虑价格和促销这两个变量，企业营销策划者要分析企业是否采用以下四种策略中的一种。

(1) **快速撇脂策略**

即以高价格、高水平的促销措施推出新产品，尽可能地获取高利润的策略。企业在促销方面耗费巨资，目的是使市场上的顾客相信其以高价购买商品是值得的。但是这种营销策略只有在下列前提下才会奏效：市场上潜在的大部分顾客还不知道该产品；了解该产品的人对该产品有强烈的偏好并能照价付款；竞争对手正在出现，有必要培养顾客对本企业产品的浓厚兴趣。

(2) **缓慢撇脂策略**

就是以高价格和低促销将新产品推向市场的策略。高价格就是获取尽可能多的利润；低促销则可以减少费用支出。**采用这种经营策略有可能获得最大化的利润**。但采用这种策略必须考虑是否具备下列条件：市场规模可观；市场上绝大部分顾客了解该产品；顾客认为该产品的高价代表高品质；没有激烈的潜在竞争。否则，将事倍功半。

(3) **迅速渗透策略**

即以高促销和低产品价格推出该产品的策略。低价格在产品品质一定的条件下，有一定的诱惑力和竞争优势，依此可望以最快速度渗透市场，并达到最大市场占有率。但这种策略只有在下列条件下才能有效：市场规模大；市场上大部分顾客不了解新产品；大部分顾客对价格有较高的敏感性；有广泛而强大的竞争对手；边际成本递减，即边际收益有递增的趋势。

（4）缓慢渗透策略

即以低价格、低促销水平来赢得市场的策略。低价会刺激市场尽快接受这种产品，低促销费用是为了实现更多纯利润。企业认为市场需求的价格弹性很大，而促销的价格弹性很小，可以采取这种策略。这种产品经营策略在以下条件下发挥作用：市场庞大；顾客对该产品非常熟悉；顾客对价格变动非常敏感；存在竞争对手。

2. 产品成长阶段的营销策略

成长阶段最显著的特征是销售额迅速上升。不但早期的使用者喜欢该产品，而且较保守的消费者也开始喜欢这种产品。新的竞争者由于受到大规模生产和盈利机会的诱惑，开始进行低成本的模仿，进入竞争角色。由此导致销售网点剧增，产品销售额飞跃上升。由于供给和需求同时增加，所以产品价格持平或略有涨落。

在这个阶段上，由于促销成本由更大的销售量分摊，从而形成的规模效益促使边际收益明显递增。当利润上升到一定阶段时，其增长速度就变得较为缓慢。为此，营销策划者必须了解企业是否需要制定新的策略，是否能较准确地预测到何时利润会下降，是否采用符合市场需求实际的营销策略等基本情况，以尽可能地长久地保持市场的增长。

在产品成长阶段中应当实施以下营销策略：

- 改进产品质量，赋予产品新的特性，并改进款式；
- 增加新颖的式样和侧翼产品；
- 进入新的细分市场；
- 进入新的销售渠道；
- 改变广告内容，要以提高产品知名度转变为诱导性、说服性广告；
- 为了吸引低收入顾客，适当的时候可以降低价格。

采用上述发展的市场策略，企业就会巩固自己的竞争地位。但是，即使企业如此改善其地位，企业也要付出额外的代价。在成长阶段，企业面临的问题是如何在高市场占有率和高额费用之间做出选择。**如欲取得领导地位，企业就必须在改进产品、促销和销售方面花大笔金钱。**

3. 产品成熟阶段的营销策略

产品销售增长速度达到某一顶点后就会下降，产品就会进入相对成熟的阶段。一般说来，这一阶段比前两个阶段更长。营销策划者可将此阶段的企业新产品划分为3个时期。

- 增长成熟期，产品销售额增长开始下降。
- 稳定成熟期，由于市场相对饱和，人均销售额将会持平，大部分潜在顾客已经使用了该种产品，要想增加销售额只有依靠人口数量的增加和需求的更新。
- 衰退成熟期，这时市场达到绝对饱和，绝对销售量开始下降，消费者开始转移消费倾向。

当企业新产品达到成熟阶段时，有些企业就觉得无力回天，纷纷放弃了成熟的产品。它们认为有必要养精蓄锐，将宝贵的资金投向新产品开发，这样就忽视了新产品成功率低以及老产品有许多潜在用途。如汽车、摩托车、手表、电视机等行业，通常被认为正处于成熟期，而源于农耕民族善于精打细算的日本人的巨大成功，说明情况并非如此，他们绞尽脑汁迎合消费者的偏好，不断地提供新的使用价值，使老产品焕发出无限生机。

（1）改变市场

在营销策划过程中，策划者要考察经营者是否考虑到构成销售量的两个因素，以此为自己新产品的商标开拓市场。

$$销售量 = 商标者使用数量 \times 每个使用者的使用量$$

新产品策划者应当逐个地对这些因素进行详尽分析。

企业可以用以下三种方法促使更多的人使用标有本企业商标的商品。

①吸引未使用者。企业尽可能使尚未使用本企业产品的消费者转而使用它。

②进入新的细分市场。企业可设法进入那些虽然使用本企业产品，但不曾使用本企业商标的新的细分市场，如人口、地理的细分市场等。小白兔牙膏成功地将该种儿童牙膏推销给青年人使用就是一例。

③夺取竞争者的顾客。企业可设法吸引竞争对手的顾客试用或使用本企业的商标。

例如，百事可乐公司通过一系列的经营活动，说服可口可乐的消费者改饮百事可乐。

另外，要使目前使用本企业商标产品的消费者增加使用量，有三种策略可供选择。

①提高使用效益。企业可设法使顾客更经常地使用自己的产品。

②增加每次的使用量。

③增加新的或更广的用途。企业可努力发掘产品的新用途。例如，食品生产企业在食品包装袋上印着该产品的多种烹制方法，使顾客了解这种产品的所有用法。

(2) 改进产品

营销策划者要考虑经营人员，特别是产品线经理或品牌经理是否致力于改变产品特性，使之能够吸引新的使用者，或者使现有的使用者增加使用量，以提高销售量。要注意上述经营者是否采用以下几种方式使产品推陈出新。

①提高质量策略。其目的是提高产品的性能，如，耐用性、可靠性、速食性等。在策划过程中，要明白这些策略在以下条件下才会奏效：

- 新产品的质量能够提高；
- 顾客确信生产企业已提高了产品质量；
- 产品的高质量会引来众多的需求者。

②改进特性策略。目的是要给产品增加新的特性，以此扩大产品的多方面适用性，提高其安全性，使之更加方便实用。营销策划者在策划过程中要使经营者明白，改进产品的特性有以下方面的优点：新特性可以使销

售人员、促销人员更加充满信心；新特性可以使产品更有吸引力；新特性以原有产品特性为基础，因此开发费用更低。

改进特性策略的主要特点是容易被模仿，所以除非率先革新可以盈利，否则得不偿失。

③改进款式策略。这一策略是从美学角度出发，不断提高产品的含美量及美学价值。例如，美国几家汽车公司定期推出新款式车型，这实际上就是美学意义上的竞争，而不是质量和特性的竞争。这种策略的优点是可以获得独特的市场个性，为新产品赢得优势。

4. 产品衰退阶段的营销策略

大部分产品的销售量最终都会下降，但其下降的方式不同，有的缓慢下降，有的则直线下降。这一阶段的营销策划主要侧重于以下几个方面的问题。

(1) 发现处于衰退阶段的产品

应分析该企业是否有一个发现衰退产品的制度。建立这样一种制度应该包括以下步骤：

- 企业应指定一个由生产、财务部门以及市场营销部门代替组成的产品审核委员会。
- 该委员会应有发现衰退产品的工作程序。
- 总稽核办公室应提供每个产品的详细资料，足以说明它们在市场占有率、价格、销售量、利润方面的发展趋势。
- 这些数据资料要输入电脑，用程序分析后要筛选出前途未卜的产品，其标准是：销售量下降的时间，市场占有率的发展趋势，毛利率以及投资报酬率。
- 应及时向主管部门汇报这些前途未卜的产品。
- 产品审核委员会应检查这些信息资料，并对其进行及时的信息反馈。

(2) 决定市场营销策略

有的企业会率先放弃正在衰退的市场，这在很大程度上取决于壁垒的高低。**壁垒越低企业就越容易撤出该市场**。剩下的企业则设法利用其产品吸引撤退企业遗留下来的顾客。下面的几条措施可面对衰退的市场：

● 增加企业投资；

● 保持企业的投资水平，一直到该产品前景明朗为止；

● 有选择地降低企业投资水平，放弃前景不乐观的细分市场，同时加强对持久顾客需要的小商品市场的投资；

● 为尽快收回资金，要从企业投资中榨取巨额的利润；

● 尽可能地在有利的环境中有意识、有步骤地撤退。

（3）放弃经营的决策

如果某企业决定放弃经营某个产品，对该产品的营销策划侧重于两个方面。

● 如果该产品有强大的销售网络，并且有良好的产品形象，那么，企业可以将它出售给下属企业。

● 如果企业找不到买主，就要果断地决定是迅速还是缓慢地放弃这个产品。同时，也要决定采取什么手段，可以继续为老顾客服务。

三、掌握营销诀窍，有效开拓市场

1. 创新思维，不断地开拓市场

在市场竞争条件下，每个企业都必须充分利用自身的优势，逆向思维，扬长避短，结合市场与企业的客观实际，运用创造性思维去有效地开拓市场，拓展属于自己的新天地。

（1）用特异性思维去开拓市场

所谓特异性思维，就是用不同寻常并有异于传统的思维方式去考虑市场的开拓。在市场经济条件下，企业面临经营环境多变、竞争日益激烈的实际情况，这就要求每个企业的经营活动必须具有明显的个性化特点，能够标新立异，独树一帜。因而，**用特异性思维去开拓市场，既可以用在广**

告宣传上,也可以用在产品创新和经营上。

日本的丰田和三菱两公司,把特异性思维运用于汽车广告的宣传方面,取得了巨大的经济效益。两家公司在广告宣传上的特点,就是抛弃了过去"质量第一、信誉至上""代办托运,实行三包"的思维模式,代之以"车到山前必有路,有路就有丰田车""有朋远方来,喜乘三菱牌"这样独具特色的广告宣传。

(2) 用差异性思维去开拓市场

所谓差异性思维,就是用同中求异的思维方式,对同一市场的经营目标进行差级运筹,分别实施不同的经营方式去进行市场的开拓。事实上,在任何企业的经营中,都会存在着经营环节与相关因素等许多方面的差异。如生产批量上的差异;产品质量、档次、功能等方面的差异;销售时间上的差异;营销地域上的差异;消费对象与用户的差异,等等。比如,可以在产品包装上实施容量差异,以适应不同地区、不同民族、不同年龄、不同季节的人们的爱好;或实施款式差异,以适应人们的选择心理;或实施装潢差异,以适应不同地域、气候环境和不同消费者层次的需要,等等。总之,**企业可以通过运用差异性思维生产出独具风采、格调清新的产品,创造出切实可行、颇具魔力的营销方式。**

(3) 用变异性思维去开拓市场

所谓变异性思维,往往就是利用人们对客观事物的直观感觉所造成的一种心理上的错觉,去进行企业经营创新,出人意料地创造出某种强烈的美感,获得立意奇妙的效果。国内外许多企业就是通过运用这种思维去进行技术创新、新产品开发和市场开拓的,如服装企业通过巧妙运用横线变宽、竖线加长这种心理错觉,来造成调整和改善形体的假象,从而给人以神奇般的变异性美的感觉,并成为市场竞争的重要手段。当然,在新产品开发中,如何把产品开发与市场开拓有机地结合起来,运用变异性思维要做的文章是很多的,如产品高低与长短尺寸规格的形体视错觉利用,色调对比的变异性利用,等等。

(4) 用辐集性思维去开拓市场

所谓辐集性思维,就是把多路思维都聚集于某个思维的中心点去突破，其基本功能就是抽象、概括和判断。企业在考虑市场开拓时，可以运用辐集式思维把各种思路聚向某一思维焦点而发起思维攻势，从而通过多侧面和多角度的思维作用，去粗取精，去伪存真，梳理收拢，使思路逐步清晰，本质渐趋显露，最终在某一方面取得突破，赢得市场。在市场竞争中，企业往往都会遇到许多需要决策的问题，但只要能认清形势，抓住主要矛盾和机遇，全力以赴必将获得意想不到的成功。

（5）用发散性思维去开拓市场

所谓发散性思维，正好与辐集性思维相反，就是从某一研究和思维的对象出发，通过对比联想、接近联想或相似联想等思维方式，由一点联想到多点，在市场开拓上形成扇形开发的格局，产生由此及彼的多种创造性成果。由于这种思维方式跳出了人们固有的思维定式，所以容易启发创造性灵感，有时会产生非凡的效果。美国的自由女神像翻新后，大约造成了200多吨的铜废料无法处理，有位叫斯塔克的人承包了这一差事，就是运用这种思维对废料进行分类处理的，铸成了各种纪念币、纪念尺、纪念盒等系列纪念品供人选购，从而使这些废料和垃圾"身价百倍"。

（6）用逆反性思维去开拓市场

所谓逆反性思维，就是不同于常规的顺向（或正向）思维的相反性思维，往往也可以收到意想不到的效果。在企业竞争日益加剧的情况下，个少企业都在程度不同地运用这种思维方式，特别在广告宣传的竞争上更为突出。很多著名产品的广告就是利用人们对广告宣传的某种虚假性的提防和意识，在制作手法上运用了逆反性思维。还有些企业专门在自己产品的广告中说明某种不足，以引起用户注意，反而起到了促销的效果。总之，运用这种逆反性思维，关键在于把握好用户此时此刻对某种产品的逆反心理，否则会弄巧成拙。

2. 运用好感性营销这一商战新武器

现代经济社会改变着人们的生活方式，消费需求日趋个性化、情感化，人们更加重视个性的满足，精神的愉悦。这意味着消费者的需求已从"量的消费""质的消费"开始走向"情感消费"时代。

市场竞争发展到一定程度，单纯靠价格和质量的威力会显得越来越不灵，取而代之的竞争手段，是对顾客心理的巧妙运用。由此，一种市场营销新观念——感性营销应运而生。

所谓感性营销，就是把个人感性差异作为营销战略核心的营销观念。这与传统的理性营销截然不同。理性营销的核心是用理性的科学观念来解释和分析人们的消费行为，而感性营销用的则是感性观点，它认为消费者购买商品时采用的是心理上的感性标准，其购买行为建立在感觉逻辑之上，因此，企业的营销活动必须根据感性消费时代的特殊要求而运用相应的营销策略。

现代企业感性营销主要有以下几个方面。

（1）感性设计

认真研究不同层次消费者的特有心理，了解他们的特殊需求，在产品设计中以某种替代性和象征性事物赋予商品一定的情感、情趣、意境、品味和文化等，凭借感性的力量去打动、诱发消费者，掌握市场主动权。

美国著名制鞋商浦勒斯，在企业濒临倒闭时，聘请了一个叫弗兰克·罗里的心理学家担任总经理，成功地运用了感性设计，使得企业起死回生。弗兰克·罗里认为，消费者是有感情的，产品虽然没有感性，但可以设法给它附上感情的色彩，让它引起消费者的遐想和共鸣。由此，该公司便致力于创造各种富有情感色彩的鞋子，推出"男性情感型""女性情感型"，还有体现各种不同个性，迎合人们独特要求的"个性情感型""优雅情感型"等不同类型鞋子。这种别出心裁的产品给该公司创造了新的销售佳绩。

（2）感性商标

商标设计融入感情色彩，往往可以使产品达到"好风凭借力，送我上青云"的营销效果。新款可口可乐色彩和图案组成的商标，迎合了现代消费者追求健康、力量、生命、阳光的感性需要，具有强烈的视觉冲击力，一经推出，便在消费者中产生了不同凡响的影响。

（3）感性包装

"人靠衣装马靠鞍"，产品靠装潢。在感性包装中，通过各种包装材料、图案、色彩、造型的巧妙设计和灵活组合，可以赋予商品不同的风格和丰富的感性内涵，引起消费者不同的情绪感受，博得其好感和心理认同。

"酒鬼酒"采用古色古香的瓷瓶包装，造型典雅古朴，表现出中国源远流长的传统文化和酒文化特色，因而大受外商欢迎，其产品出口量直线上升。

（4）感性价格

使商品价格带有鲜明的"感性色彩"，诱导消费，做活生意。

有些商业企业推出"会员卡"制度，对"回头客"实行优惠价，使消费者体味到商店对顾客的感激之情，从而强化其惠顾心理。还有些商店的商品，标明进货价、零售价，一直标到几角几分，给人以可信的印象。

（5）感性广告

集科学性、艺术性和浓郁感性色彩的广告可引发消费者的情绪和感受，这些广告向人们推销的已不再是产品本身，而是特定的感受。

最近瑞士推出一种带夹子的石英表，用一个富有魅力的标题做广告："手腕的自由。"因为传统的手表是佩戴在手腕上的，而该表构思独特，把表附着在一个夹子上，让人随便夹在衣襟、袖子或口袋上，于是原来戴表的手腕也就得到解脱。同时广告画突出了夹在衣襟上的表以及获得自由的手腕，整个广告既表现了新产品的特色，又刻画了给使用者带来方便的喜悦，这就引起消费者强烈的共鸣。

3. 广而告之，好货还得巧吆喝

广告或促销的目的都是把产品或服务销出去，都要以最低的成本效益达到增加最大销量的目的。做好广告，也需要大做、巧做一番文章。经营者不论是委托广告公司设计广告，还是自做广告，都应充分考虑广告的对象和目的。

（1）利用广告战略

为了决定哪些战略能最有效地说明你自己，并了解在这其中企业要付出的成本，要严格地采取下面的步骤。

①了解商业环境。了解商业环境需要做好如下分析：经济、社会、法律以及商业情况怎样？本企业的竞争对手是谁？他们的优势和劣势分别是什么？你的优势和劣势分别是什么？你必须提供什么独特的东西？竞争对手有没有做得不充分的地方？如果你在这方面进行促销的话，会假设本企业具有哪方面的特色？

②做商讨机会分析。如现在的机会是什么？在不久的将来呢？在什么地方你能获得最大收益？

③确定广告目标。确定本企业所需要的对广告的反响程度，计算想要广告带来的销售额的增量，清楚地表明本企业必须涉足的细分市场，决定广告读者要意识到并且对之做出反应的关键问题。

（2）精心做好广告策划

成功的广告能够使企业获得几倍、几十倍的回报，而失败的广告连广告成本也难以收回。产生这样重大反差的重要原因就在于广告策划的不同。

策划是针对未来要发生的事情做的当前决策，广告策划主要是一种脑力的创造活动。**广告策划要巧于心计，富有灵气。**

在西方，有一家汽车洗刷店的老板，为了设法争取更多的顾客贴出广告，说本星期洗刷红色汽车打九折，第二个星期换成洗刷蓝色汽车减价，几个星期后，所有颜色的汽车都受到照顾。

有个好事之徒很想知道店主下一步该怎么办，于是开车到了汽车洗刷店。只见许多不同颜色的汽车正在排队等候洗刷。富有灵气的老板把广告换成了这样的内容：

"你的妻子打来电话说，不要忘记把汽车洗刷干净。"

创意是广告的灵魂，创意好的广告作品，不仅是优秀的宣传品，而且可以成为艺术殿堂里的珍品。广告创意要求人们摆脱旧的观念，运用联想思维，捕捉灵机一动的思想火花，营造一种引人入胜的意境。

（3）巧妙构思让广告动起来

有了好的创意，还要进行巧妙的构思，使这种创意得到最充分的实现。构思的巧妙，关键是要能出乎意料又合乎情理，这样才能使顾客在不知不觉中接受广告的宣传。在构思过程中，必须重视商品的不同特性、消费市场与顾客行为的各种信息。当然，最重要的还是必须能够把握整个社会的心态及其对产品的认知程度。在美国，一些广告商深明现代女性顾客的重要性，迎合现代女性心理的广告便应运而生。"媚登峰"的广告就成功地将其产品——女性内衣和现代女性所追求的自尊、自信和自由联结在一起，而不再是俗套地强调女性内衣的性感和舒适。推销家庭生活用品的美国广告商还有趣地发现，让男性演员在广告中使用各种家庭生活用品，最能迎合女性顾客之心。当女性看到男人使用洗衣粉、吸尘器时，自然而然地就对该产品产生好感。这是因为大部分的家庭仍是女性在操持，故女性对"男人做家事"的镜头感到特别温馨和感动。一般推销胸罩的广告都强调其产品的支撑效果，但美国佩雷泰克斯公司没有亦步亦趋，而是通过极为生活化的广告，强调了"行动方便"，生动地确立了该公司产品与众不同的形象。广告效果的好坏直接影响着企业产品的销售和企业的形象，在一定程度上也影响着企业经济活动的成败。企业在做广告时，不应一味地自我推销，以免让人产生被广告牵着走的感觉。因此，**广告内容一定要紧扣主题，提供一系列具有高度趣味性、可读性的信息**，再辅之以蕴含丰富意念的广告画面和广告用语，借以传达服务公众的企业心声。在广告表现上，要突破性地运用一些创新方式，塑造独特的广告主画面。内容与形式巧妙地结合，既不会降低媒体的格调，也不会冲淡主题，从而达到广而告之，构造强烈气氛的目的。广告不能把握时机，就会事倍功半；看准时机出击，才会大获全胜。事实上，那些细微而且容易被遗忘的商品契机，对企业促销商品可能是最大的机会。

（4）编写好广告文案

如果企业决定制作并发布广告，必须树立十足的信心，因为很多小企业已经成功地做了多年。其中重要的是把费用控制在预算之内，并且创作的广告要能给你带来买卖，而不是赞美。

你编写的文告文案必须包括如下内容：

①标题。相对市场中数量巨大的人群来说，广告目标是少数人，这些人现在或将来会有兴趣购买你的产品或服务。为了吸引这些人有限的注意

力，要确保广告的标题对目标人群来说醒目而有吸引力。

②许诺。一旦他们开始阅读，就要确保他们一直阅读下去，直到他们如你所愿地采取行动为止，使他们不得不相信这是他们所面对的问题的答案，或者是他们实现梦想的捷径。因此，**要在广告一开头就清楚表明他们的愿望会实现，因为如果你没有尽早使他们相信你，你会很快失去他们的注意力**。例如：

"在一个充满乐趣的日子里，你会了解到发家致富的秘密。"

"至少使你汽车的开销削减10%。"

③证据。提出理由使读者相信本企业能兑现自己的承诺。永远不要以为得罪了一个，还会有另一个顾客上门。表达你对自己产品的信心。例如：

"世界范围内超过100万个满意的用户。"

"一个独特、新颖，但已得到证明的方法。"

"由清华大学研究并证实。"

④扩展许诺。如果空间和预算允许，将接受服务的顾客会获得的好处进一步扩展。可能的话，在这些好处之间创造一个逻辑上的联系，这样的话，如果顾客对获得第一种好处有信心，他就会同样相信第二种好处。相应地，由第二种又到第三种，依此类推一直到最后一种。

⑤为行动提供便利。告诉读者，要得到你所提供的好处，他们必须做的事。务必给他们一些选择，例如：

- 邮寄从广告上撕下来的回执；
- 为那些着急的人准备电话号码；
- 你的传真号码。

如果广告中有回执，则要确保在广告中的其他地方印上联系你的方法，以便在回执被剪下之后，看到或参考广告的人也能继续用上。

四、合作双赢，打造完美的供应链

在权变管理中，合作就是打造一条完善的供应链条，供应商、经销商、顾客都是其中最重要的环节。联结了这些环节，企业便有了顺畅的物流渠道，管理者便如翻飞的巨龙，在市场竞争中实现双赢。

1. 与供应商"同偕白首"

在经济全球化及成本意识、质量意识越来越高涨的环境里，为了提高利润、增加市场占有率和加强竞争力，很多企业已经重新思考、定位了自己的采购策略和与供应商的关系。他们不再只注意价格，同时也会注意向谁买、买什么、如何买等问题。他们意识到，厂商和供应商之间的关系决定了产品的质量、成本和交货期，是厂商竞争力的关键因素之一。他们不再视供应商为敌人，而是感受到和供应商共存共荣的重要，认为伙伴关系可以促进成本的下降、产品质量的稳定与提高，同时双方也能因此根据对彼此有益的时间表、有共识的价格基础，对未来做出一定的规划。

因此，**许多企业都不约而同地发展出和供应商结盟的策略**。美国福特汽车公司计划和剩下的厂商发展正式的伙伴关系，借着这项行动每年省下16亿美元。在这种联盟中，厂商和供应商变成了彼此的资产。

与供应商建立合作关系，对于降低成本非常重要，然而却不是唯一的关键因素。合作关系需要强有力的基础，而且要有持久的惯性，以便能够长久持续。

（1）运用成本分析的思考方式

这是用一种比较宽阔、策略性的思考方式，来思考供应商经济：是什么在影响供应商的材料成本、生产周期以及人事安排；究竟是什么在影响其库存，以及其他相关成本；制造商的产品规格和供应商管理策略如何影响供应商的成本等等。

据此拟定供应商管理策略时，制造商就可以开始将供应商视为自己制造流程的延伸，从设计、生产数量规划，到下单模式，各个环节都相互合作。这种方法可以省下的金钱，远远大于传统采购方式每年所省下的2%~3%的成本。成本分析导向的供应商策略，可能引发整体系统重新设计，或者产品再造，节省的幅度高达10%~30%。

(2) 选择有竞争力的供应商

和少数几家供应商合作，甚至只和一家合作，不但可行，而且非常聪明。很多企业了解到这点后，开始减少供应商的数量，以寻求更有利的价格，更好的产品和更高的一致性。

(3) 对供应商的承诺

所谓的"承诺"可能表示，让供应商知道你的专利科技以及其他敏感的资讯，以及面对一些令许多公司如坐针毡的状况。同时，**为了要有长期的回报，可能还需要进行一些短期的投资**。

(4) 与供应商协调一致

成功的供应商管理策略，最后的关键就是协调：发展出跨功能团队，以减少所有可能增加成本的不便和官僚。团队应由供应商和制造商双方人员共同组成。当双方一起面对节省成本或提升绩效的目标时，应把重点放在数量整合、可靠预测、产品设计、零组件标准化，以及其他节省成本的整体策略。在合作初期，供应商和制造商的关系可以通过这些团队，朝正确的方向迈进，也可以提高供应商管理的效率，同时还能够达成制造商的产品要求。

2. 让经销商成为最佳赚钱伙伴

与经销商联盟是一种全新的观念和全新的经营模式。这种联盟方式，可以与生产者、批发商、零售商通力合作，及时对消费信息做出反应，为消费者提供高价值的商品或服务。这种联盟方式，被称为 ECR（EHicient Consumer Response）。

ECR 的核心内容是如下原则：

①向消费者提供高价值的商品或服务。

②确立商品供给链内部的合作关系。

以上两个原则是 ECR 的基本战略。此外还有三个实现其基本战略的本性原则：

①建立高效率的物流。

②建立正确、及时的信息流。

③建立共同的费用评价方法。

在上述原则下，ECR 提出要在如下方面，实行变革：

- 高效率的商品归类。
- 高效率的库存管理。
- 高效率的促销活动。
- 高效率地推出新产品。

ECR 战略的重要特点是供给者的联合，联合的方式是多种多样的。

从纵的方向看，有生产者与零售商的联盟，彼此互相公开自己的信息，各自发挥自己的优势，通过电子数据交换（EDI）等手段力求实现"交易无纸化"，即通过互联电子网络进行订货和自动发货。生产者与零售商的联合使批发商感到危机。从物流的流向看，如果听任上游向下扩张，下游向上侵蚀，则作为中游的批发商，其生存就成问题了。于是批发商也推出了连锁化的战略：批发商与零售商联手，支持零售商的新业态转换，把零售商改造成为分店，于是"批发商——零售商"的关系便转换为连锁总店与分店的关系。从横向联合看，则打破行业界限，采用"共同化""共同出资""合作经营"等多种形式。

3. 把顾客视作自己人

在新经济带来的商业革命中，赢家是属于能应用新原则和新方法的企业。如果说，将顾客从对手变成营销目标是一个有意义的创新的话，那么，将顾客从营销目标变成是企业发展链上的自己人，就是一次划时代的变革。只有商家与顾客合作为一家，才能真正在市场中实现双赢。

商家要学习"做正确的事"。要做正确的事，就要从市场导向变成顾客导向。这一导向的做法是跟顾客一起澄清他们的各种期望。营销人员必须利用新的方式，协助其公司满足和超越顾客的期望。因此，**营销部门所做的事，绝非仅止于替既有的产品和服务寻找顾客。营销部门必须跟顾客建立起超乎传统性买卖关系的合伙关系，让他们能参与开发新产品和新服务**。营销必须变成顾客导向。对许多公司来说，这是一项重大变革，也是经营环境改变的必要之举。

随着全球工业化国家的人口老化，产生了许多年老、受过良好教育，并且十分挑剔的消费者。目前有许多顾客都比以往更重视品质、可靠性、耐用性、方便性，以及售后服务。他们对产品有更高的期望，并且会毫不保留地说出他们对产品品质和服务的不满。

外在经营环境的每一个层面，都历经快速和前所未有的变化。各个产业以及各个国家在经济成长上的不平衡、全球性经济整合和竞争、消费者在需求上的改变，以及环境保护问题，使得企业面临着前所未有的经济环境。美国和全球经济所发生的各种变化，有许多显然与消费行为的改变息息相关。一家企业若想适应这些经济变化，在对待顾客上，必须采取与以往截然不同的方式。首先，企业的文化必须调整成以顾客为导向。

把企业的文化转变成以顾客为导向，有五个先决条件：

(1) 高主管必须亲身参与培养这种文化，绝不能认为可以授权旁人代劳

最高主管既要负责提供远景和方向，也要成为失去变革的一股力量。如果他能亲身前往拜访顾客或参加顾客会议，那么他所传达的讯息，要比口说还有效。高级主管一定要言行一致，才能使得整个组织逐渐转向以顾客为导向的文化。

(2) 变成顾客导向的文化，必须被视为长期演进的过程

企业经营者必须首先确认需要改进的关键性领域，进行全面的顾客整合才会成功。不管需要改进的领域是什么，初期的努力，一定要以能获得具体成效的领域为目标。有些人把初期的努力，解释成伸手摘取"低垂的果实"——也就是最容易成功的机会。

(3) 必须让企业各阶层和各领域——从接待员到生产工人，都参与培养顾客导向文化

如果各阶层都参与的话，那么顾客导向也就无可置疑。如果由高阶层精心构思一套策略，然后交给下面的部属执行，多半会无疾而终。相反地，你要让真正能给顾客带来满足感的员工负责执行这项变革。这表示要

超越单纯的参与式管理。要做到真正的授权，就要使员工能与公司长期的利益休戚相关。企业一定要建立起一种创新性文化，使得整个企业能不断求新求变，并对有贡献的员工给予奖赏。

（4）要培养顾客导向的文化，就必须对员工实施广泛的训练

要使每一位员工都了解自己的工作如何能提高顾客的满意度。员工不但要了解本身所扮演的角色，而且要承认为了提高顾客的满意度，对自己的工作必须有所调整。

（5）企业必须对顾客导向进行评估、监视和强化

在大多数目前正试图提高顾客满足感的企业中，这代表要做"顾客抱怨分析"，或是利用各种调查来监视顾客的态度。这些努力虽然都是开端，但仍要纳入员工评估、报酬和升迁制度中。要计算顾客维持率和获得率，并据此提供奖赏。各阶层员工在行为上的改变，亦应受到奖赏。

要想与顾客对话，从而建立合作关系，营销人员就必须学习如何主动与顾客对话，以及如何维持此对话关系。前者是指企业应敞开大门，主动接近顾客；后者则意味着企业应邀请顾客参与新产品开发及生产活动，扮演事业合伙人的角色。对话始于接近顾客。从产品开发阶段，买卖双方就要密切合作；待产品售出后，双方更不能中断对话的关系，如此才能建立双方均忠于对方的关系。

企业应当记住：合作的买卖关系，将是不竭的利润之源。

五、整合营销，实现营销一体化

21世纪，卖方市场已完全转变为买方市场。随着全球经济的深入发展，市场竞争日趋激烈，悄然兴起的、以权变理念指导下的整合营销，将会成为现代企业营销的一个重要模式。

1. 整合营销的基本含义及主要思路

整合营销是以整合企业内外部所有资源为手段，重组再造企业的生产行为与市场行为，充分调动一切积极因素，以实现企业目标的全面的、一

致化营销。简而言之，就是一体化营销。**整合营销主张把一切企业活动，都要进行一元化整合重组**。如采购、生产、外联、公关、产品开发等，各个环节都达到高度的协调一致，紧密配合，共同进行组合化营销。

其基本思路如下：

（1）以整合为中心

整合营销重在整合，从而打破了以往仅仅以消费者为中心或以竞争为中心的营销模式，而注重企业所有资料的综合利用，实现企业的高度一体化营销。其主要用于营销的手段就是整合，包括企业内部的整合，企业外部的整合以及企业内外部的整合等。整合营销的整合既包括企业营销过程、营销方式以及营销管理等方面的整合，也包括对企业内外的商流、物流及信息流的整合。总而言之，整合、一体化、一致化是整合营销最为基本的思路。

（2）讲求系统化管理

区别于生产管理时代的企业管理那种将注意力主要集中在生产环节和组织职能的，以及混合管理时代那种基本上以职能管理为主体，各个单项管理的集合的"离散型管理"，整合营销时代的企业由于所面对的竞争环境的复杂多变，因而只有整体配置企业所有资源，使企业中各层次、各部门和各岗位，以及总公司、子公司、产品供应商，与经销商及相关合作伙伴协调行动，才能形成竞争优势。所以，**整合营销所主张的营销管理，必然是整合的管理、系统的管理。**

（3）强调协调与统一

整合营销就是要形成一致化营销，形成统一的行动。这就要强调企业营销活动的协调性，不仅仅是企业内部各环节、各部门的协调一致，而且也强调企业与外部环境协调一致，共同努力以实现整合营销，这是整合营销与传统营销模式的一个重要区别。

（4）注重规模化与现代化

整合营销是以当代及未来社会经济为背景的企业营销新模式，因而，十分注重企业的规模化与现代化经营。规模化不仅能使企业获得规模经济效益，而且，也为企业有效地实施整合营销提供了客观基础。与此同时，整合营销依赖于现代科学技术、现代化的管理手段，现代化可为企业实施整合营销提供效益保障。

2. 开展整合营销的对策与措施

（1）革新企业的营销观念

整合营销不仅追求自身企业系统的最优化和高效率，而且，还扩展到供应商及消费者之间的整个大系统的优化和高效率。所以，**企业必须革新传统的营销思想，实现思想观念上的升华，逐步形成具有时代特征的营销新观念。**

其一，要树立大市场营销的观念，要能在国际国内的大市场上进行整合运作，走规模化道路。

其二，要树立科学化、现代化的营销观念。整合营销是建立在先进的科学技术的基础之上的，广泛地采用各种先进的管理手段，如计算机技术、网络技术、先进的通信技术等。现代化经营理念是企业经营所不可或缺的理念。

其三，要树立系统化、整合化营销的观念。在知识经济时代，以往的依靠单一手段的营销模式必然要被一体化的整合营销模式所取代。多环节、多部门、多联系的企业需要协调运作，进行系统优化，才能取得优势。

（2）加强企业自身的现代化建设

企业要开展整合营销应有其自身的软硬件要求，主要体现在以下几个方面。

其一，企业要建立现代经营体制。

其二，企业要建立现代经营机制，包括企业的利益机制、决策机制、动力机制、约束机制等。使企业真正成为自主经营、自负盈亏、自我发展、自我约束的市场主体和享有民事权利，并承担民事责任的法律实体。

其三，经营管理设施现代化。企业开展整合营销不仅要有先进的营销观念，还要依赖于先进的营销手段，许多国外跨国公司成功的秘诀就在于他们拥有纵横天下的先进的信息技术。因而，**企业必须加强硬件建设，实现计算机化的管理与经营。**

其四，企业要具有现代化的经营管理人员。无论什么样的企业都是在人的经营管理下运作的，人的因素是企业开展整合营销最重要的内部支持性因素之一，现代化的企业必须具备现代化的企业人员，包括领导者、中层人员及基层人员，他们需要具有现代营销观念，要掌握现代技术，懂管理。

（3）整合企业的营销，实现一体化营销

整合营销重在整合，企业须用整合的手段，来达到一体化的营销。

其一，对企业内外部实行一体化的系统整合。在整合营销的思想下，企业要突破以往的单纯从销售部门或分段式的企业内部来创造市场价值的局限性，而要从企业的各个环节、各个参与者来进行整体考虑。**整合营销理念要求：把企业看成由相互联系的、相互影响的、诸要素所组成的、具有特定功能的整体系统。**因此，企业在市场营销中，要从系统分析入手，围绕企业营销的总目标，正确认识和处理企业内外各个环节以及各个子系统之间的关系，使企业的整个经营系统达到最佳绩效。这主要是企业内部的系统化整合，企业供产销关系、企业与其他企业关系、企业与消费者关系的整合等，从而共享资源，紧密配合。

其二，整合企业的营销管理。首先，要改变传统的管理体制，重组再造企业管理组织，使其扁平化、信息化。其次，改变传统的营销管理方法，采用先进的管理手段。主要是实施系统集成管理、计算机化管理、网络化管理等。再次，企业还应该加强对企业的战略、科研、生产、供销、服务、后勤保证、成本控制、质量保证等的管理整合，使其协调起来，优化企业的资金、技术、人才、信息等生产要素的配置与结构，保证整合营销的实施。

其三，整合企业的营销过程、营销方式及营销行为，实现一体化。这就要求企业改变传统的部门营销方式为整体营销、全过程营销；改变传统的单一营销方式为集约化营销；改变传统的营销行为，实行内外一体化的营销行为。

其四，整合企业的商流、物流与信息流，实现三流的一体化。传统企业的营销常常是分立式的营销,各部门自成体系,企业营销中主要注重商流,着重的是商流的加速,而对物流、信息流等三流一体化整体考虑得不够,甚至没有考虑。**整合营销需要企业加强内外在三流的整合,以提高企业市场营销的效果。**

(4) 借鉴世界上成功企业的先进经验

国外企业在生产经营中获得了许多成功,这应该归功于国外企业的不断开拓进取,不断创新。所以,我国企业也要积极学习国外企业先进的经营管理经验,特别是跨国公司的经营管理、整合营销,如:CIMS 系统、MRP-II 系统等,先进的跨国管理、技术手段管理等,为我国企业开展整合营销服务积累经验。